KB249218

열흘간의 이탈리아 여행

열흘간의 이탈리아 여행

발행일	2025년 6월 26일

지은이	양동철		
펴낸이	손형국		
펴낸곳	(주)북랩		
편집인	선일영	편집	김현아, 배진용, 김다빈, 김부경
디자인	이현수, 김민하, 임진형, 안유경, 최성경	제작	박기성, 구성우, 이창영, 배상진
마케팅	김회란, 박진관		
출판등록	2004. 12. 1(제2012-000051호)		
주소	서울특별시 금천구 가산디지털 1로 168, 우림라이온스밸리 B동 B111호, B113~115호		
홈페이지	www.book.co.kr		
전화번호	(02)2026-5777	팩스	(02)3159-9637

ISBN	979-11-7224-686-0 03920 (종이책)	979-11-7224-687-7 05920 (전자책)

(주)북랩 성공출판의 파트너

북랩 홈페이지와 패밀리 사이트에서 다양한 출판 솔루션을 만나 보세요!

홈페이지 book.co.kr • **블로그** blog.naver.com/essaybook • **출판문의** text@book.co.kr

---

작가 연락처 문의 ▸ ask.book.co.kr

작가 연락처는 개인정보이므로 북랩에서 알려드릴 수 없습니다.

북랩

열흘간의 이탈리아 여행

양동철 지음

북랩

머리글

'여행은 정신을 다시 젊어지게 하는 샘이다', 안데르센의 이 말을 좋아합니다. '노새가 여행을 떠났다고 말이 되어 돌아오지는 않는다'는 서양 속담이 있지만, 그래도 그 노새는 자신이 노새라는 걸 깨닫고 올 거라고 믿습니다.

그래서 한 해에 한 번은 한 번도 가보지 못한 곳을 여행하는 걸 꾸준히 실천하고 있습니다. 긴 여행이든 당일치기 여행이든, 그것은 분명히 정신의 밑바닥에 영향을 줍니다. 어떤 때는 놀라움을 넘어 충격을 줄 때가 있고, 또 다른 때는 자긍심과 평안을 느끼게도 합니다.

이번 이탈리아 여행은 딸과 함께였습니다. 1년 반 전 파리를 함께 여행하고 두 번째 하는 여정이었습니다. 이번에도 딸이 먼저 제안했고, 아내가 동의해 가능했습니다. 저에게는 큰 기쁨이었지요. 이탈리아! 언젠가는, 언젠가는…… 하며 벼르고 별렀던 곳입니다. 팔라티노 언덕, 포로 로마노, 바티칸, 피렌체 두오모……, 사진을 보거나 다른 사람의 느낌으로 서술된 글을 읽으며 그 모습을 상상만 하다, 내 발과 눈으로 직접 마주한다는 게 얼마나 설레는 일입니까? 여행을 준비하는 것만으로도 충분히 행복할 수 있었습니다.

주 여행지를 로마와 피렌체로 정했습니다. 집중해 살펴볼 건 고대 로마와 르네상스입니다. 출발 전 최소한 열 권의 책을 읽고, 여행지를 배경으로 한 영화를 모두 보기로 마음먹었습니다. 유적지에서 만나게 될 역사적 인물의 사전 탐구에 박차를 가했습니다.

여행 기간은 열흘이었습니다. 지난번 파리 여행도 열흘이었지요. 일정은 같았지만 기억에 남는 느낌은 매우 달랐습니다. 구월의 파리 여행이 살랑거리는 바람을 맞으며 강가를 거니는 것이라면, 삼월의 로마 여행은 뙤약볕 아래 폐허를 걷는 거였습니다. 하루 동안 걸음 수도 로마가 훨씬 많았습니다. 파리에서 세련미를 느꼈다면 로마에서는 웅장함을 느꼈습니다.

피렌체는 건축과 미술의 도시였습니다. 르네상스의 도시였습니다. 한번에 너무 많은 그림을 보노라니 오히려 머릿속이 뒤죽박죽될 지경이었습니다. '꽃의 도시'라는 찬사가 지나침이 없는 도시였습니다.

그런데 귀국하는 비행기 안에서 눈을 감으니 자주 떠오르는 건 고대로마, 폐허로 남아 있는 도시 유적지였습니다. 폐허 속에 치열하게 살다 간 사람들의 얼굴이 아른거렸습니다. 책과 사진을 보며 상상했던 것이 무너져 있는 유적지 위에 겹쳐졌습니다. 무너진 돌무더기가 가장 먼저, 그리고 가장 오래 기억 속에 머무는 참 신통한 경험을 합니다.

열흘이라는 짧은, 그러나 제게는 짧지 않은 여행 경험을 글로 옮기려합니다. 저는 서양사나 미술사를 전공한 학자가 아닙니다. 젊은 시절전부를 직장에서 일하다 은퇴한 보통 사람입니다. 그래서 제가 쓰려는이 책은 전문 서적이 될 수 없습니다. 무언가를 알려주려는 글이 아니고, 단순하게 제 느낌을 기록한 책이 될 것입니다. 모쪼록 여행하며 얻은 지식과 감성이 오래 기억될 수 있는 책이 되었으면 좋겠습니다.

2024년 5월.

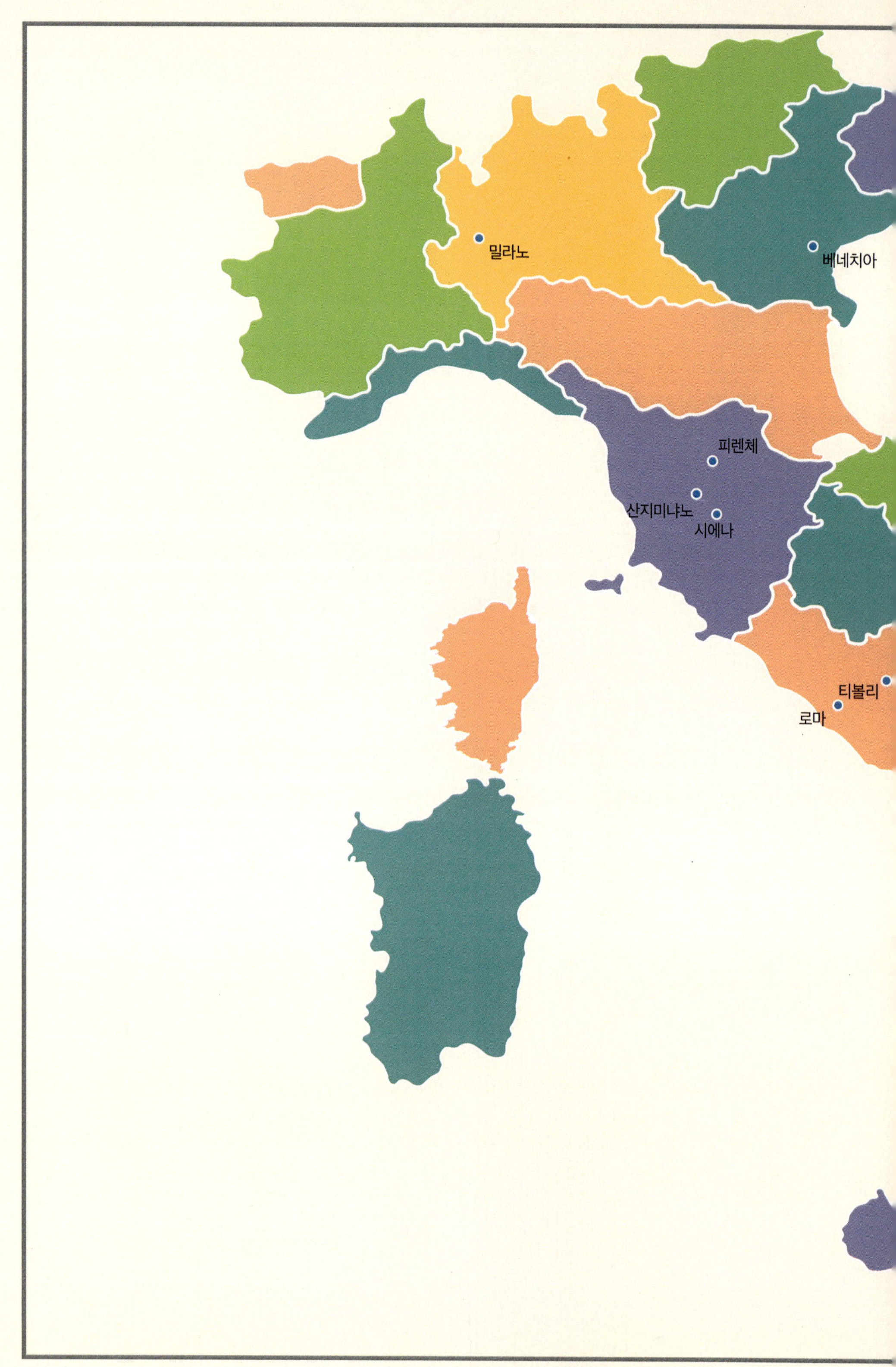

밀라노
베네치아
피렌체
산지미냐노
시에나
티볼리
로마

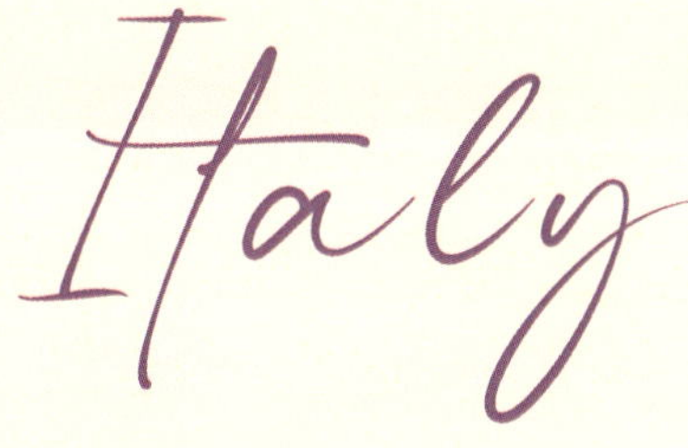

열흘간의
이탈리아 여행

Firenze

피렌체 SMN역
산타 마리아 노벨라 성당
두오모 성당
산타 크로체 성당
시뇨리아 광장
베키오 궁전
우피치 미술관
베키오 다리
미켈란젤로 광장
피티 궁전
보볼리 정원

Roma

보르게세 공원
바티칸 박물관
포폴로 광장
산탄젤로 성
스페인 광장
로마 국립박물관
공화국 광장
베드로 대성당
트레비 분수
테르미니 역
판테온
베네치아 광장
산타 마리아 마조레 교회
나보나 광장
베드로 광장
빅토리오 에마누엘 2세 기념관
캄피돌리오 언덕
(카피돌리노 미술관)
콜로세오
포로 로마노
팔라티노 언덕
콘스탄티누스 개선문
산타 마리아 인 코스메딘(진실의 입)
대전차 경기장

Contents

열흘간의
이탈리아 여행

01.
고대 로마 탐방

호텔을 일찍 나섰다. 호텔 문을 나서면 곧바로 로마 국립 오페라 극장이다. 10여 분 걸어 산타 마리아 마조레 성당 안팎을 감상했다. 오피오 언덕을 지나니 콜로세오가 위용을 드러냈다. 콜로세오를 돌아 팔라티노 언덕 아래로 난 길에 들어서니 클라디우스 수도교 유적이 보인다. 이어 나타난 대전차 경기장을 종단하여 산타 마리아 인 코스메딘 성당에 이르렀다. 진실의 입이 있는 성당이다. 길 건너 헤라클레스 신전과 포르투누스 신전 앞을 거닐다, 왔던 길을 되돌아 콜로세오에 도착했다. 콜로세오 내부를 관람한 후 점심시간을 가졌고, 점심 식사 후 포로 로마노 입구로 들어섰다. 먼저 팔라티노 언덕에 오르고, 다시 내려와 포로 로마노를 한 바퀴 순례했다. 포리 임페리알리를 경유해 캄피돌리오 언덕에 올랐다. 카피톨리니 미술관을 관람하고 호텔로 돌아왔다. 3만 보를 넘게 걸었다.

고대 로마를 향한 출발 – 에스퀼리노 언덕

이탈리아 여행 첫날, 오늘은 고대 로마를 찾아가는 날이다. 기원전 753년 도시국가 로마의 건국부터 기원후 476년 서로마 제국의 멸망까지의 긴 여정을 살피러 가는 날이다. 3천여 년 전 늑대의 젖을 먹고 자란 로물루스는 7개 언덕에 나라를 세웠다. 시작은 언덕이었지만, 나라가

열흘간의 이탈리아 여행

성장하면서 언덕과 언덕 사이에 있던 저지대 늪지가 개발되었다. 7개 언덕이 하나의 도시로 연결되어 거대 도시 로마 시티가 탄생했다. 그리고 로마 시티는 세계화된 고대 국가 로마 제국의 중심지가 되었다.

이 7개 언덕 중 4개를 탐방하는 게 우리의 오늘 일정이다. 여기에는 로마의 발상지가 있고, 지중해를 제패한 대제국의 모습이 있을 것이다. 오랜 고난을 극복하고 로마의 국교로 자리 잡아 가는 초기 기독교의 모습도 있을 것이다. 그뿐만이 아니다. 오랜 기간 번성하던 제국이 그 힘을 다하고 역사의 뒤안길로 사라지고 난 후 폐허로 변한 모습도 보게 될 것이다. 이 어찌 설레지 않을 수 있겠는가? 오늘 하루를 향하는 아침 발길이 더없이 경쾌하다.

우리는 호텔 아침 식사가 시작되자마자 빨리 식사하고 서둘러 출발했다. 하늘은 맑고 아침 해는 찬란하다. 일찍 출근길에 오른 로마 시민들의 분주한 발길이 보인다.

우리는 가파르지는 않지만 그래도 편하지 않은 오르막길을 올랐다. 주위는 높이가 똑같은 19세기 풍 건물이 빼곡히 들어차 있다. 푸른 언덕은 아니어도 언덕길을 오르고 있는 건 분명하다. 여기가 바로 로마가 태어난 7개 언덕 중 하나인 에스퀼리노 언덕이다.

에스퀼리노 언덕에는 오벨리스크가 우뚝 서 있다. 그 꼭대기에 십자가가 있고, 주위는 광장이다. 광장은 꽤 넓다. 광장 끝에 육중한 건물이 자리 잡고 있다. 대리석 기둥에 둥그런 모양의 현관, 건물 좌우에 솟아 있는 두 개의 쿠폴라, 한눈에도 커다란 성당이다.

"호, 로마에서 만나는 첫 번째 성당이구나. 꽤 육중한데."

절로 탄성이 흘러나왔다.

"아빠, 여기는 뒷면이에요. 정면은 반대편으로 돌아가야 해요."

앞으로 열흘간 나의 든든한 가이드가 될 딸이 새삼 일깨웠다. 오! 그러고 보니 외관은 성당의 얼굴 역할을 해도 손색이 없겠는데 들어가는 입구가 없다.

건물을 돌아 앞쪽으로 나아갔다. 성당 앞에는 더 넓은 광장이 있다. 중앙에는 한 개의 석주가 높이 솟아 있고, 석주의 꼭대기에는 성모 마리아가 아기 예수를 안고 성당을 바라보며 서 있다. 성당의 전면, 파사드는 단아하다. 눈길을 끌 만한 별난 장식이 없다. 하늘로 치솟은 종탑과 옥상 끝에 서서 세상을 내려다보고 있는 성인들의 동상이 없다면 커다란 박물관의 전면 모습 같다.

〈산타 마리아 마조레 대성당 전면〉

　　　　열흘간의 이탈리아 여행

〈산타 마리아 마조레 대성당 후면〉

　여기는 산타 마리아 마조레 대성당이다. 이탈리아어 마조레(Maggiore)는 영어의 Major와 같은 의미로 '크다'는 뜻이니 성당의 이름은 '성모 마리아 대성당'을 의미한다. 이름대로 이 성당은 성모 마리아께 봉헌된 성당이다.

　파사드 앞 계단을 오르기 전 간단한 보안 검사를 받았다. 이른 시간이라 아직 방문객은 많지 않다. 출입문은 모두 다섯 개가 있는데 가장 왼쪽에 있는 청동 문은 굳게 닫혀 있다. 그리고 그 문 위에 'PORTA SANTA', 곧 '성문(聖門)'이라는 명찰이 붙어 있다. 이 문은 희년[1]에만 열

---

[1] 가톨릭에서 성년(聖年)을 일컫는 말로 대사(大赦)를 베푸는 해이다. 매 25, 50, 75, 00년의 정기 희년과 교황이 정하는 특별 희년이 있다. 희년에는 성문(聖門)이 열리고, 성문을 통해 들어가면 벌을 용서받는다고 한다.

리는데, 다음 희년이 2025년이니 이때 여기를 방문하여 저 문으로 들어가면 여태껏 쌓은 죄를 용서받을 기회를 가질 수 있겠다.

오른쪽 문을 통해 안으로 들어섰다. 짙은 엄숙함이 빠르게 몸에 스며들었다. 광대한 크기, 전면의 제대는 저 멀리 있다. 천장은 높다. 아치형 구조가 아닌 평면형 천장인데도 높고 높게 느껴진다. 하얀 대리석 기둥이 두 줄로 길게 늘어서 신랑(身廊)과 측랑(側廊)을 가르고 있다. 출입문에서 제대까지의 공간은 비어 있다. 오직 두 줄 대리석 기둥만 열을 짓고 있을 뿐이다. 밖에서 본 성당의 크기보다 안에서 보는 성당의 크기가 훨씬 더 크게 느껴진다. 가히 명동 성당의 세 배는 족히 될 듯하다.

천장은 화려하다. 격자무늬를 한 천장은 금박을 입혔고, 창을 통해 들어온 빛을 고상하게 반사한다. 바닥도 아름답다. 여러 색상의 대리석으로 모자이크한 성당 바닥은 양탄자를 깔아놓은 듯 아름답기 그지없다. 더럽혀진 신발을 신고 있는 게 조심스럽다. 그런데 성당 안은 의자 하나 없이 텅 비어 있다. 이 바닥의 아름다움을 유지하기 위해 신자들이 앉을 걸상을 놓지 않는 걸까? 실내의 밝기는 아득하다. 인공조명을 최소화하고, 밖에서 들어오는 창 빛에 의존하는 실내 분위기는 사치를 경계하고 엄숙한 경건함을 불러일으키는 듯하다.

우리는 조심스럽게 제단을 향해 나아갔다. 행여 발걸음 소리가 엄숙한 분위기를 깰까 염려스럽고, 나의 조그만 행동이 실례가 되지 않을까 조심스럽다.

찬찬히 내부를 둘러보다 불현듯 의문이 일었다. 이 넓은 공간이 관람용으로만 쓰이지는 않을 텐데 예배는 어떻게 볼까? 신도들은 서서 예배를 보는 걸까? 그냥 바닥에 앉아서 예배를 보는 걸까? 이 큰 예배당을 가득 채우면 몇 명이나 들어올까? 요즈음 유럽 사회는 예배에 참여하

  열흘간의 이탈리아 여행

는 신도 수가 극히 적다는데, 주일이면 이 예배당은 얼마나 많은 신도가 예배를 볼까? 이 큰 예배당에서 실제 예배는 이루어지는 걸까?

이런 의문은 제단 가까이에 이르러 부분적이나마 풀렸다. 여기 이 성당은 여태껏 본 것처럼 신랑과 측랑만 있는 게 아니다. 측랑 옆에 작은 예배당이 또 있다. 성당은 좌우 측랑 옆으로 계속 확장되었고, 확대된 공간은 작은 예배당, 고해소 등으로 사용하는 모양이다. 큰 성당 안에 작은 성당이 또 있고, 작은 예배 의식은 이곳에서 이루어지는 모양이다.

마침 우리가 다가갔을 때 한 작은 예배당에서는 예배를 마치고 있었다. 작은 예배당은 본당과 달리 조명을 밝게 켰다. 예배당 장식도 화사하다. 무엇을 위한 예배였는지 알 수는 없으나 예배를 마치고 서로 인사를 나누는 사제와 신도들 모두 표정과 태도가 매우 진지하다.

작은 예배당은 측랑 옆에만 있는 게 아니다. 본당 제단 앞에도 있다. 여기는 바닥을 파고 토굴 예배당처럼 만들었다. 위에서 내려다보니 하얀 대리석상 하나가 조명 빛에 빛나고 있다. 중후한 신부님의 대리석상이다. 나이 지긋한 신부님은 방석 위에 무릎을 꿇고 앉아 전면을 향해 우러러보고 있다. 조심스레 계단을 따라 내려가 보았다. 아! 거기에는 이 성당에서 가장 화려한 작은 예배당이 펼쳐져 있다. 천장, 기둥, 벽면, 바닥 어디 하나 빠질 데가 없이 영광스러운 모습을 연출하고 있다. 참배하고 있는 대리석상 신부님은 교황 비오 3세라고 한다.

교황의 눈길이 닿는 곳에는 커다란 함이 있다. 함지박 같기도 하고 커다란 알라딘 램프 같기도 하다. 함은 투명한 수정으로 만들었고 화려한 금빛 장식으로 테를 둘렀다. 함의 뚜껑 위에는 갓난아기가 오른손을 뻗어 하늘을 가리키며 누워있는 모습이 조각되어 있다.

이 함의 이름은 'Holy Crib', 우리말로 하면 성스러운 말구유다. 곧 이 함 속에는 갓 태어난 예수를 누였던 말구유의 조각이 보존되어 있다고 한다. 말구유 조각은 초기 기독교 신자들이 베들레헴에서 가져온 것이라 전하고 있다. 진기한 성물인데 아쉬움이 따른다. 주변 공간이 너무 화려해 정작 말구유 조각은 제대로 볼 수가 없었다.

〈성스러운 구유(Holy Crib)〉

〈참배하는 교황 비오 3세〉

"내가 여태껏 본 성당중 가장 큰 거 같다."

조용히 출입문을 향하며 딸에게 첫 소감을 피력했다. 관람에 집중하

　　　　　　　　　　　　　　　　　　열흘간의 이탈리아 여행

는 사이 시간이 제법 흘렀는지 성당 안은 관람객이 꽤 늘었다.

"나는 성당을 별로 가보지 않아 잘 모르겠어요. 크기는 엄청나게 커요. 그리고 뭔가 엄숙한 분위기가 느껴져요. 숨소리 내기도 조심스럽게."

"나도 같은 느낌이야. 명동 성당도 들어가면 엄숙한 분위기를 느끼는데 여기는 더하는 것 같아. 본당 성당 안에 작은 성당이 또 있는 것도 처음 본다."

"성모 마리아에게 봉헌된 성당이라 그런지 아기 예수와 성모 마리아가 강조된 것 같아요."

"말구유를 향한 교황의 경배 모습도 느낌이 있더라. 화엄사의 사사자 탑 앞에서 참배하는 스님 상, 월정사 탑을 향해 공양하는 보살상이 떠올랐어. 종교는 달라도 이미지는 비슷하지?"

우리는 성당 문을 나섰다. 햇살이 석주 위의 성모 마리아를 비추고 있다. 석주 아래에는 기념품을 잔뜩 실은 트럭이 자리를 잡았고, 군데군데 앉아서 간단한 아침 식사를 하는 사람들도 눈에 띈다. 광장을 오가는 사람도 꽤 많아졌다. 우리도 빠르게 광장을 가로질렀다.

오피오 언덕 공원

광장을 출발한 지 5~6분 되었을까? 푸르른 녹지대가 펼쳐졌다. 완만한 내리막 경사지를 잔디가 푸르게 물들이고 있다. 잔디밭 사이로 좁다란 산책로가 운치를 더한다. 키 큰 나무들이 듬성듬성 서 있다. 나무들은 무질서하게 서 있는 듯하면서도 주변의 인공 구조물을 가리는 역할을 하고 있다. 잔디밭에는 크고 낮으며 편평한 바위들이 여기저기 자리를 차지하고 있다. 군데군데 바위가 몰려 있는 곳은 출입 통제선이 쳐져 있지만, 홀로 떨어져 있는 바위는 누구나 걸터앉아 쉴 수 있는 벤치 역할을 한다. 두어 곳 바위에 책 읽는 사람, 휴대폰을 열심히 두드리는 사람이 보인다. 커다란 개와 함께 산책하는 사람도 있다. 여기는 오피오 언덕 공원(Parco del colle oppio)이다.

공원 한편에 황토색 성벽이 있다. 벽돌을 쌓아 올리고 황토로 갈무리한 듯 누런빛을 띠고 있다. 주위가 발굴지라는 안내판과 함께 차단되어 있어 가까이 접근할 수는 없어도 호기심이 발동하는 데는 충분하다.

저 성벽이 세르비아누스 성벽이라는 안내판이 있다. 세르비아누스는 로마 왕국 여섯 번째 왕으로 외적 방어를 위해 일곱 언덕을 둘러싸는 성벽을 쌓았다. 이후 이 성벽은 포에니 전쟁 동안 한니발이 거느린 카르타고군을 격퇴하는 난공불락의 요새가 된다. 그러나 견고했던 성벽은 율리우스 카이사르에 의해 허물어졌다. 시가지가 팽창함에 따라 성벽은 도시 발전에 장애가 되었고, 팍스 로마나를 열어 가던 시대에 수도 방위를 성벽에 의존할 필요도 없었다. 헐려진 성벽은 확대되는 도시의 건설 자재로 사용되었을 것이다. 지금 내 앞에 서 있는 일부 유적은 많이 훼손되었으나 참으로 긴 생명을 이어오며 옛 성벽의 자취를 보여주고 있다.

"아빠, 네로의 황금 궁전."

산책길을 벗어나면서 콜로세오에 가까워지고 있을 때 딸이 오른쪽을 가리키며 말했다. 키 큰 나무 사이로 도무스 아우레아(Domus Aurea), 영어로는 Nero's Golden Aurea(네로의 황금 궁전) 표지판이 보인다. 잠깐 멈추어 서서 표지판이 가리키는 곳을 바라보았다.

네로의 황금 궁전은 네로의 폭정을 보여주는 상징물이다. 서기 64년, 로마 시내에 큰 화재가 발생하자 네로는 파괴된 시가지를 수용하여 자신의 궁전을 세웠다. 방화범으로 기독교인들을 몰아 처형하며 민심을 수습하고 호화로운 궁전 건설에 박차를 가했다. 궁전은 당시 로마 시내의 3분의 1에 해당하는 거대한 규모였고, 내·외부 장식은 로마 제국 역사상 유례를 찾아볼 수 없는 초호화판이어서 도무스 아우레아, 곧 황금 궁전으로 불리었다.

그러나 이 궁전은 그리 오래가지 못했다. 궁전이 완공 단계에 이르렀을 무렵, 속주 총독들의 반란이 일어나고 원로원과 친위대까지 합세하자 네로는 자살하고 만다. 이후 황제들은 네로 지우기에 매진한다. 황금 궁전은 공공건물로 사용되거나 헐리고, 궁전 부지에는 시민들을 위한 대규모 공공 건축물이 건립되었다. 그리고 로마 제국이 몰락한 뒤에는 이마저도 폐허로 변하면서 흙 속에 묻히고 말았다. 오랜 기간 묻혀 있던 궁전은 15세기 르네상스 시대에 이르러 발굴되면서 조금씩 그 모습이 드러나고 지금은 부분적이나마 일반에게 공개하고 있다고 한다.

"그만 보고 가요. 시간이 바빠요."

멈추어 서서 눈길을 떼지 못하는 나를 딸이 일깨웠다.

"이번 여행에서 저길 볼 수는 없겠지?"

발걸음을 떼면서 아쉬움을 피력했다.

"아쉬우면 또 오면 돼요. 엄마랑 오면 되겠네."

딸의 대답은 단호했다.

영화 '벤허'의 추억

콜로세오가 눈앞에 있다. 그러나 우리가 예약한 입장 시간까지는 아직 여유가 있다. 우리는 망설임 없이 대전차 경기장을 향해 걸었다.

"엥? 이게 뭐야?"
"뭐긴? 여기 대전차 경기장(Circo Massimo) 표지판이 있다."
"좀 허탈하네."

딸의 탄식처럼 허탈할 수 있겠다. 대전차 경기장은 키 작은 풀이 자라고 있는 넓은 공터다. 주변 도로보다 20여 미터 낮게 움푹 들어가 있다. 공터의 가운데는 조금 높고 긴 둔덕인데, 산책하는 사람, 여행 온 사람이 많이 거닐어 맨살을 드러낸 흙길이다. 주인 따라 나온 개들이 제 세상인 양 신나게 놀고 있다.

대전차 경기장! 네 마리의 말이 끄는 전차가 트랙을 따라 질주하는 야성적인 경기가 펼쳐지는 곳! 이 박진감 넘치는 경기는 영화 '벤허'를 통해 뇌리 깊숙이 박혀있다. 언제 어디서나 그 장면은 생생히 떠오른다.

"영화 벤허 보았지?"

"심심할 때 TV에서 상영하고 있으면 띄엄띄엄 보았어요."

"나는 영화와 TV 합해서 스무 번은 보았을 거다. 기회가 닿을 때마다 보았으니."

"헐! 어떻게 그렇게 볼 수 있어요?"

"처음 그 영화를 본 건 중학교 1학년 때였지. 처음 본 외국 영화였다. 영화가 너무 멋졌지. 로마 군인, 해전 장면, 전차 경주……. 그러나 그때 나는 영화의 내용을 제대로 이해하지 못했어. 대학에 온 후에 그 영화를 다시 볼 수 있었다. 이후 극장에서 재상영할 때마다 찾아가서 보았지. 인천이나 수원에 있는 극장까지 쫓아가서 보았다. TV는 연말이면 고정 레퍼토리이니 시간 될 때마다 중간부터라도 보곤 했지. 지금은 영화를 달달 외고 있다."

"그 영화가 그리 좋아요? 오래된 영화인데?"

"좋아하는 영화 하나를 꼽으라면 지금도 '벤허'다. TV 말고 극장에서 상영한다면 또 볼 거다."

도란도란 얘기를 나누며 경기장을 가로질렀다. 경기장의 폭이 140미터, 길이 6백 미터라는데 종단하는데 지루함은 없었다. 경기장의 한편에는 급한 경사의 팔라티노 언덕에 고대 로마의 건축물이 요새처럼 둘러쳐져 있다. 다른 한편에는 완만한 아벤티노 언덕 위에 현대식 건물들이 조화롭게 서 있다. 그러니까 대전차 경기장은 고대 로마의 발상지인 두 언덕 사이 낮은 저지대에 자리 잡은 것이다.

"상상이 되지 않니? 우리가 걸어온 가운데 둔덕 위에 중앙 분리대가

〈대전차 경기장의 현재 모습〉

있고, 트랙을 에워싼 도로 위에 관중석 스탠드가 있다. 수십만 군중의 함성 속에 4두 마차들이 질주한다. 박진감이 넘쳤겠지? 벤허 영화에서 처럼."

경기장 끝에서 뒤를 돌아보며 소회를 얘기했다.

"글쎄……."

딸의 반응은 시큰둥하다.

"그런데 벤허 영화 속 전차 경기장이 여기였어요?"
"영화 속 경기장은 예루살렘이었지. 영화 촬영지는 로마 근교에 세트 장을 만들었다더라. 여기 경기장을 참조해서."
"아빠 오늘 여행 다 했네요. 옛 추억을 소환했으니."

딸을 바라보며 씩 웃었다. 그럴지도 모른다. 아무것도 없는 공터에서, 한여름이면 뜨거운 햇볕을 피할 그늘 하나 없는 곳에서 50여 년 전 기억을 되살리고 상상의 나래를 펼칠 수 있었으니……. 여행은 이래서 행복하다.

성 밸런타인을 모신 산타 마리아 인 코스메딘 성당

대전차 경기장을 벗어나 3분 정도 걸어 산타 마리아 인 코스메딘 성당(Basilica di Santa Maria in Cosmedin)에 도착했다. 성당의 겉모습이 소박하다. 규모도 그다지 크지 않다. 네모진 모양의 다소 투박한 모습이다. 높게 올라간 종탑이 아니라면 자칫 성당으로 알아보지 못할 수도 있겠다. 별다른 치장도 하지 않았다. 소박하고 검소한 모습이 오히려 잔잔한 여운으로 다가온다.

나는 언젠가 로마에 가게 된다면 이 성당을 꼭 둘러보리라 벼르고 있었다. 오늘날 밸런타인데이의 기원이 되는 성 밸런타인이 주교로 시무하다 순교한 곳이고, 지금도 그의 유해가 모셔진 성당이기 때문이다. 이 성당은 성 밸런타인 외에도 많은 순교자가 봉안되어 있다고 한다. 교황들을 모신 화려한 성당보다 순교자들을 모신 성당이라는 데 왠지 마음이 끌렸다.

밸런타인은 아직 기독교가 공인받지 못하고 있던 3세기의 주교다. 이 시기 로마 제국은 군인 황제 시대로 불리는 정치적 암흑기였다. 군인들에 의한 쿠데타가 빈번히 일어났고, 외적으로는 게르만족과 사산조 페

〈산타 마리아 인 코스메딘 성당〉

르시아의 침략이 잦았다. 이런 시기에 즉위한 클라우디우스 2세 황제
는 국방력 강화를 명분으로 모든 결혼을 금지했다. 기혼 군인들의 병영
이탈 등 군기 문란이 심각하다고 여겨, 미혼 군인 수를 늘리기 위한 정
책이었다.

그러나 어디 결혼이 법으로 금지할 수 있는 사안인가? 징집을 앞둔
젊은이들이 밸런타인 주교의 주례로 혼례를 올렸다. 그러다 그는 체포
되어 처형당한다. 젊은이를 위한 순교였다. 마침내 기독교가 로마의 국
교가 된 이후 그는 시성되었고, 그가 순교한 2월 14일은 연인들을 위한

 　　　　　　　　　　　　　　　　열흘간의 이탈리아 여행

축일이 되었다. 이날이 초콜릿과 연관된 건 산업화 이후다.

안으로 들어섰다. 성당 앞 도로와 나란한 현관 로비에 20여 미터 사람들의 줄이 보인다. 줄 앞 벽에 둥그런 대리석 조각이 놓여 있다. 얼른 눈에 들어오는 건 사람 얼굴이다. 두 눈동자와 두 개의 콧구멍 그리고 떡 벌어진 입, 어찌 보면 놀란 모습이고, 어찌 보면 화난 얼굴이다. 그러나 차례를 기다리며 찬찬히 살펴보니 둥그런 조각은 수사자의 얼굴 형상에 사람의 눈, 코, 입을 한 것 같다. 헝클어진 머리칼과 긴 수염이 감싼 얼굴은 갈기털 속의 사자 얼굴을 닮았다.

저 얼굴은 그리스·로마 신화 속 바다의 신을 조각한 것이라 한다. 그 신은 자료에 따라 오케아노스, 포세이돈, 트리톤 등 소개하는 바가 다르지만, 모두가 바다의 신이니 누구의 얼굴이라 해도 상관은 없을 것 같다. 본래의 용도 역시 여러 설이 있는데 가축시장의 하수도 뚜껑이었다는 것이 가장 유력한 듯하다. 그런데 그 주장도 어쩐지 석연치 않다. 하수구 용도라고 하기에는 뚫린 구멍의 크기가 너무 작다.

중세 때에는 심문 도구로 사용되었다고 한다. 피의자의 손을 입에 넣고 진실을 말하지 않으면 손이 잘려도 좋다는 걸 서약하게 했다고 한다. 그때부터 저 조각에는 '진실의 입'이라는 이름이 붙었다.

중요한 건 현재의 유명세다. 여행 안내책에는 '진실의 입'과 함께 언제나 성당 밖까지 길게 늘어선 사람들의 줄을 소개한다. 많은 여행기에도 긴 시간 줄 서 기다렸다는 경험담이 올라와 있다.

저 작품은 청순미 넘치는 오드리 헵번이 주연한 첫 영화 '로마의 휴일'에 등장한다. 신문기자 '조(그레고리 펙)'가 저 입에 손을 넣고 물린 척 장난을 쳐서 순진한 '앤 공주(오드리 헵번)'를 놀라게 하는 장면이다. 영화의 큰 성공과 함께 '진실의 입'은 세계적으로 유명한 조각품이 되었다. 영화의 힘을 보여주는 산 증거다.

한편으로 '진실의 입'은 주객이 전도된 양상을 보여준다. 유일신을 모시는 가톨릭 성당에서 그리스 신화 속 신의 형상을 전시하고 있는 현상을 어떻게 이해해야 할까? 기독교에서 그리스 신은 우상으로 간주하지 않는가? 더욱이 '아름다운 성모 마리아'라는 뜻의 산타 마리아 인 코스메딘 성당은 젊은이의 사랑을 위해 순교한 밸런타인 주교를 비롯해 많은 순교자의 유해가 모셔진 곳이다. 보기에 따라서는 가톨릭 성인을 모신 성당의 입구를 우상이 차지하고 있는 모양새이다. 게다가 정작 여기를 찾는 사람 대부분은 '진실의 입'에만 관심이 있다. 긴 줄은 '진실의 입'을 배경으로 증명사진을 찍고 성당을 빠져나간다. 성당 내부로 들어가는 사람은 소수에 불과하다. 적어도 산타 마리아 인 코스메딘 성당에서는 가톨릭 성인보다 그리스 해신이 더 인기가 있다. 영화 '로마의 휴일'이 그렇게 만들었다.

하지만 우리는 '진실의 입'을 지나서 성당 문을 열고 안으로 들어섰다. 성당 안은 숙연한 분위기다. 자그마한 공간이지만 여기에도 두 줄의 대리석 기둥이 신랑과 좌우 측랑을 구분하고 있다. 실내는 매우 검소하다. 목조 지붕은 바랜 검은색, 벽체는 소박한 하얀색, 대리석 기둥의 색깔은 다양하다. 아마 기둥은 여기저기에서 구한 석재를 그대로 재활용한 듯하다. 바닥은 대리석으로 모자이크되어 있지만 역시 소박하다.

좌우 벽을 따라 만들어진 작은 방 안에는 성경 속 이야기를 그린 프레스코화가 그려져 있다. 성화는 모두 은은한 여운을 준다. 지나는 사람에게 절로 참배의 기분이 들게 한다.

〈진실의 입〉

　빛은 오직 전면의 제단에 쏟아지고 있다. 빛의 세기는 그리 크지 않은 듯한데 희미한 실내에서 바라보면 눈이 부실 정도다. 하늘에서 내려오는 성스러운 빛이다.

　멋지다. 모름지기 기도처는 이랬으면 좋겠다고 오래전부터 그려왔던 그 모습이다. 문을 나서며 딸에게 속삭였다.

“내가 로마에 살면 이 성당에 다니겠다.”
“가톨릭은 거주지에 따라 성당이 정해지지 않아요?”

그렇구나! 그러면 우리 사는 동네에 이런 성당이 하나쯤 있으면 좋겠다.

〈산타 마리아 인 코스메딘 성당 내부 모습〉

콘스탄티누스 개선문 앞에서

성당을 나선 우리는 길 건너편에 있는 헤라클레스 신전과 포르투누스 신전을 둘러보았다. 그리고 갔던 길을 되돌아 대전차 경기장을 종단했다.

거대한 콜로세오 앞에 개선문 하나가 덩그러니 서 있다. 바로 콘스탄티누스 개선문으로, 콘스탄티누스 1세(이하 콘스탄티누스라 함)에게 헌정된 개선문이다. 모양새로 보아서는 거대한 콜로세오로 들어가는 문으로 사용되었을 것 같은 느낌이 들게 한다. 물론 사실은 아니다. 콜로세오보다 콘스탄티누스 개선문은 250여 년이나 후에 세워졌다.

콘스탄티누스 개선문은 세 칸 아치형 문이다. 중앙의 아치는 높고 좌우 아치는 중앙에 비해 작은 문이면서 대칭을 이룬다. 문의 사면에는 콘스탄티누스 대제의 전승 무용담이 부조로 조각되어 있다고 한다. 개선문이라는 것이 큰 전쟁에서 승리한 것을 기념하고 길이 남기기 위해 세운 것이니 전투 장면이 새겨져 있는 건 당연할 것이다. 여기 콘스탄티누스 개선문에 기록한 전투는 '밀비우스 다리 전투'란다.

밀비우스 다리 전투는 서기 312년 서로마 제국의 통치권을 두고 당시 정제(正帝, 아우구스투스)였던 막센티우스와 부제(副帝, 카이사르)였던 콘스탄티누스가 벌인 전투다.

두 황제는 로마 외곽에 있는 밀비우스 다리를 사이에 두고 대치했다. 그런데 결전이 벌어지기 전날 밤, 콘스탄티누스는 잠을 자다 기이한 꿈을 꾸었다고 한다. 하늘에 빛나는 십자가가 나타나면서 '이 표시로 너는 승리할 것이다'라는 글을 보았다는 것이다. 그는 십자가를 군사들의 방패와 부대 깃발에 새겨 넣도록 지시했고, 이를 앞세우고 진격하여 대승을 거두었다.

이제 서로마 제국 단독 황제가 된 콘스탄티누스는 이듬해인 313년 밀라노 칙령으로 기독교를 공인했다. 원로원은 콘스탄티누스의 전승을 영원히 기록으로 남기기 위해 팔라티노 언덕 아래 콜로세오 앞에 개선문을 세웠다. 원로원이 콘스탄티누스를 서로마 제국의 단독 황제로 추인하는 의미가 있었을 것이다.

콘스탄티누스 개선문은 넓은 공터에 콜로세오를 등지고 서 있다. 홀로 위용을 뽐낼 수 있는 큰 규모의 건축물이지만, 뒤에 선 콜로세오의 거대함에 그 빛이 반감되는 듯하다. 그래도 개선문은 몸체에 부조된 밀비우스 다리 전투를 제대로 읽을 수 없을 정도로 높다. 우리는 눈높이를 맞출 수 없고, 가까이 접근할 수도 없어 개선문 주위를 천천히 돌 뿐이었다.

문득 콘스탄티누스가 '대제'로 불리는 데에 생각이 미쳤다. 2천 년이 넘는 로마의 긴 역사 속에 대제로 불리는 황제는 셋뿐[2]이고, 그중 콘스탄티누스가 가장 시대가 빠르다. 그의 업적은 그만큼 탁월했을까?

그의 최대 업적으로 기독교의 공인과 콘스탄티노플로의 천도를 꼽는다. 기독교의 공인은 음지의 기독교를 양지로 나오게 한 커다란 의미가 있다. 기독교는 이로써 로마 제국 내 여러 종교 중의 하나로서 오랜 박해에서 벗어나 자유롭게 교회를 짓고 예배볼 수 있게 되었다. 또 100여 년이 흐른 후에는 로마의 국교가 되고, 유럽을 동일 문화권으로 통합하는 터전이 되었다.

---

2) 콘스탄티누스 1세, 테오도시우스 1세, 유스티아누스 1세는 대제로 칭한다. 차례대로 기독교 공인, 기독교의 로마 국교화, 정교회의 동로마 제국 국교화의 업적이 있다.

　열흘간의 이탈리아 여행

그런데 콘스탄티노플로의 천도는 어떻게 보아야 할까? 보는 시각에 따라 다르겠지만 도시 로마에는 치명적인 악재가 아니었을까? 천도 이후 변방이 된 도시 로마는 쇠락의 길을 걷고, 파괴와 약탈의 대상이 되어 폐허로 변해 가기 때문이다. 오늘날 우리가 보고 있는 옛 로마는 그야말로 폐허다. 결과적으로 폐허의 시작은 콘스탄티노플로의 천도였다.

콘스탄티누스 개선문 앞에 멀찌감치 서서 원경을 바라보았다. 자랑스럽게 서 있는 개선문을 폐허가 된 옛 도시 로마가 사방으로 둘러싸고 있다. 개선문 아래에는 세계 각지에서 온 많은 사람이 와글대고 있다.

〈콘스탄티누스 개선문〉

콜로세오에서의 단상

　역시 콜로세오에 들어가기는 만만하지 않다. 입장권을 사려는 줄이나 입장권을 가진 사람들이 출입구에서 기다리는 줄 모두 길고 길다. 다행히 우리는 지하 공간 관람을 포함한 입장권을 인터넷을 통해 구매해 두었다. 입장 시간은 11시다. 사전 예약자 출입구에서 프린트한 예약증을 내밀자 '4구역'에서 대기하라는 말과 함께 입장이 허용되었다.

　4구역에서 10여 분 지났을까? 한 여성이 다가와 우리의 예약증을 확인했다. 곁에 있는 단체 관람객 두 팀의 표도 확인했다. 그리고 자신을 따르라며 앞장섰다. 열서너 명씩 되는 두 단체와 딸과 나, 이렇게 일행이 되는 모양이다. 두 팀은 가이드가 앞서가면서 무언가를 열심히 설명하는데 우리 두 사람은 인솔자에 바짝 붙어 뒤따랐다. 이윽고 육중한 철문이 나타나자 인솔자는 열쇠를 꺼내 자물쇠를 풀고 문을 열었다. 아래로 내려가는 돌계단이 있다. 인솔자는 발조심을 당부했다. 그리고 자신은 안내자이지 해설해 주는 가이드가 아님을 주지시켰다.

　지하 공간은 거대한 미로다. 작은 방이 촘촘히 들어서 있는 모습이 실로 지하 감옥 같다. 이 방들을 연결하는 복도가 일정한 간격을 두고 격자형으로 뻗어있다. 복도를 따라 1미터 정도의 깊이로 배수로가 길게 파여 있다. 지하 공간의 천장은 경기장의 바닥이다. 지금은 경기장의 바닥이 완전히 사라져 지하 바닥까지 햇빛이 들어오고 있지만 로마 제국 시대 경기장이 운영되었을 때에는 오로지 횃불에 의지해 지하 공간을 밝혔을 것이다. 어지간히 이 공간에 익숙한 사람이 아니면 십중팔구 길을 잃겠다.

　비로소 안내자의 역할을 알았다. 문화유산의 훼손을 방지하는 게 우

　　　　　　　　　　　　　　　　　　　열흘간의 이탈리아 여행

선이겠지만, 관람객이 길을 잃지 않도록 인도하는 것 또한 중요하겠다. 관람객에게 자유 관람을 허용한다면 아마 여기저기서 길을 잃었다는 아우성이 들려올 게 분명하다.

"여기는 검투사 대기실, 저기는 맹수 우리, 그리고 여기는 엘리베이터가 있었고, 그 옆 넓은 방은 엘리베이터를 끌어 올리고 내리는 장치와 이를 작동시키는 노예들이 있던 곳이다."

자꾸 뒤처지는 단체를 기다리면서 졸졸 따라가는 우리에게 미안함이 들었는지 안내자가 간단간단하게 설명했다. 막시무스 뭐라고 하는 거로 보아 영화 글래디에이터를 예로 드는 것 같은데 자세하게 듣지 못했다.

이윽고 지상으로 올라왔다. 우리가 지상으로 올라온 거와 함께 처음 지하로 들어서는 곳에 다른 한 무리가 들어오고 있는 게 보인다. 안내자는 여기까지가 자신의 역할이며 지상부는 자유롭게 관람하라는 말을 남기고 멀어져 갔다.

지상은 관중석이다. 경기장 바닥은 사라져 지하 공간이 훤히 들여다보이는 상황이고, 관중석도 비탈면만 남아 있을 뿐 의자 역할을 했을 계단식 구조물은 보이지 않는다. 관중석은 4층으로 되어 있다. 1층은 황제와 황족, 원로원의 의원, 베스타 신전의 신녀만이 들어갈 수 있는 공간이다. 2층은 귀족, 3층은 평민들을의 관람석이다. 군데군데 각 층을 오르내릴 계단이 있다. 각 층을 따라 걸으며 저 아래 경기장에서 벌어지는 피 튀기는 공연 장면이 어떻게 보일지 상상해볼 수 있겠다. 맨 위층은 노예와 빈민들의 관람석이라는데, 경기장은 까마득해 보이지만 경기장 밖을 조망하는 데는 더할 수 없이 좋은 곳이다. 3월 하순인데도 꽤 덥고 지치게 하는 날씨를 시원하게 날리며 팔라티노 언덕, 포로 로마노, 오피오 언덕, 아벤티노 언덕, 콘스탄티누스 개선문뿐만 아니라 멀리 캄피톨리오 언덕까지 파노라마를 바라볼 수 있었다.

"막시무스와 코모두스가 저 아래에서 맞짱뜨는 거 상상되니?"

경기장 맨 위 관람석에서 영화 글래디에이터를 떠올리며 딸에게 물었다.

"글쎄. 너무 멀어서 자세히는 안 보일 거 같아요."

"그렇지? 예나 지금이나 값비싼 자리는 그 값을 해. 1등석과 4등석은 차이가 있지?"

"그런데 크기가 기대했던 거보다 작아요. 그렇지 않아요?"

"작아? 이거 2천 년 전에 지은 거야. 나는 규모에 놀라고 있구만."

"그래요? 서울에 있는 경기장과 비교하면 어느 정도인데요?"

"글쎄다. 수치로는 찾아보아야겠지만 느낌으로는 상암 월드컵 경기장의 반 정도 될까? 장충체육관과 비교하면 네다섯 배 될 것 같은데."

"그 정도예요?"

딸은 믿기지 않는 듯 연신 고개를 갸우뚱거렸다.

"저기 2층에 앉을 수 있게 되어 있는 모양이다. 거기서 잠시 앉았다가 가도록 하자."

2층 관람석 한편에는 대리석 계단이 반짝이고, 거기에 꽤 많은 관람객이 몰려 있다. 더러는 사진을 찍고, 더러는 물끄러미 천장 없는 지하 공간을 바라보고 있다. 우리도 지친 다리도 쉴 겸 그리로 향했다.

〈콜로세오 내부〉

"이 건축물에 유대인의 비극이 담겨 있다는 거 아니?"

2층 관람석 계단에 앉아 웅장하게 펼쳐진 콜로세오를 바라보며 슬며시 말을 꺼냈다.

"네? 무슨? 여기에 유대인이 왜 나와요?"

"이 경기장은 유대인의 돈과 노역으로 지어졌어. 후세 사람들은 경기장에서 펼쳐진 검투 경기와 맹수 사냥, 기독교도 처형 등만 되새기고, 짓는 과정에 유대인들의 희생이 있었다는 건 간과하는 경향이 있지."

"그게 무슨 얘기예요? 유대인 얘기?"

"서기 66년, 유대인의 독립전쟁이 일어났어. 로마군은 철저히 진압했지. 예루살렘 성전은 파괴되고, 유대인 10여만 명이 포로로 끌려왔지. 전리품은 콜로세오 건축 재원으로 활용되고, 포로들은 강제 노역에 동원되었지. 여기에는 유대인의 피와 통곡이 깔린 곳이야."

"헐! 몰랐어요. 지금 유대인들이 콜로세오를 바라보는 시각은 남다를 수 있겠네요."

두서없이 생각나는 대로 지껄인 내 말이 딸에게는 낯선 얘기였던 모양이다. 하긴 딸의 세대 교과 과정 속에는 국사나 세계사의 가중치가 우리 세대보다는 현격히 줄어 있다.

"배고프다. 밥 먹으러 가자."

"가요. 근처 맛집 알아 놓았어요."

우리는 자리를 털고 일어났다. 콜로세오를 벗어날 때 보니 입구의 줄은 훨씬 늘어나 있다.

〈콜로세오 외부 모습〉

낯선 식당, 익숙한 파스타

로마 시내에서 먹는 첫 번째 식사다. 큰 기대와 함께 마음 한편에서 이국만리 생소한 도시에서 마주할 레스토랑에 대한 두려움도 인다. 딸이 점찍어둔 레스토랑은 콜로세오보다는 조금 높은 언덕 위 골목길에 자리하고 있었다. 콜로세오가 저지대에 지어졌고 주변은 고대 유적지로 둘러싸여 있으니 현대의 상업 시설까지는 어느 정도 발품이 필요한 게 당연할 것이다.

"여기가 레스토랑이니?"

도착한 곳을 보며 다소 놀라 딸에게 물었다. 낡고 오래된 2층의 나지막한 벽돌 건물이다. 21세기 현대 도시에 익숙한 내 눈에는 창고처럼 보였다. 레스토랑을 알리는 간판 하나가 서 있지만 무심코 지나가면 여기가 레스토랑인지 모를 것이다. 작은 출입문이 있고 건물 앞마당 같은 빈터에 십여 개 탁자가 놓여 있다. 영업을 이제 막 시작하는지 탁자에 앉은 사람은 없는데, 입구 안내소 앞에 사람들이 20여 미터 줄을 서고 있다.

"사람이 너무 많다. 저쪽으로 가요. 저기에도 후기에 올라온 집이 있던데."
"그러자."

기다리는 건 질색이라 반색하며 딸의 뒤를 따랐다.

비슷한 분위기의 레스토랑이 곁에 또 있다. 이층집, 레스토랑을 알리는 작은 입간판, 조그마한 마당과 탁자, 입구 앞에는 안내 테이블과 함께 젊은 직원이 서 있다. 우리가 다가가 간단한 인사와 함께 식사 의향을 전하자 건물 안 홀과 바깥마당 중 어느 쪽을 원하는지 물었다. 우리는 마당에 앉기로 했다.

직원이 물과 함께 메뉴판을 가져왔다. 메뉴판의 크기와 거기에 적힌 메뉴의 종류가 거창하다. 딸이 파스타 중 하나를 골랐다. 한국의 이탈리아 레스토랑에도 있는 메뉴라 했다. 평소 이탈리아 레스토랑을 찾을 일이 없던 내게는 다양한 파스타의 종류부터 낯설다.

"딸랑 그거 하나만 주문해도 되니?"

행여 동양에서 온 촌놈이라는 소리를 들을까 염려스럽다.

"응. 나는 이것에다 음료로 콜라 시킬래요. 아빠 입맛에도 이 파스타가 제일 괜찮을 것 같은데……."

딸은 내 식성에 음식이 맞지 않을까 걱정이 되는지 은근히 같은 메뉴를 종용했다.

"그래. 그러면 나도 그걸로 하자. 대신 음료는 맥주."

딸이 종업원을 불렀다. 간단히 주문을 마치자 종업원이 '이탈리아 맥주? 일본 맥주?'라며 물었다. 내가 일본 사람으로 보이니? 눈을 흘기며 이탈리아 맥주를 지정했다. 식전 빵이 먼저 나왔다. 파스타의 비주얼은 낯설지 않다. 예상한 만큼 느끼함도 없다. 조금 짜다. 맥주로 입가심하면서 먹으면 신통하게 입맛에 딱 들어맞는다. 음식의 양도 적지 않다. 식사를 끝냈을 때 포만감은 충분하다.

빨리빨리 먹어 치우는 우리의 식사법도 대견하게 느껴진다. 우리와 3미터 정도 떨어진 곳에서 자리가 비기를 기다리는 긴 줄이 있다. 말없이 먹는 데만 집중하는 우리를 보고 그들은 희망이 솟았을 것이다. 곧 자리가 나겠다는 기대가 점점 커졌을 것이다.

불운의 황제 티투스

점심 식사를 마친 우리는 서둘러 일어섰다. 커피 한 잔도 즐기지 못했다. 눈앞에 길게 늘어선 대기 줄이 눈치가 보였지만, 오후의 우리 일정이 한가롭게 즐길 여유를 주지 않았다. 오후에는 팔라티노 언덕과 포로 로마노를 모두 섭렵해야 한다. 그리고 캄피돌리오 언덕에 올라 고대 로마의 여정을 정리해야 한다.

올라왔던 언덕길을 다시 내려갔다. 콜로세오 옆을 돌아 포로 로마노를 가리키는 이정표를 따랐다. 인터넷으로 사전 예매한 입장권을 내밀자 입장은 쉽게 이루어졌다. 그래도 작은 가방은 엑스레이기를 통과해야 했다.

출입구에 들어선 우리를 처음 맞는 건 티투스 개선문이다. 오전에 보았던 콘스탄티누스 개선문이 세 개의 아치로 된 문이었는데 여기는 아치가 하나다. 포로 로마노에는 콘스탄티누스, 셉티미우스 세베루스, 티투스 등 세 개의 개선문이 남아 있는데, 둘은 세 개의 아치로 되어 있고, 티투스 개선문만이 하나의 아치로 되어 있다. 개선문의 주인공은 모두 황제였다. 재위 시기는 티투스가 1세기, 셉티미우스 세베루스는 2세기 말에서 3세기 초, 콘스탄티누스는 4세기이니, 개선문의 건립 시기는 티투스 개선문이 가장 빠르다. 당연히 티투스 개선문은 로마에서 가장 오래된 개선문이라는 영예를 얻었다.

"나폴레옹이 콘스탄티누스 개선문을 부러워해 파리에 개선문을 만들라고 지시했다는데, 정작 파리의 개선문은 티투스 개선문을 모방한 거 같지 않니?"

티투스 개선문이 점점 가까워지자 지난해 함께 여행했던 파리의 개선문이 떠올라 딸에게 말을 건넸다.

"파리의 카루젤 개선문은 콘스탄티누스 개선문을 닮았고, 에투알 개선문은 티투스 개선문과 모양이 비슷한데……. 카루젤 개선문이 에투알 개선문보다 먼저 지어지지 않았어요? 그러면 파리의 개선문은 콘스탄티누스 개선문을 먼저 모방한 게 맞겠는데……. 나중에 에투알 개선문을 지을 때 수정했더라도."
"그런가? 그럼 둘 다 모방했다고 해야 하나?"

1805년에 벌어진 아우스터리츠 전투에서 오스트리아와 러시아 연합군을 상대로 대승을 거둔 나폴레옹은 로마에 있는 콘스탄티누스 개선문을 좋아해 파리로 옮길 것을 명령했다고 한다. 그러나 기술적인 문제

　　　　　　　　열흘간의 이탈리아 여행

로 이 명령은 실행되지 못했다. 그러자 나폴레옹은 파리 시내에 자신의 전승을 기념하는 개선문을 새로 세우라고 지시한다. 그 결과물이 루브르 박물관 앞에 있는 카루젤 개선문과 샹젤리제 거리에 있는 에투알 개선문이다. 카루젤 개선문은 아치가 셋인 것이 콘스탄티누스 개선문과 같고, 에투알 개선문은 티투스 개선문처럼 하나의 아치로 되어 있다. 서울의 독립문이 파리의 에투알 개선문 모방작이니, 독립문의 계보는 에투알 개선문을 거쳐 티투스 개선문으로 거슬러 올라갈 수 있을 것이다.

티투스 개선문 주변에 많은 사람이 몰려 있다. 단체를 인솔하는 가이드들의 열띤 설명도 들린다. 그러나 우리가 관람할 수 있는 건 개선문의 외벽까지다. 로마 여행기에는 아치를 지나는 사람들의 사진이 많이 올라와 있으나 지금은 문 양쪽에 쇠줄을 쳐서 출입을 막고 있다. 둘러선 사람들의 어깨 사이로 각도를 잘 잡으면 아치 벽에 부조로 새겨진 4두 마차가 보인다.

아치 벽의 조각은 바로 티투스의 개선식이다. 유대 독립전쟁을 진압한 티투스가 개선하자, 아버지 베스파시아누스 황제가 함께 개선 마차를 타고 로마 시가지를 행진했다. 4두 마차 뒤에는 예루살렘 성전에서 약탈한 보물과 유대인 포로들이 뒤따랐다. 아치의 벽면에는 이러한 개선식 장면이 조각되어 있다고 하니 티투스 생에서 가장 영광스러웠던 순간이었을 것이다. 이는 오늘날의 유대인을 통곡하게 하는 장면이기도 하다.

티투스는 항상 내 뇌리에 살아있는 인물이다. 역사 속의 그는 로마에는 영광을, 유대에는 통곡을 주었던 인물이다. 그러면 한 인간으로서의 그의 삶은 어떠했을까? 나는 일만 하다 간 불운의 황제라고 여긴다. 그는 업무능력은 탁월했으나 자신의 삶을 살아보지는 못했다.

티투스는 어려서부터 총명하여 아버지 베스파시아누스의 총애를 받았다. 아버지는 변방 주둔지에 나갈 때 항상 티투스를 데리고 다녔다. 그래서 그는 성장하자 자연스레 군 장교가 되어 아버지를 보필했다. 유대 전쟁이 발발했을 때에는 진압군 사령관이 된 아버지의 참모로서 참전했다. 전쟁 도중에 아버지가 황제로 추대되자 뒤를 이어 사령관직에 올라 예루살렘을 함락했다. 로마로 돌아온 티투스는 아버지 황제의 근위대장이 되었다. 아버지의 신변 보호는 물론이고, 정적이나 정치적 위협 인물을 색출하여 제거하는 일이 그의 몫이었다. 그는 줄곧 아버지의 그림자였다.

아버지 베스파시아누스 황제가 70세의 나이로 천수를 다하자 티투스는 39세의 나이로 황제가 된다. 그런데 그가 즉위하자마자 베수비오 화산이 폭발해 폼페이가 통째로 매몰되었다. 신속한 대처로 위기가 수습되어 갈 무렵 이번에는 로마 시내에 대화재가 발생했다. 설상가상으로 뒤이어 페스트가 창궐했다. 그는 또다시 이재민 구제와 질병 퇴치에 온 힘을 기울일 수밖에 없었다. 그런 와중에 아버지의 숙원사업이었던 콜로세오가 완성되었다. 이제는 세계 최대 원형 경기장의 격에 맞는 준공 행사를 치러야 했다. 그는 이것을 로마인들의 자긍심을 되살리는 계기로 삼기 위해 100여 일에 걸친 축제를 베풀었다. 황제로 즉위하고 2년여의 기간에 치른 굵직굵직한 사건이었다. 그리고 그의 나이 41세, 당시의 기준으로 보더라도 아직 젊은 나이에 열병으로 죽음을 맞는다. 그는 과로사한 게 아니었을까?

그에게는 후사가 없었다. 아버지를 따라 전선을 누비느라 결혼이 늦었고, 그나마 첫 부인과는 일찍 사별했다. 두 번째 부인을 맞았으나 정치적 음모에 휘말려 강제 이혼해야 했다. 이후 결혼을 하지 않다가 유대 전쟁을 치르던 중 유대의 왕녀와 사랑에 빠진다. 티투스는 그녀와 결혼하려 했으나 로마 시민들이 반발했다. 로마 시민들의 시각에서는 로마군 사령관이 반란을 일으킨 속국의 공주와 결혼하는 것으로 비쳤을 것이다. 그는 이내 결혼을 단념한다. 그리고 이후 그에게 결혼의 기회는 오지 않았다.

티투스의 후임자는 도미티아누스, 그의 동생이었다. 티투스가 어릴 때부터 아버지를 따라 전선을 누빈 데 반해, 동생은 로마에서 상류층 자제의 교육을 받으며 자란 금수저였다. 군 복무도 하지 않았다. 형이 아들이 없었기에 그는 자연스럽게 아버지와 형의 권력을 차지했다.

그러나 형만 한 아우 없다고 했던가. 금수저로 자란 한계였을까? 그는 네로의 길을 걷는다. 그리고 마침내 시종들의 손에 암살된다. 그와 함께 그의 가문으로 이어진 세습 왕조도 막을 내린다.

"나는 티투스를 가엽게 여겨."

티투스 개선문을 떠나며 딸에게 소감을 피력했다.

"황제가 가여워요?"

딸의 표정에 의아함이 담겨 있다.

"황제도 황제 나름이지. 자식도 못 얻고 일만 죽어라 하다 간 황
제……."
"아빠 닮았어요?"

이번에는 딸의 얼굴에 장난기가 가득하다.

"나는 결혼해서 딸도 있고, 아들도 있는데 어떻게 티투스를 닮니?"
"아빠도 일만 죽어라 했다고 생각하잖아요."
"녀석……."

황성 옛터

　팔라티노 언덕을 오르는 길이 꽤 가파르다. 3월 하순이지만 햇볕은
따갑게 내리쬐고 공기는 건조하다. 그리 길지 않은 언덕을 오르는데 숨
이 차고 목이 말라간다. 연신 생수로 목을 축이며 언덕을 올랐다.
　눈에 보이는 건 폐허다. 지붕이 있는 온전한 건물은 하나도 없다. 건
물을 지탱하고 안과 밖을 갈랐을 기둥과 벽체, 그리고 지하 옹벽의 일
부가 흉물스럽게 남아 있을 뿐이다.
　궁전은 언덕 위 평지에만 있었던 게 아니다. 언덕을 둘러싸고 있는 비
탈면에 옹벽을 쌓아 궁전의 공간으로 활용한 듯, 언덕의 둘레를 따라
거대한 벽체가 층을 이루며 세워져 있다. 건물의 외관이 사라지고 벽체
만 남아 있는 모습은 언덕 전체를 하나의 성채, 거대한 요새로 보이게
한다.

　　　　　　　　　　　　　　　열흘간의 이탈리아 여행

팔라티노 언덕은 로마 제국의 심장부, 황궁이 있던 곳이다. 콘스탄티누스 대제가 콘스탄티노플로 천도하기 전까지 거대한 제국을 통치하던 곳이다. 수많은 황제가 여기에서 명멸했다. 그래서 팔라티노 언덕 위에는 하나의 궁전만 있었던 게 아니다. 설립자의 이름을 붙인 여러 궁전이 언덕을 가득 채웠다.

〈대전차 경기장에서 바라본 팔라티노 언덕의 궁전〉

기원전 8세기 로물루스가 로마를 건국할 때, 그는 이 언덕 위에 움막 수준의 거처를 마련했다. 지금도 남아 있는 '로물루스의 집' 유적을 보면 내가 어릴 적 살았던 시골집보다 작고 초라한 수준이다. 로물루스가 터를 잡자 그의 추종자들이 여기 언덕 위에 각자의 집을 마련했다. 로마의 첫출발은 로물루스를 구심점으로 한 하나의 마을 공동체였다.

이후 로마가 팽창함에 따라 팔라티노 언덕은 권력자나 유력 가문의 거주지로 변화한다. 평민들은 점차 언덕 아래나 외곽지역으로 밀려갔다. 500여 년의 긴 공화정 시기에는 정치의 중심이 언덕 아래 포로 로마노로 바뀌었다. 공화정 시기에는 왕이 없으니 왕궁이 있을 리 없고, 팔라티노 언덕은 귀족들의 주거지로 인기를 끌었을 뿐이다.

팔라티노 언덕이 황궁으로 변모해 간 것은 로마 제국 초대 황제 아우구스투스 때였다. 공화정을 종식하고 제정을 연 아우구스투스는 자신의 정통성을 내세우기 위해 '로물루스의 집' 옆에 자신의 황궁을 지었고, 아폴론 신전도 세웠다. 실질적인 팔라티노 황궁의 시작이었다.

그의 후임자인 티베리우스 황제는 황궁을 크게 확장했다. 뒤이어 5대 황제 네로가 황금 궁전으로 알려진 거대한 황궁 축조를 강행했다. 그러나 네로가 정변에 의해 생을 마감함으로써 황금 궁전은 완성되지 못하고 철거되는 운명을 맞는다.

이후 황금 궁전터는 네로만큼 화려한 궁전을 좋아했던 도미티아누스 황제에 의해 다시 크고 화려한 궁전으로 재탄생한다. 이 궁전은 기존의 궁전들과는 비교가 안 될 정도로 웅장하고 화려하여, 로마 시민들은 '신들이 거주한 궁전'이라고 불렀다고 한다.

도미티아누스 황궁이 지어지고 100여 년이 지난 서기 200년 전후 팔라티노 황궁은 다시 한번 확장·개축 공사가 일어난다. 이 일을 추진한 황제는 셉티미우스 세베루스였다. 이 공사로 팔라티노 언덕 전부가 황궁 터가 되었다. 팔라티노 언덕은 로마 황궁이라는 등식이 성립한 것이다.

이와 함께 여러 궁전은 그 궁전을 지은 황제의 이름을 따 아우구스투스 궁전, 티베리우스 궁전, 도미티아누스 궁전, 셉티미우스 세베루스 궁전 등으로 불리게 된다. 이제 후대 황제들은 황궁의 유지·보수에만 힘썼다. 정치적 혼란과 외침, 그리고 재정적 한계도 있었지만, 팔라티노 언덕에는 더이상 확장할 부지가 없었다. 4세기 초에 이르러 콘스탄티누스 황제가 로마를 벗어나 콘스탄티노플로 수도를 옮긴 것도 팔라티노 황궁의 노후화가 하나의 요인이었는지 모른다.

황제가 옮겨 가버린 옛 황궁은 쇠락의 길을 걷는다. 외침이 있을 때마다 약탈의 주 표적이 되어 5세기 후반 서로마 제국이 멸망했을 때에는 폐허 수준으로 전락하고 만다. 중세 시대에는 채석장 역할을 했다. 가톨릭교회를 새로 짓거나 로마 시민들이 자신의 집을 지을 때면 방치된 황궁의 고급 석재들을 떼어가 건축자재로 사용했다. 황궁은 옛 모습을 완전히 잃었다. 옛 황궁 유적의 보존 의식이 싹트고 이와 함께 발굴 작업이 이루어진 것은 19세기 후반에 이르러서였다.

〈팔라티노 언덕의 황궁 유적〉

"어떠니? 소감이."

나무 아래 쉼터에서 딸에게 소감을 물었다.

"뭐가요? 팔라티노 황궁? 유럽 사람들은 어떨지 모르지만, 우리에게는 그냥 폐허네요. 뭐."

"옛날 건물들을 모두 복원해 놓으면 어떨까? 경복궁을 복원한 것처럼. 돈과 시간이 너무 많이 들려나?"

"아빠는 폐허만 있어서 아쉬워요?"

"나는 돌아보는 내내 '황성 옛터' 노래가 생각났다. 그 노래 가사와 똑같아. 그 노래 아니?"

"영화 '남산의 부장들'의 끝에 흘러나오는 노래요? 심수봉이 불렀던? 아빠 가끔 흥얼거리잖아요."

"그래. 그 노래. 그 노래는 일제 강점기에 만들어졌지. 한 유랑극단이 개성에서 하루 공연을 마치고, 달밤에 폐허가 된 고려궁지 만월대를 보며 만들었다고 하지? 만월대나 여기 팔라티노나 모두 옛 왕궁, 비슷한 분위기 아니었겠니?"

지금은 갈 수 없는 곳, 개성 만월대. 팔라티노 언덕과 어떻게 닮았을까? 내친김에 휴대폰을 꺼내 '황성 옛터' 가요를 조그맣게 틀어보았다.

황성 옛터에 밤이 되니 월색만 고요해

폐허에 서린 회포를 말하여 주노라

(중략)

성은 허물어져 빈터인데 방초만 푸르러

세상이 허무한 것을 말하여 주노라

(후략)

　　　　　　　　　　열흘간의 이탈리아 여행

불가근 불가원(不可近不可遠)

팔라티노 언덕은 자연이 만든 동산이다. 인간이 건설한 거대한 황궁은 폐허가 되었어도 자연이 만든 언덕은 여전히 언덕이어서, 여기에서 바라보는 전망이 일품이다. 북으로는 포로 로마노가 발아래 펼쳐지고, 눈을 들면 맞은편에 캄피돌리오 언덕이 솟아 있다. 캄피돌리오 언덕 위에는 로마 시청사로 쓰이고 있는 콘세르바토리 궁전이 우뚝 서 있다. 다시 동쪽으로 방향을 틀면 거대한 콜로세오가 코앞이다. 팔라티노 언덕 남쪽 끝에 서면 이번에는 발아래에 대전차 경기장이 좌우로 길게 놓여 있고, 그 건너편에 아벤티노 언덕이 자리하고 있다. 아벤티노 언덕은 평화로워 보인다. 팔라티노 언덕이 폐허로 가득 찬 데 반해 부드러운 능선을 가진 아벤티노 언덕에는 유엔 세계 식량 기구(FAO) 본부가 커다랗게 하얀빛을 발하고, 그 주위를 따라 꽤 고급 주택가가 들어서 있는 것으로 보인다.

팔라티노 언덕 남쪽 끝에 서서 맞은편 아벤티노 언덕을 바라다보았다. 여러 생각이 머릿속에서 꼬리에 꼬리를 물고 일어났다. 여기 팔라티노 언덕에 새 나라의 터를 잡으려 했던 로물루스, 건너편 아벤티노 언덕에 터를 잡는 게 옳다고 여겼던 레무스, 둘은 쌍둥이 형제였다. 그러나 화합하지 못했다. 둘 중 하나가 죽어야 하는 비극적인 상황으로 치달았고, 마침내 로물루스의 손에 레무스는 죽임을 당하고 만다. 그리고 로물루스는 여기 팔라티노 언덕을 터전으로 하여 로마의 역사를 시작한다.

그런데 새로운 나라를 세우겠다는 큰 뜻을 품은 로물루스와 레무스는 왜 이리 가까운 거리에서 나라를 세우려 했을까? 쌍둥이기 때문에 서열을 정하기 쉽지 않고, 두 사람 모두 한 나라의 창업주가 되겠다는 야심을 가졌다면 그들은 좀 더 멀리 떨어져 각각의 나라를 건설하는 게 맞지 않았을까?

문득 백제의 건국 이야기가 떠오른다. 고구려의 창업주 주몽의 아들이었던 비류와 온조는 그전 아버지가 살았던 부여에서 이복형이 찾아오자 태자 자리를 포기하고 남쪽으로 내려온다. 그렇지 않았더라면 이복형제간 대립과 혈투가 따랐을지 모른다.

중요한 건 남쪽으로 내려온 이후다. 새롭게 나라를 세우고자 했던 두 사람은 멀찍이 떨어져 자리를 잡는다. 비류는 미추홀, 온조는 하남 위례성이다. 당장 정착하는 데 경쟁할 필요가 없을 만큼 떨어져 있고, 위급한 상황이 벌어지면 달려와 도와줄 수 있을 거리다. 두 사람 모두 각각의 정착에 전력을 다할 수 있고, 행여 발생할 수 있는 두 무리 간 이해관계가 꼬이는 걸 미연에 방지할 수 있는 안전거리다.

결과는 온조가 정착에 성공적이었던데 반해 비류는 실패했다. 실패를 인정한 비류는 무리를 인솔하여 온조에게로 온다. 그리고 함께했던 무리를 온조에게 맡기고 홀연히 사라진다. 하늘 아래 두 태양이 있어서는 안 된다는 걸 스스로 실천한 것이다. 비류의 아름다운 퇴장이었고, 그 덕분에 백제는 비극적인 사태 없이 터를 다질 수 있었다.

그런데 아무리 보아도 팔라티노 언덕과 아벤티노 언덕은 너무 가깝다. 쌍둥이 형제 두 사람 모두의 야망을 채워줄 공간으로는 턱없이 좁다. 모름지기 가까운 사이일수록 적당한 거리 두기가 필요하다. 그 거리는 필요할 때 서로 도움을 주고받을 수 있을 정도다. '불가근 불가원(不

　　　　　열흘간의 이탈리아 여행

可近不可遠)'이라 하지 않던가!

폐허 속의 무덤

폐허가 된 유적지 팔라티노 언덕을 내려와 또 하나의 폐허 포로 로마노를 걷는다. 포로 로마노는 도시 로마의 중심지였고 로마 제국의 심장부였다. 로마의 공공기관은 물론 종교시설, 쇼핑몰까지 밀집한 번화가였다. 정치 집회가 수시로 열리고 전쟁에서 이기고 돌아온 군대의 개선식이 자랑스럽게 열리던 곳이었다. 카이사르를 찾아온 클레오파트라가 아들 카이사리온을 안고 화려하게 행진한 곳도 여기 포로 로마노였다. 제국 최고의 중심지이니 웅장하고 세련된 건축물과 여러 기념비가 빽빽하게 들어선 건 당연했다.

그러나 지금 남아 있는 시설물은 모두 폐허다. 돌무더기와 부서진 벽체, 지붕 없는 돌기둥만 가득하다. 어떤 신전은 7개의 기둥 위에 들보만 얹혀 있고, 또 다른 신전은 3개의 기둥만 덩그러니 서 있다. 파손된 모습으로 흉물스럽게 벽체만 있는 신전도 있다. 기둥으로 쓰였다가 무너진 돌무더기와 땅에 박혀있는 주춧돌만이 옛터를 알려주는 바실리카도 있다. 그나마 3개의 개선문은 형체가 온전한 편이다. 물론 완전히 사라진 신전이나 개선문 등도 다수라고 한다.

우리가 걸을 수 있는 곳은 오직 고대 로마의 도로뿐이다. 건물 안으로 들어갈 수는 없고 개선문의 아치 밑을 지나갈 수도 없다. 원로원 내부 회의장 모습이 궁금하고, 개선문 아치에 새겨진 부조 조각을 보고 싶은데 아쉬움으로 남겨두어야 한다. 쓰러진 채 흩어져 있는 석조물 앞에는 접근을 막는 쇠줄을 쳐 놓았다. 관람객은 그저 고대 로마에서 만든 길을 따라 걸으며 폐허를 느낄 뿐이다.

　어떤 사람은 로마의 길을 걷는 것이 옛 로마인의 감성을 더 느끼게 한다고 말한다. 그러나 그것이 꼭 맞는 건 아니다. 로마인들은 세련된 대리석 건물 사이를 누비고 다녔지만, 지금 우리는 무너지고 헐린 폐허 사이를 걷고 있다. 무너진 거리에서 옛 도시의 모습, 떠들며 오갔을 로마인들의 모습을 그려보는 건 어려운 일이다. 더욱이 옛 로마의 도로에는 가로수가 없다. 쏟아지는 햇볕에 오롯이 노출된 여행자들은 상상의 나래를 펴기 전에 갈증과 빠르게 무거워지는 발걸음을 느껴야 한다.

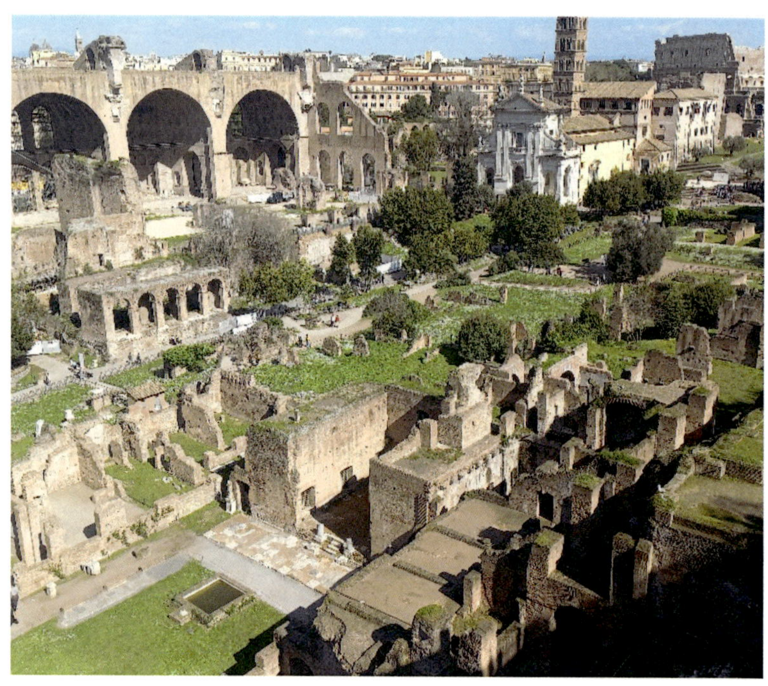

〈포로 로마노〉

　　　　　　　　　　　　　　　열흘간의 이탈리아 여행

문득 눈에 들어오는 유적이 있다. 높이 4미터 남짓한 벽체가 사각형으로 둘러싼 자그마한 유적이다. 전체적인 외관을 보고 얼른 떠오르는 건 1970년대 우리나라 농촌의 축사나 퇴비 저장소의 모습이다. 그런데 이 부서진 건물의 정면에 한 무리의 사람들이 모여 안을 들여다보고 있다. 안쪽의 무언가를 가리키며 수군대는 사람들도 있다.

벽체 안에 뭐가 있는 걸까? 사람 사이를 조심조심 파고 들어가 정면의 열린 공간으로 안을 들여다보았다. 응? 의외다. 안에는 콘크리트 덩어리 하나가 덩그러니 놓여 있을 뿐이다. 전혀 다듬어지지 않은 모양새는 풀 한 포기 없이 일그러진 무덤 같다. 그런데 그 위에 투박한 간이 지붕이 있어 이 콘크리트 덩어리를 보호하고 있다. 더욱 놀라운 건 콘크리트 덩어리 위에 붉은 꽃다발 하나가 놓여 있다. 정말 누군가의 무덤인가? 고대 로마에서는 로마 시내에 그 누구의 묘도 허용하지 않았다는데…….

이것은 율리우스 카이사르 신전 유적이었다. 카이사르 신전은 포로 로마노의 중심 광장 바로 남쪽에 있다. 중심 광장 건너 맞은편에는 셉티미우스 세베루스 황제의 개선문이 있고, 광장 좌우에는 커다란 바실리카 유적이 있다. 지금은 황량한 유적지로 남아 있지만, 제국 시대 로마 시가지 모형도를 보면 크고 멋진 대형 건물군이 광장을 둘러싸고 있는 걸 볼 수 있다. 모형도에서 보는 카이사르 신전 건물은 주변 건물에 비하면 작은 규모이지만 세련된 아름다움을 풍기고 있다. 포로 로마노의 한가운데에 있었으니 카이사르 신전은 당시 많은 사람이 오가며 자연스레 그를 추모하는 공간이 되었을 것이다.

카이사르 신전 터는 암살된 카이사르를 화장했던 곳이라 한다. 삼두 정치를 끝내고 권력을 독점하여 종신 독재관이 된 카이사르는 파르티아[3] 출병 계획을 세우고 원로원의 승인을 받으려 했다. 그러나 그가 회의장에 들어섰을 때, 그를 기다리고 있는 건 공화정 수호 세력의 칼 세례였다. 그들은 카이사르가 황제가 되려는 야욕을 갖고 있다고 여겼다.

급습을 당한 카이사르는 "브루투스 너마저?"라는 유명한 부르짖음을 남기고 쓰러졌다. 황제라는 칭호만 사용하지 않았을 뿐, 황제나 다름없는 종신 일인자가 된 지 한 달 만이었다.

카이사르의 장례는 그가 암살당한 지 닷새 만에 치러졌다. 장작더미 위에 시신을 올린 후 화장하는 절차를 밟았다. 그러나 도중에 거센 비가 내려 그의 유해는 빗물에 섞여 흩어져 버렸다고 한다. 그 때문에 카이사르는 무덤조차 없게 되었다. 훗날 원로원이 카이사르를 신격화하면서 화장했던 곳에 작은 추모 원기둥을 세웠다. 그리고 카이사르의 후계자로서 로마 제국 초대 황제가 된 아우구스투스는 추모비가 있는 곳에 카이사르 신전을 지었다.

지금 카이사르 신전 터 안에 있는 콘크리트 덩어리는 추모 원기둥의 기초였다고 한다. 신전 건물도 원기둥도 모두 사라졌지만, 카이사르를 화장하기 위해 장작더미를 쌓았던 곳은 콘크리트 덩어리로 남아서 우리에게까지 전해지고 있다.

그러므로 저 콘크리트 덩어리가 사실상 카이사르의 무덤이라는 생각이 든다. 유해가 온전히 수습되지 않아 공식적인 묘가 만들어지지 않은 상황이라면, 그의 혼백은 연기가 되어 떠나고 재가 된 시신이나마 땅속에 스며들었으니 여기가 곧 무덤이 아니겠는가? 저 무덤처럼 생긴

---

3) 지금의 이란·이라크 지역에 있던 강대국.

콘크리트 덩어리 위에는 누군가가 올려놓고 간 꽃송이가 항상 놓여 있다는데, 그의 사후 2천 년을 훌쩍 넘긴 지금에도 그를 영웅으로 추모하는 사람들이 맥을 잇고 있는 모양이다.

그는 분명 당대의 영웅이었다. 능력이 출중한 정치가이자 군인이었고, 반대 세력에도 관용을 베푸는 포용력이 있었다고 알려져 있다. 전쟁에서 승리하고 얻은 전리품도 고루 분배하여 로마 시민들의 신뢰를 크게 받았다고 한다. 로마 시민들의 절대적인 지지가 없었다면 브루투스를 비롯한 암살자들이 어찌 시민들에게 쫓겨 죽임을 당했겠는가?

그러나 그에게는 석연찮은 부분도 있다. 그는 왜 공화정을 폐하고 황제가 되려 했을까? 그것이 로마를 위한 길이라는 확신이 있었을까? 권력의 독점과 영구 집권의 야망은 아니었을까? 공화정은 450여 년간 로마의 정치체제로 안정되면서, 로마가 지중해의 패권 국가로 도약하는 밑바탕이 되었음은 자명하다. 카이사르 자신도 공화제 체제에서 성장하였다. 너무 유능했던 그는 자신이 황제가 되는 것이 로마가 더욱 발전할 수 있는 길이라 여긴 걸까? 그러나 그건 카이사르 본인에게는 통할지 몰라도 후에 이어질 황제 모두가 그럴 수는 없는 법이다. 그리고 황제 통치하의 시민들은 능력과 도덕성을 겸비한 성군을 고대할 수밖에 없는 상황이 된다. 카이사르 사후 로마는 제정 시대로 들어섰지만 오래지 않아 네로와 같은 폭군이 나타나지 않는가? 자고로 나라의 통치는 적절한 힘의 균형과 견제가 따르는 시스템으로 이루어져야 하는 것이 정답이 아닐까? 문득 브루투스의 외침 소리가 귓가에 맴돈다.

'시저[4]와 절친한 누군가가 있다면, 난 그에게 말하겠소. 브루투스의 시저 사랑도 그에 못지않았다고. 그런데 그 친구가 브루투스는 왜 시저에게 반기를 들었느냐고 물으면 그 대답은 이렇소. 내가 시저를 덜 사랑해서가 아니라 로마를 더 사랑했기 때문이오.'[5]

〈카이사르 신전〉

캄피돌리오 언덕

우리는 포로 로마노를 나와 포리 임페리알리 거리에 올라섰다. 그리

---

4) 율리우스 카이사르의 영어식 이름. 줄리어스 시저.

5) 셰익스피어의 희곡 「줄리우스 시저」에서 인용. (윌리엄 셰익스피어. 최종철 옮김. 『셰익스피어 전집4, 비극Ⅰ』. ㈜민음사. 2014. p242.

고 포리 임페리알리 거리를 천천히 걸어 캄피돌리오 언덕을 향했다. 포리 임페리알리의 포리(Fori)는 포로(Foro)의 복수형이고, 임페리알리(Imperiali)는 황제(Imperiale)의 복수형이니 포리 임페리알리는 '황제들의 공회장'이 되겠다. 여기에는 카이사르와 네 명의 황제가 하나씩 만든 다섯 개의 공회장이 있다.

'포리 임페리알리 거리(Via dei Fori Imperiali)'는 포리 임페리알리에 건설된 도로 이름이다. 1932년에 무솔리니가 베네치아 광장에서 콜로세오까지 850미터에 걸쳐 건설했는데, 고대 로마 유적지와 어울리지 않는 현대식 큰 도로다. 무솔리니는 독재자답게 유적에 대한 개념 없이 유적지를 토사로 덮고, 그 위에 도로를 건설했다고 한다. 그래서 유적지는 남북으로 두 동강이 났고, 도로를 따라 걸으면 유적지가 발아래에 있어 지하 유적처럼 보인다. 언젠가 도로 밑을 발굴해야 한다는 여론이 높아지면 도로의 운명이 어찌 될지 궁금하다.

따갑게 쏟아지는 햇살 아래 나무 그늘 하나 없는 포리 임페리알리 거리를 꽤 많은 사람이 걷고 있다. 아마 시간이 바쁜 여행자들이 이 도로를 걸으며 포로 로마노와 포룸을 훑어보고 지나는가 보다. 이들은 대부분 카이사르와 아우구스투스 청동상 아래에서 기념사진을 찍고 포로 로마노를 감상하고 있다. 두 청동상은 역사책에서 익히 보았던 모습 그대로다. 우리는 두 영웅의 얼굴을 머릿속에 새기며 서둘러 캄피돌리오 언덕을 향했다.

캄피돌리오 언덕은 팔라티노 언덕의 북서쪽 맞은편에 있다. 두 언덕 사이에 포로 로마노가 있으니 팔라티노 언덕에서 포로 로마노를 거쳐 캄피돌리오 언덕까지가 고대 로마의 중심 지역이겠다. 캄피돌리오 언덕은 고대 로마의 7개 언덕 중 크기는 가장 작고 높이는 가장 높다고 한다. 가장 높은 언덕이라는 상징성 때문인지 로마인들은 이 언덕에 로마 최고의 신 유피테르(그리스 신화의 제우스)신전을 세웠다. 그리고 이어서 유노(헤라), 미네르바(아테나) 등 많은 신전이 세워지면서, 이 언덕은 로마에서 신전이 밀집한 가장 신성한 언덕이 되었다. 이런 연유로 개선식의 최종 종착지도 여기 캄피돌리오 언덕이었다. 위풍당당하게 포로 로마노를 경유한 개선 행렬은 이 언덕에 올라 승리의 영광을 안겨준 로마의 신들께 감사의 인사를 올렸으리라.

캄피돌리오 언덕을 정면에서 오르려면 베네치아 광장에서부터 시작하는 게 맞겠다. 베네치아 광장에서 이탈리아 통일 기념관을 지나니 캄피돌리오 언덕으로 오르는 완만한 계단이 펼쳐진다. 이 계단의 이름은 코르도나타다. 계단의 폭이 넓고 경사가 져 있으며 계단의 턱은 낮은, 우리에게는 다소 낯선 형태의 계단이다. 이 계단과 계단 위에 있는 캄피돌리오 광장, 그리고 광장을 둘러싼 세 궁전은 16세기에 이르러 미켈란젤로가 설계했다. 미켈란젤로는 교황의 지시를 받고 서로마 제국 멸망 이후 버려져 있던 언덕을 지금의 모습으로 부활시켰다. 밑그림과 착공이 모두 그의 손에 의해 이루어졌다. 코르도나타는 당시에 마차를 탄 채로 광장에 오를 수 있도록 설계한 모습이라고 한다. 준공 후 찾아올 교황을 배려한 것인가? 그럴 일은 없겠지만 지금이라면 승용차로 충분히 오르내릴 수 있겠다.

계단을 오르며 언덕 위 광장을 향했다. 직각으로 이루어진 계단에 비해 오르기가 한결 수월하다. 언덕 위 광장으로 들어가는 입구 양쪽에 큼지막한 석상이 서 있다. 석상은 언덕을 지키는 수문장처럼 당당한 모습이다. 둘 다 건장한 말의 고삐를 잡고 서 있는 씩씩한 청년들인데 어

　열흘간의 이탈리아 여행

깨에서 등으로 흘러내리는 망토만 걸쳤을 뿐 홀라당 벌거벗고 있다. 군더더기 하나 없이 균형 잡힌 몸매에 탄력 있는 근육, 잘생긴 얼굴은 미스터 유니버스로서 손색이 없겠다. 저들은 디오스 쿠리(그리스 신화의 디오스 쿠로이), 곧 제우스의 쌍둥이 자식들로 로마가 위기에 처할 때마다 나타나 로마를 구해주곤 하였다고 한다. 이런 연유로 로마는 포로 로마노에 이들의 신전을 세웠는데, 신전은 기둥 세 개만이 덩그러니 남아 있는 폐허로 변했다. 그나마 신전 안의 신상은 온전해 미켈란젤로가 이리로 옮겼고, 새롭게 자리를 잡으며 멋진 자태를 뽐내고 있다.

〈캄피돌리오 광장 입구의 디오스 쿠리〉

디오스 쿠리 밑에서 바라보는 광장의 모습이 범상치 않다. 정면과 좌우에 하나씩 세 개의 궁전이 조화를 이루며, 가운데에 있는 하나의 광장을 에워싸고 있다. 광장 중앙에는 청동 기마상 하나가 세상을 내려다보고 있다. 광장 바닥은 기묘하게 선을 조합시켜 청동상의 기운이 사방으로 뻗어 나가는 광경을 연출하고 있다. 찬찬히 살펴보니 세 궁전 속에 광장이 있는 게 아니라 청동상이 세 궁전을 거느리고 한껏 권위를 발산하고 있는 것 같다. 분명 캄피돌리오 언덕의 주인공은 저 청동상이고, 세 궁전은 청동상을 호위하는 모양새다.

광장 중앙의 청동상은 철인 황제로 유명한 마르쿠스 아우렐리우스의 상이다. 고대 로마에서는 많은 청동상을 세웠는데, 기독교 세상이 된 후 모두 녹여져 다른 용도로 활용되고 말았다고 한다. 청동상의 주인공이 우상인 그리스 신이거나 기독교를 탄압한 황제들이었기 때문이다. 그런 와중에 저 청동상만이 유일하게 살아남았다. 그 계기가 우습다. 다른 청동상이 녹여질 때 저 청동상은 콘스탄티누스의 상으로 여겨졌다고 한다. 기독교 세계에서 콘스탄티누스 대제는 은인 중의 은인 아닌가? 그는 기독교 공인이라는 하나의 치적으로 참으로 많은 대접을 받고 있는 거 같다. 후에 기독교의 광풍이 잦아들고 예술 작품이 미적 대상으로 받아들여지는 시대가 도래했을 때, 저 청동상의 주인공이 마르쿠스 아우렐리우스 황제임이 밝혀졌다. 아우렐리우스 황제는 콘스탄티누스 대제의 덕을 톡톡히 본 셈이다.

그런데 광장 중앙의 저 청동상은 고대 로마에서 제작한 원본이 아니란다. 기독교의 광풍 속에서도 살아남았던 청동상이지만, 시간의 흐름과 탁해지는 도시 환경 오염을 피할 수 없었던 모양이다. 고심하던 이탈리아 정부는 진품을 곁에 있는 궁 안으로 옮기고 광장 중앙에는 복제품을 세웠다고 한다. 뭐 복제품이면 어떤가? 원본은 궁 안 박물관에서 보면 될 일이고, 캄피돌리오 광장을 아우르는 기마상의 기품은 복제품으로도 충분히 나타난다.

광장을 둘러싸고 있는 세 개의 건물은 모두 궁전의 이름을 갖고 있다. 코르도나타 계단에서 보았을 때 정면 건물이 세나토리오 궁전, 우측 건물이 콘세르바토리 궁전, 왼쪽 건물이 누오보 궁전이다. 세나토리오 궁전이 있는 곳이 유피테르 신전 터라 한다. 세나토리오 궁전은 지금은 로마 시청사로 사용되고 있다. 좌·우 두 궁전의 현재 용도는 박물관이다. 카피톨리니 박물관이라 부르는데, 두 궁전은 지하 통로로 연결되어 있다.

세나토리오 궁전 뒤쪽, 언덕 아래에 포로 로마노가 있다. 그러니까 세나토리오 궁전은 캄피돌리오 언덕의 가장 높은 곳에서 포로 로마노를 등지고 서 있다. 그래서 궁전의 뒤편은 최고의 포로 로마노 전망대다. 짧은 시간에 많은 관광지를 돌아보아야 하는 패키지 여행객들이 포로 로마노를 감상하고 돌아서는 전망대로 널리 알려져 있다.

전망대로 돌아가 보았다. 포로 로마노가 한눈에 들어온다. 맞은편 팔라티노 언덕에서 바라보는 광경보다 시야가 시원하다. 단체 여행객으로 보이는 많은 사람이 사진을 찍고 있다. 실제 여행안내 책자에서 볼 수 있는 포로 로마노 사진은 여기에서 담은 것이 대부분이었다.

호라티우스 형제의 그림

카피톨리니 박물관에 들어섰다. 설렘으로 조바심이 일어 입장하는 절차가 번거롭게 느껴졌다. 딸도 같은 마음인지 계단을 오르는 발걸음이 빠르다. 아침 일찍부터 시작해 평소보다 훨씬 많이 걸었는데 기대감이 피로감을 넘어서나 보다. 하긴 르네상스 시대에 만들어진 세계 최초의 박물관이라 하지 않는가? 고대 로마 박물관이라 할 정도로 특화된 박물관이라 하지 않는가? 기대가 부풀지 않을 수 없다.

첫 번째 홀, 홀의 이름이 범상치 않다. '호라티우스 형제와 쿠리아티우스 형제의 홀', 홀에 들어서자 왼쪽 벽에 커다란 프레스코화가 그려져 있다. 벽화는 휴대폰 카메라로 한 번에 담을 수 없을 정도로 크다. 그림은 이탈리아 화가 주세페 체사리(Giuseppe Cesari)가 1612년부터 1613년에 걸쳐 그린 〈호라티우스 형제와 쿠리아티우스 형제의 전투〉다. 첫 작품부터 관심을 끈다.

"작년에 루브르 박물관에서 보았던 〈호라티우스 형제의 맹세〉의 다음 장면 같다."

문득 딸과 함께 루브르 박물관에서 본 그림이 떠올라 조용히 속삭였다.

"자크 루이 다비드가 그린 그림이요? 아빠가 시비 많이 걸었던?"
"시비? 자크 루이 다비드가 그림 실력은 좋은데 정치 상황에 따라 변신을 너무 자주 한다 했지. 어쨌든 루브르의 그림은 전투에 나가기 전

 열흘간의 이탈리아 여행

장면이고, 이 그림은 전투가 끝나는 장면인 것 같다."

"그런가 봐요. 아빠는 아무래도 여기에서 오래 보아야겠지요? 먼저 앞으로 갈 테니 천천히 오세요. 너무 늦지 마시고."

"그래? 그럼 그러자. 관람 동선은 하나인 거 같으니 잃어버릴 염려는 없겠다."

딸은 혼자만의 감상을 원하나 보다. 서운할 건 없다. 한결 편안한 마음으로 그림을 살폈다.

수십 명의 병사가 빙 둘러서 있다. 병사들의 양쪽 끝에는 지휘관인 듯 말을 탄 군인도 있다. 이들은 모두 창과 칼, 방패로 무장했으나 전투를 벌일 마음은 없어 보인다. 그들이 둘러싼 가운데에서 벌어지고 있는 싸움을 주시하고 있을 뿐이다. 앞쪽에는 양편에 각각 두 명씩 용사가 쓰러져 죽어 있다. 한가운데에는 아직 두 명의 용사가 전투 중인데 오른쪽 용사의 칼이 왼쪽 용사의 목을 찌르고 있다. 바야흐로 오른쪽 용사 편이 승리를 거두는 순간이다.

기원전 7세기 중엽 로마와 알바롱가 사이에 영토 분쟁이 일었다. 로마의 건국자 로물루스가 알바롱가의 혈통을 이어받아 두 도시국가는 형제 국가라 할 수 있었지만, 로마의 영역이 넓어지면서 불가피한 분쟁이 일었다. 양측은 희생을 줄이기 위해 전면 전쟁을 벌이는 대신 각각 세 명의 대표를 뽑아 결투를 벌이고 그 결과에 승복하기로 한다. 로마에서는 호라티우스 삼 형제가 나섰고, 알바롱가에서는 쿠리아티우스 삼 형제가 출전했다.

두 가문의 삼 형제간 전투는 호라티우스 가문의 승리로 끝났다. 먼저 호라티우스 가문의 두 형제가 전사하여 전세는 크게 기울어졌으나, 남은 한 명이 쿠리아티우스 형제들이 멀찍멀찍 떨어져 있음을 포착하고 기습하여 두 명을 연거푸 쓰러뜨린다. 그리고 남은 한 명과 맞대결을 벌여 마침내 승리한다.

주세페 체사리는 호라티우스 가가 마지막 승리를 거두는 장면을 그렸다. 그는 자크 루이 다비드와 달리 정치적 의도가 없어 보인다. 다비드가 프랑스 대혁명기에 〈호라티우스 형제의 맹세〉를 통해 자신과 가족의 안위보다 나라를 위한 충성을 강요하는 데에 반해, 체사리는 어느 누구를 영웅시하는 점이 없다. 객관적 시각에서 담백하게 그 상황을 상상하여 그렸을 뿐이다. 양쪽 왕실은 어차피 한 혈통이고, 이 전투 이후 알바롱가는 로마에 예속되어 한 나라로 성장해 간 까닭일까? 17세기 이탈리아인 주세페 체사리의 시각에서는 두 도시국가 모두가 선조의 나라였기 때문일까?

걸음을 빨리하여 앞서간 딸을 따라잡았다. 딸은 한참을 나아가 '마르쿠스 아우렐리우스의 방(Exedra of Marcus Aurelius)'에 이르고 있었다.

"그림 감상 잘했어요?"

딸의 얼굴에 미소가 스쳤다.

"응. 박물관 입구 첫 전시품이 그 그림이라는데 우선 놀랐다. 알고 있는 스토리지만 그림으로 보니 더 실감 나더라. 한 가지 찝찝함이 있었지만."

 열흘간의 이탈리아 여행

"뭔데요. 찝찝한 게?"

"양쪽 세 형제는 꽤 긴 시간 혈투를 벌였다고 봐야겠지? 그러면 마지막 대결을 펼치는 두 사람은 거의 탈진한 상태인 게 맞을 거야. 몸도 피로 물들고. 그런데 두 사람이 너무 깨끗하고 힘이 넘쳐. 이제 막 결투를 시작한 것처럼."

"역시 아빠는 또 시비를 거시는군요."

이번에는 내 얼굴에 웃음이 스쳤다.

〈호라티우스 형제와 쿠리아티우스 형제의 전투 - 주세페 체사리〉

명상록(冥想錄)

밝고 넓은 홀이 눈앞에 있다. 장식이 없는 하얀 벽면을 배경으로 대여섯 조각품이 적당한 거리를 두고 자리 잡고 있다. 홀의 이름은 '마르쿠스 아우렐리우스의 엑세드라(Exedra of Marcus Aurelius)', 엑세드라는 반원 모양의 홀을 뜻하는 라틴어다.

이 홀이 카피톨리니 박물관이 자랑하는 고대 로마의 청동상을 모아 놓은 홀인가 보다. 카피톨리니 박물관을 소개하는 책자마다 빠지지 않고 등장하는 조각품들이 모두 모여 있다. 〈카피톨리노의 암늑대〉, 〈가시를 뽑는 소년의 청동상〉, 〈콘스탄티누스 황제의 청동 두상과 왼팔 청동상〉, 그리고 〈마르쿠스 아우렐리우스 청동상〉 등이 여기에 자리하고 있다. 조각품들은 충분한 공간을 확보하면서 적절한 빛을 받아 자태가 한껏 돋보인다. 조각품 하나하나를 대하는데 조심스러운 자세가 절로 우러나온다.

내 눈길을 오랫동안 붙잡는 건 단연 마르쿠스 아우렐리우스의 청동 기마상이다. 박물관 앞 광장에서 이미 본 기마상과 똑같은 모양을 하고 있지만 풍겨오는 인상은 사뭇 다르다. 이것은 원본과 복제품의 차이가 아니다. 광장에서는 두 길이 넘는 받침대 위에 설치되어 있어 우리는 밑에서 우러러볼 수밖에 없고, 전체적인 분위기를 느끼려면 꽤 거리를 두어야 한다. 거리를 두고 바라보면 그는 용감한 전쟁 영웅이다. 그러나 전시실의 기마상은 다르다. 우선 우리의 눈높이에 맞추어져 있고 가까이 다가갈 수 있어 기마상 본연의 모습을 살펴볼 수 있다. 여기의 아우렐리우스 황제는 당당하나 굴복을 강요하지 않는다. 자신감 넘치게 '나를 보라'며 모범을 보이는 자세다. 굳게 다문 입과 우리를 향해 펼쳐든 손이 '부끄럼 없이 살고 있다.'를 말하고 있는 듯하다. 광장의 황제가 개선장군이라면 전시실의 황제는 품격 있는 스승이다.

마르쿠스 아우렐리우스, 철인 황제(哲人皇帝)로 누구나 한 번쯤 들어보았을 이름이다. 로마의 최전성기를 구가한 5현제의 마지막 황제다. 그는 많은 전쟁과 전염병 등 끊임없는 내우외환에 시달렸지만, 솔선수범과 현장 경영으로 위기를 관리하며 치세를 이끌었다고 평가받고 있다. 군인 황제 시대에 쿠데타로 권력을 잡은 황제들이 민심 수습을 위해 마르쿠스 아우렐리우스의 통치를 본받겠다며 지지를 호소할 정도였다.

그는 황제의 과도한 업무에 충실하면서도 자신의 삶에 대한 성찰을 게을리하지 않았다. 수많은 전쟁을 치르면서도 그는 진중에서 인간의 삶에 대한 성찰과 자신을 반성하는 글을 썼다. 그렇게 쓴 글은 '명상록'이라는 책으로 세상에 나와 2천 년이 지난 지금에도 명저로 읽히고 있다. 우리나라 수필 문학의 지평을 연 이양하 선생이 죽음을 앞두고 곁에 두고 싶은 책으로 이 책을 지목했다. 소설가 김진명은 '나를 바꾼 한 권의 책'으로 이 책을 꼽았다. 빌 클린턴 전 대통령도 1년에 두 번은 읽어야 할 책으로 소개한 바 있다. 우리나라 베이비 붐 세대는 고등학교 국어 교과서에서 이 글을 공부하며 철학이라는 단어를 익혔다. 그중에는 나도 있었다.

'그대는 이 거대한 세계의 시민으로 살았다. 그 기간이 5년이든, 10년이든 무슨 차이가 있겠는가? 세상의 법은 그대뿐 아니라 그 누구도 공정하게 대한다. 그렇다면 그대는 무엇 때문에 불만을 품는가?

그대를 이 세계에서 몰아내는 자는 폭군도, 부정한 재판관도 아니다.

〈마르쿠스 아우렐리우스 청동상〉

그대를 세상에 보낸 자연이다. 자연은 배우를 썼다가 다시 무대 밖으로 나가게 하는 연출자와 다르지 않다. "저는 5막짜리 연극에서 3막까지만 출연했습니다." 그대는 이렇게 하소연하고 싶은가? 인생은 3막만으로도 완전한 드라마가 될 수 있다. 연극을 언제 끝낼지를 결정하는 분은 당신을 처음에 고용했고, 지금은 당신을 내모는 자연이다. 따라서 이런 결정은 그대가 상관할 게 아니다. 만족하는 마음으로 물러서라. 그대를 떠나보내는 자연도 그대에게 미소를 보낼 것이다.'

위의 글은 '명상록'의 맨 끝부분이다. 여기에서 '그대'는 바로 아우렐리우스 자신이다. 이렇듯 아우렐리우스는 항상 진정한 마음의 평화를 유지하도록 자신의 삶에 대해 끊임없이 반성하는 자세를 가졌다. 또 자신에게 주어진 소명, 사회의 공익을 위해 진심 어린 노력을 기울였다. 그는 철학적 반성을 거듭하는 성숙한 개인이 훌륭한 사회 지도자도 될 수 있음을 보여준다.

그의 성숙한 모습이 저 청동상에 고스란히 담겨 있다. 카피톨리니 박물관을 찾은 보람이 있다.

반가운 한식당

녹초가 되었다. 우선 호텔 침대에 벌렁 누웠다. 한참을 그대로 있었다.

"아빠, 샤워부터 하고 저녁 먹으러 나갈까요?"
아! 아직 할 일이 남았구나. 오후 여덟 시가 넘어섰다.
"여기 식당들 일찍 문 닫을지 모르니 저녁부터 먹자. 그게 편히 쉴 수 있겠다."
"뭐 드실래요? 한식?"
"근처에 한식당이 있니?"
"몇 개 있는데 'A' 식당이 가장 가까운데요."
"가자. 얼른 다녀와서 쉬자."

지친 몸이 무겁다. 그러나 한식이라는 말이 힘을 솟아나게 했다.

우리나라를 대표하는 민요 제목을 딴 'A' 식당은 호텔에서 2백여 미터도 채 떨어지지 않았다. 가는 길목에는 이탈리아 레스토랑들이 도로에 테이블을 놓고 활발하게 영업하고 있다. '이탈리아는 어덟 시부터 저녁 시간'이라는 말이 새삼 떠올랐다. 몇 군데는 지나가는 사람을 향해 호객도 한다.

우리는 쉽게 'A' 식당을 찾았다. 별로 크지 않은 건물의 지하였다. 그리 넓지 않은 공간을 아기자기하게 활용하고 있다. 주인은 내 또래쯤 될까? 조금 더 많을까? 한국계가 분명한 부부가 운영하고 있다. 서빙하는 젊은 남녀 직원은 아시아계는 분명하나 한국어 발음이 서툴러 보인다. 인도? 몽골? 호기심은 이나 물을 수는 없는 일이었다. 한국 음식 메뉴가 꽤 여러 종류다. 김치찌개도 있고 김치전골도 있다. 지금은 여유롭게 즐기는 식사보다 빨리 끼니를 때우는 게 급하다. 마침 김치전골이 2인분 이상 주문이 가능하다 해 그걸로 주문했다. 역시 김치 메뉴는 기분을 바꾼다. 허겁지겁 식사하는 동안 여기가 로마라는 걸 잊었다. 서울을 떠나 어느 지방 소도시에 와 있는 느낌이 들었다. 이국땅 낯선 곳에 우리나라 음식을 먹을 수 있는 식당이 있다는 건 고마운 일이다.

호텔로 돌아가는 길의 레스토랑들은 아까보다 더 붐비고 있다. 길이 좁아서일까? 도로에 내놓은 테이블보다 실내가 더 붐빈다. 다시 호텔이다. 하루 동안 너무 많은 것을 보았다. 너무 많이 걸었다.

　　　　　　　　　　　　　　　　열흘간의 이탈리아 여행

열흘간의
이탈리아 여행

02.
바티칸 순례

오늘은 바티칸 순례 날이다. 호텔을 나서 트레비 분수를 들른 후 판테온을 관람했다. 다시 나보나 광장을 거쳐 산탄젤로성에 올랐다. 바티칸 안내를 맡은 가이드와 만남은 통일 광장(Piazza del Risorgimento)에서 오후 1시다. 광장 인근 레스토랑에서 점심 식사를 마치고 가이드와 만났다. 가이드는 성 베드로 광장, 성 베드로 대성당, 바티칸 박물관, 시스티나 소성당 순으로 우리를 안내했다. 관람을 마치고 박물관 입구에서 택시를 타고 호텔로 돌아왔다.

트레비 분수

오늘도 여행의 출발점은 국립 오페라 극장이다. 딸과 나는 똑같이 그 앞에서 지도 앱을 켰다. 첫 목적지는 트레비 분수다. 로마 시내의 여러 분수 중 가장 유명한 분수다. 영화 '로마의 휴일'에서 오드리 헵번이 동전을 던지며 소원을 비는 예쁜 모습으로 그 명성은 더욱 널리 퍼졌다. 지금은 로마를 여행하지 않은 사람도 그 이름을 알고 있을 정도로 유명해졌다.

언덕길이 숨을 가쁘게 한다. 젊은 딸의 걸음을 좇아가는 게 만만치 않다. 주변에 '퀴리날레(Quirinale)'가 들어간 표지판이 자주 눈에 띈다. 우리는 퀴리날레 언덕 동쪽에 난 도로를 걷고 있는 거다. 퀴리날레 언덕은 고대 로마의 7개 언덕 중 하나 아닌가? '어제 4개 언덕을 섭렵했으니 다섯 번째 언덕이군.' 혼자 속삭이며 주위를 두리번거렸다. 언덕은 크고 작은 건물로 덮여 있다. 푸른 녹지대가 보이지 않으니 언덕의 맛은 없고 그저 도시의 고개를 넘고 있는 기분이다. 서울의 고갯길과 다른 건 19세기 풍의 유럽 도시답다는 거다.

반갑게 내리막길이 나오는가 했더니 지도에서 좌회전을 알렸다. 왼쪽으로 난 길을 따라 완만한 내리막길을 걸었다. 평지 거리에 이르니 유난히 작은 가게들이 많아졌다. 가장 눈에 띄는 건 기념품 가게와 젤라토 전문 상점이다. '거의 다 왔나 보다.'고 감을 잡는데 물 떨어지는 소리가 들렸다.

"아빠!"

딸이 앞만 보고 있는 나를 일깨우며 오른쪽을 가리켰다. 좁은 시야가 갑자기 시원해졌다. 사진으로 수없이 보았던 트레비 분수다.

트레비 분수는 물이 솟구치는 게 아니라 흘러내린다. 아니 흐른다기보다는 쏟아진다는 표현이 맞겠다. 쏟아지는 물길 속에 힘이 넘치는 조각상이 있다. 바다의 신 넵튠(그리스 신화의 포세이돈)이 쌍두마차를 타고 바다를 호령하고 있다. 그가 탄 마차는 바다의 신답게 바퀴 달린 마차가 아니라 거대한 조개 마차다. 두 마리 말은 힘이 넘치고, 말을 제어하는 넵튠의 아들 신들도 자신감이 충만하다. 역동성이 돋보이는 조각 작품이다. 이들의 역동성을 가장 잘 살려주는 건 넵튠 뒤쪽의 벽면인 것 같다. 건물의 한 면이 통째로 무대 뒤 장막과 같은 역할을 하는데, 앞에 있는 주인공들의 입체감을 살리면서 드러나지 않게 자신의 품위를 지키고 있다.

아직 이른 시간인데 분수에는 여행객이 붐빈다. 공중에 날린 물방울이 얼굴을 적시고 분수 주변 바닥은 질퍽거리는데 모여든 사람들은 모두 즐겁다. 피부색이나 의상과 관계없이 젊은 여성들은 수시로 동전을 던지고, 이들 앞에는 더 많은 사람이 휴대폰을 치켜들어 사진을 찍어댄다. 가장 신난 사람은 젤라토 가게의 상인들이다. 가게 앞에는 어느 집이나 대여섯 명의 줄이 있고, 상인들은 무어라 연신 떠들며 젤라토를 건네주고 있다. 이들은 물소리에 자신의 목소리가 묻힐까 염려가 되는 건지, 이웃집과 경쟁 심리인지 유난히 목소리가 크다.

"왔으니 동전 하나 던져 봐라."

딸도 젊은이인지라 그 기분을 헤아려 권유했다.

"그럴까? 여기서?"
"유튜브에서 가르쳐 준 곳은 오른쪽 끝이더라."

사람들이 소원해진 틈을 타 딸이 분수를 등지고 동전을 던졌다. 내가 휴대폰을 내밀고 사진을 찍었다. 그러나 사진은 실패였다. 순간 포착이 쉬운 일이 아니다.

"다시 던질까?"

　　　　　　　　　　　　열흘간의 이탈리아 여행

딸이 서운했나 보다.

"하나가 들어가면 로마에 다시 온다고 하더라. 둘이나 셋은 사랑 타령이야."

점점 사람이 많아지고 있다. 우리는 다음 목적지로 향했다.

〈트레비 분수〉

만신전(萬神殿)과 유일신전(唯一神殿)

판테온 앞 광장에 긴 줄이 있다. 개장 시간이 9시라 아직 개장 30분 전인데 여행자들의 부지런함은 혀를 내두르게 한다. 현관 앞 왼편에 입장권 자동 발매기가 있다. 1인당 5유로, 우리는 먼저 입장권을 구매했다.

"입장 5분 전에 줄 서고 그전에 외관 구경이나 하자."

줄을 향해 가는 딸을 붙들며 말했다.

판테온의 현관은 아테네의 파르테논 신전을 닮았다. 돌기둥이 열을 지어 둘러서 있고 기둥 위에는 이등변 삼각형의 지붕이 얹혀 있다. 현관 건물 뒤로 원통형의 건물 외벽이 보인다. 아마 판테온의 본관인가 보다. 판테온의 상징물인 돔 지붕은 현관의 높이에 가려 보이지 않는다. 현관 앞 광장에는 큼지막한 분수가 있고, 분수 위에는 멋진 오벨리스크가 서 있다. 유럽의 도시 여기저기에 세워져 있는 오벨리스크는 대부분 이집트에서 가져온 것이기에 혹시나 해서 검색했더니, 역시나 여기 오벨리스크도 이집트에서 람세스 2세 때 만든 걸 운반했다고 한다.

판테온은 우리말로 '만신전(萬神殿)' 혹은 '범신전(汎神殿)'으로 번역한다. 그리스어 pan(모든)+theo(신)+on(건물)의 합성어다. 그래서 판테온은 모든 신을 위한 신전, 모든 신을 모시는 신전이 된다.

신전 현관 상부에는 이 신전 설립자가 마르쿠스 아그리파(Marcus Vipsanius Agrippa)임을 새겨 놓았다. 마르쿠스 아그리파가 누구인가? 그는 로마의 초대 황제 아우구스투스의 친구이자 오른팔이었다. 아우구스투스를 황제에 오르게 했음은 물론 이후 체제 안정을 위해 힘을 쏟은 일등 공신이었다. 제갈공명이나 정도전에 비견되는 인물이라고 해야 할까? 그는 로마가 세상의 중심이기를 바랐다. 로마를 중심으로 인간 세상의 화합과 공존을 바랐고, 신들도 또한 그러기를 바란 것 같다. 로마 제국 내 모든 신을 존중하고, 속주를 포함한 각각의 종교를 포용하

열흘간의 이탈리아 여행

며 공존하는 상징성을 담아 수도 로마에 판테온을 설립한 것이라 한다.

그런데 지금 우리가 보고 있는 판테온 건물은 아그리파가 세운 건 아니란다. 아그리파가 세운 목조 신전은 티투스 황제 시절 화재로 전소되고, 지금의 신전은 2세기 들어 하드리아누스 황제 치세에 석조 건물로 다시 태어났다. 아그리파가 설립자임을 알리는 현관 상부의 글도 이때 새겨졌을 것이다. 그런데! 문득 이상한 생각이 들었다. 아그리파가 세웠던 목조 신전에도 자신이 설립자임을 알리는 글귀를 써놓았을까? 자신의 주도로 세운 신전이라 하더라도 평생을 이인자로 살아온 그가 황제를 제치고 자신의 이름을 남겼을까? 혹시 로마 보편주의를 추구한 아그리파를 높게 평가한 하드리아누스의 이념이 반영된 건 아닐까? 물론 확인할 길은 없다.

판테온 내부는 거대한 공간이다. 옆으로 보아도 둥근 원이고, 위로 올려보아도 둥근 원이다. 커다란 우주 속에 들어온 것 같다. 둥근 돔의 정수리는 뻥 뚫려 있다. 그 구멍을 통해 밝은 빛이 쏟아져 들어온다. 천장 가장 높은 곳에서 발산하는 빛이 신전을 비추고 있다. 둥근 구(球)형의 천장은 있는 모습 그대로 하늘이다.

원형 공간의 한편에 작은 예배 공간이 있다. 들어오는 입구의 맞은편이다. 커다란 구 형 벽체에 다시 작은 원통형 공간과 돔형 천장을 만들고, 그 안에 십자가와 아기 예수를 안고 있는 성모 마리아를 모셨다. 관람객이 들어가지 못하도록 줄을 쳐 놓았으나 참배 공간도 있다.

그리고 보니 판테온은 성당이다. '순교자들의 성모 마리아 성당(Santa Maria dei Martiri)'이 공식적인 이름이다. 이스탄불의 '성 소피아 성당'이 정교회 성당으로 지어졌으나 지금은 이슬람교 사원이 된 걸 닮았다. 만

신전으로 지어진 판테온은 7세기 초 성당으로 바뀌면서 유일 신전이 되었다. 그 덕택으로 판테온은 살아남았다. 고대 로마의 건축물들이 서로마 제국 멸망 이후 다른 건축 공사장의 건설 자재로 헐려 나갔지만, 기독교 성전이 된 판테온은 보존될 수 있었다. 유일신이 만신을 보호한 셈이 되었다.

성당으로 바뀐 판테온에는 많은 유해가 안치되었다고 한다. 순교자들의 성당이니 당연한 일일 것이다. 구형 벽체를 따라 일반인들이 볼 수 있게 안장된 묘소가 여럿 보인다. 르네상스의 거장 라파엘로의 묘가 있다. 19세기 들어 이탈리아의 재통일을 이룩한 비토리오 에마누엘레 2세와 그의 아들 움베르토 1세의 묘도 있다.

그래서 판테온은 지금도 살아 있다. 고대의 유물이 아니다. 그 성격이 바뀌었을 뿐 아직도 우리 시대에 활동하고 있다. 2세기에 지은 석조 건물 외피 속에 7세기부터 이어져 온 가톨릭 성당으로 현대에 이르고 있다. 여행자는 성당으로 바뀐 현재의 모습 속에 가려진 고대 유물을 느껴보려 한다. 이스탄불의 성 소피아 성당은 이슬람교 사원으로 변했어도 내게는 성 소피아 성당이고, 로마의 판테온은 성당으로 변했어도 내게는 여전히 판테온이다.

　　　　　　　　　　　　　　　　　　　　　　열흘간의 이탈리아 여행

〈판테온 전면 모습〉　　　　〈판테온 내부 돔 지붕〉

바티칸 전망대 산탄젤로성

　판테온을 떠난 우리는 나보나 광장에 이르렀다. 남북으로 길게 늘어진 네모반듯한 광장이다. 광장 안에는 분수와 오벨리스크 등이 서 있고, 광장 주변은 성당과 그 성당에 높이를 맞춘 예스러운 건물들이 질서정연하게 늘어서 있다. 성당과 분수 등 많은 내력을 담고 있는 시설물이 아니더라도 나보나 광장은 여행자에게 길잡이 역할을 하는 중심 구역이다.

　그러나 광장에 들어서는 우리의 눈길을 먼저 끄는 건 건물 앞에 펼쳐 놓은 테이블이었다. 건물의 1층은 대부분 레스토랑인 듯 야외 테이블을 질서정연하게 펼쳐놓았고, 테이블보의 색깔을 달리하면서 서로 어우러져 꽤 장관을 연출했다. 마치 여름날 해수욕장에 펼쳐놓은 파라솔 지붕을 하늘에서 보는 듯한 모습이다.

　“여기는 로마 시민들의 공간 같다. 관광지라기보다는…….”
　“그러네요. 로마 사람들이 놀러 나오는 곳 같아요.”

　내가 보는 시각에 딸도 동의했다.

　“다리도 쉴 겸 커피라도 마시고 갈까? 로마의 모닝커피가 유명하다던데.”
　“가이드와 약속 시간 맞추려면……. 그리고 여기는 식음료비 비싸기로 유명해요.”
　“그래? 그럼 그냥 갈까?”

　여행할 때에는 아쉬움이 남는 법이다. 그러나 아쉬움은 금방 잊었다. 광장을 벗어나 조금 걷자 웅장한 붉은색 성채가 눈에 들어와 관심을 돌려놓았다. 산탄젤로성이다.

　산탄젤로성(Castel Sant'Angelo)은 우리 시각으로 보면 요새다. 수원 화성, 해미 읍성처럼 도시를 에워싼 성곽이 아니라 테베레 강가에 원통형으로 높게 쌓아올렸다. 견고한 성채는 돌로 쌓은 후에 붉은 황토색 벽

돌로 덧쌓아서 멀리서도 붉은 모습이 뚜렷이 보인다.

우리는 성채를 향하여 좁은 도로를 걸었다. 테베레강이 눈앞에 모습을 드러냈다. 강 건너에 붉은 성채가 견고하게 서 있고, 성 앞 강 위에 우아한 다리가 놓여 있다. 산탄젤로성으로 건너가는 다리이니 다리 이름이 '산탄젤로 다리(Ponte Sant'Angelo)'다. 로마 시내에 있는 여러 다리 중 가장 아름답다는 다리다. 5개의 아치형 교각 위에 박석이 촘촘히 박힌 상판, 그리고 석조 난간이 고전미를 풍긴다. 교각 위 난간에는 날개 달린 천사상이 마주 보며 줄지어 있어 성스러운 분위기를 자아낸다.

〈산탄젤로성과 산탄젤로 다리〉

다리를 건너 성의 외벽 문을 들어서자 원통형 성의 본채가 앞을 가로막는다. 왼편으로 돌아 입장권을 구매하고 성안으로 들어섰다.

성안으로 들어서면 계단이 벽체를 따라 나선형으로 만들어져 있다. 얼마쯤 올랐을까? 이제는 계단이 성의 중심으로 옮겨져 있다. 곳곳에 무기고, 저장고, 병사들의 휴게실 등 밀폐된 공간이 숨어 있다. 대부분의 실내 공간은 안전상의 이유인지 출입 제한 구역이다.

옥상에 올라서자 시원함이 밀려온다. 원통형 성채 위에 네모진 건물이 올려져 있고, 여기에는 전시실, 카페, 기념품 가게, 그리고 예배당이 있다. 건물 위 가장 높은 곳에는 날개 달린 청동상이 우뚝 솟아 있다.

저 청동상은 미카엘 대천사란다. 유럽을 여행하다 보면 심심찮게 만나게 되는 미카엘 대천사다. 미카엘 대천사는 서기 509년 여기에 나타나셨다고 한다. 당시 페스트가 만연하고 있을 때 그레고리우스 교황은 이를 퇴치하기 위한 기도를 여기에서 올리고 있었단다. 그러던 중 천사가 나타나는 은총을 받았다고 한다. 이 성의 이름이 산탄젤로성, 곧 성천사성이 된 연유다.

여행자에게 산탄젤로성의 최고 가치는 멋진 조망이다. 테베레강을 중심으로 널리 널리 퍼져나간 로마 시가지를 두루두루 둘러볼 수 있다. 그중 가장 값진 것은 바티칸 조망이다. 원통형 벽체를 따라 돌면 외벽에는 유리 없는 창틀이 만들어져 있다. 이 창을 통해 밖을 바라보면 창틀은 액자 틀이 되고 그 안에는 멋진 사진이 담긴다. 바라보는 방향을 틀면 각기 다른 사진이 프레임 안에 담긴다. 성 베드로 성당의 쿠폴라가 프레임 속에 가득 차며 기대감을 한층 드높인다.

"엄마랑 스위스 여행할 때 무슨 성에 갔었다고 했죠?"

내부 계단을 조심스레 내려오며 딸이 물었다.

"응? 시옹성. 레만호변에 있는 성이었지."

“그 성과 비교하면 어때요? 비슷해요?”

딸은 유럽의 요새형 성채는 처음인 모양이다. 작년에 몽생미셸을 함께 갔었지만, 그곳은 성의 이미지보다 수도원의 인상이 강했다.

“글쎄. 개괄적인 모습과 구조는 비슷한데……. 굳이 비교하면 시옹성은 촌놈성, 여기는 귀족성.”
“헐, 촌놈성!”

오랜만에 딸이 활짝 웃었다.

〈산탄젤로성에서 바라본 바티칸〉

즐거운 점심 식사

산탄젤로성을 나와 가이드와의 약속 장소로 향했다. 약속 장소는 리소르지멘토 광장(Piazza del Risorgimento), 우리말로 번역하면 통일 광장이 되겠다. 광장은 오타비아노 지하철역과 성 베드로 광장의 중간지점에 있다. 가이드는 전철을 타고 올 사람들을 배려해 약속 장소를 정했나 보다.

산탄젤로성을 출발해 광장에 이르는 길에는 커다란 성벽이 있다. 아우렐리아누스 성벽이다. 성벽은 무척 높고 견고하다. 1,700여 년을 넘긴 성벽답게 노후화된 모습이나 그 긴 시간을 살아남았다는 게 대단하다. 어찌 보면 도시의 흉물처럼 보이는 성벽을 지금도 보존하고 있는 로마 시민들이 위대해 보인다.

광장에 도착하니 11시 50분이다. 약속 시간까지 1시간 10분의 여유가 있다. 약속 장소를 확인했으니 이제 남은 시간에 점심 식사를 마쳐야겠다.

바티칸은 전 세계 사람들이 모여드는 곳이어서인지 주변에 레스토랑이 무척 많다. 길 건너편에 레스토랑 간판이 많은 걸 보고 길을 건넜다. 딱히 정해놓은 곳이 없어 눈대중으로 적당한 식당을 물색하는데, "어서 오세요" 또렷한 한국어가 들렸다. 어리둥절해 소리 난 곳을 찾아보았다. 촘촘히 들어선 레스토랑마다 입구에 한 사람씩 서서 호객을 하고 있는데, 그중 한 곳에 서 있던 중년 남성이 우리가 한국인임을 알아본 모양이다. 깜짝 반가워 그 레스토랑을 선택하고 길 한편에 펼쳐놓은 테이블에 앉았다.

한국에서 10개월 생활했다는 직원은 싹싹한 성격에 한국어 발음도 꽤 또렷했다. 그래도 주문에 착오가 생길까 염려되어 우리가 영어로 물으면 그 직원은 한국어로 대답했다. 로마에서 한국인은 영어로 말하고 현지인은 한국어로 말하는 묘한 광경이 벌어졌다.

무료로 나오는 물과 유료인 생수 중 무료 물을 선택하고, 해물 리조토와 마늘 파스타, 그리고 맥주와 커피를 주문했다. 식전 빵과 물을 시작으로 오래 기다리지 않아 음식이 나왔다. 쾌활한 직원은 맥주 안주 서비스라며 견과류가 담긴 접시를 가져왔고, 본 메뉴와 함께 역시 서비스라며 오이 피클을 내왔다. 우리는 연신 고맙다는 말을 할 수밖에 없었다.

식사비는 42유로가 나왔다. 로마 물가를 고려하면 크게 비싸다고 할 수 없는 비용이다. 카드로 결제를 마치고 직원에 대한 고마움의 표시로 5유로 팁을 주었다. 팁 문화에 익숙하지 않은 우리에게는 팁을 주면서도 혹시 결례를 범하는 게 아닌지 조심스럽다. 직원은 크게 좋아했다. "감사합니다" 한국어 소리가 더 크게 터졌다. 옆 레스토랑에서 같은 일을 하는 직원이 힐끗 여기를 바라보았다. 우리도 즐거운 기분으로 일어섰다. 로마에서 비로소 손님 대접을 받아본 것 같다.

성 베드로 광장 풍경

통일 광장에 한국인으로 보이는 사람들이 늘어나고 있다. 우리와 함께 바티칸을 관람할 일행인 듯하다. 이윽고 배낭을 멘 젊은 여성이 다가와 한 사람 한 사람 명단을 확인했다. 오랜 경험의 결과인지 그녀는 소리 한번 크게 내지 않고 정확히 자신의 고객을 식별했다. 일행이 모두 열두 명이다. 가이드는 인원을 확인하자 빨간 기를 들고 우리를 인솔했다. 3~4백 미터 거리에 있는 성 베드로 광장을 향한단다.

성 베드로 광장은 로마 시내에서 여태껏 보았던 광장중 가장 넓었다. 콜로세오 경기장 면적보다 더 크게 보인다. 성 베드로 성당 바로 앞에 마름모꼴 광장이 있고, 그 앞에 다시 커다란 타원형 광장이 펼쳐져 있다. 타원형 광장의 둘레를 따라 아름답고 기품 있는 회랑이 둘러섰다. 성 베드로 성당을 중심으로 좌우 두 개의 둥그런 회랑은 마치 성당이 두 팔을 벌려 광장을 감싸 안고 있는 듯한 모습이다. 회랑에는 둥근 대리석 기둥이 열 지어 있고, 기둥 위에는 우아하고 평평한 지붕이, 지붕 위에는 기독교 성인들의 상이 여러 모습으로 광장을 내려다보고 있다. 이 광경만으로 가톨릭의 총본산으로서의 품격은 충분한 것 같다.

〈성 베드로 광장의 우측 회랑〉

광장의 한가운데에는 오벨리스크가 우뚝 서 있다. 유럽의 여러 도시

열흘간의 이탈리아 여행

에서 볼 수 있는 것과 같이 이 오벨리스크도 이집트에서 운반해 왔는데 꼭대기에는 십자가가 올려져 있다. 마침 해가 쨍쨍 내리쬐니 십자가의 그림자는 그대로 해시계가 되었다. 오벨리스크 좌우에는 소박한 분수가 대칭으로 균형을 맞추었다.

오벨리스크에서 앞으로 더 나아가면 성 베드로 대성당의 정면, 파사드다. 네모진 파사드 위 지붕에는 예수 그리스도와 세례자 요한, 그리고 열두 제자의 상이 광장을 내려다보고 있다. 그러니까 성 베드로 대성당과 좌우 회랑은 이 광장을 감싸안고, 예수 그리스도와 제자들, 그리고 가톨릭 성인들은 이 광장에 들어온 사람들을 지켜보는 모습이다.

대성당으로 오르는 계단 앞 좌우에는 커다란 석상이 서 있다. 성 베드로 상과 성 바오로 상이다. 성 베드로는 오른손에 열쇠를 쥐고 있고, 성 바오로는 큰 칼을 들고 있어 쉽게 구별할 수 있다.

두 성인의 모습이 내가 기억하는 것과 달라 흠칫 놀랐다. 내 기억 속의 성 베드로는 길고 흰 머리칼과 수염을 가졌다. 반면 성 바오로는 머리칼과 수염이 모두 검고 곱슬곱슬하다. 1955년에 개봉한 고전 영화 '쿼바디스'에 등장한 모습이다. 그런데 여기 석상의 모습은 그 반대로 되어 있다. 성 베드로는 곱슬머리와 곱슬 수염이고, 성 바오로는 머리칼과 수염이 모두 길고 풍성하다. 성 베드로의 표식이 열쇠이고 성 바오로의 표식이 큰 칼이니 성인상의 분별을 잘못했을 리는 없다. 영화에서 검증을 잘못한 걸까? 아니면 베드로와 바울의 이미지에는 바뀐 모습이 더 어울린다고 판단해 영화에서 일부러 각색한 걸까? 평생 뇌리에 박혀 있던 두 성인의 얼굴을 비로소 바로잡게 되었다. 성 베드로 광장을 방문한 보람이 있다.

  베드로와 바오로 두 성인 상 앞에는 커다란 전광판이 있다. 그리고 그 전광판 하단에는 너무 익숙한 우리나라 기업 'S' 사의 상호가 뚜렷하게 표시되어 있다. "호!" 한편으로 놀라고 한편으로 대견하여 다시 한번 광장을 둘러보았더니 광장 입구 쪽에는 더 큰 전광판 두 개가 서 있다. 성 베드로 광장의 설명을 이어가던 가이드가 전광판과 관련한 무용담을 늘어놓았다.

  "성 베드로 광장에 설치할 전광판을 수주하기 위해 세계 유수의 기업들이 경쟁하였습니다. 우리나라 'S' 사는 다른 기업들과 달리 부회장이 로마에 직접 출장 와서 수주를 진두지휘하였습니다. 그 결과 세계인들로 붐비는 이 광장에 'S' 사 상호를 단 전광판을 설치하게 되었습니다. 저는 여기 올 때마다 자랑스러움을 느낍니다. 이후 'S' 사는 수주받은 데에 대한 고마움의 표시로 바티칸 박물관 내에 전광판을 추가로 설치하여 기증하였습니다. 바티칸 박물관에 들어가면 그 전광판도 보실 수 있을 겁니다. 박물관에서는 무상 기증에 대한 감사의 표시로 바티칸 박물관을 소개하는 한국어판 도록을 간행해 주었습니다. 여러분이 박물관 관람을 마치고 기념품 가게에 들르면 몇 개 언어로 발행한 책 중에 한국어판도 보실 수 있을 겁니다."

  '부회장의 진두지휘', 가이드의 설명에 과장과 왜곡이 섞여 있을지도 모른다. 그러나 중요한 의사 결정을 하는 현장에는 책임 있는 의사 결정권자의 진두지휘가 매우 중요하다는 방증은 된다. 모름지기 지휘자가 현장에 있지 않고 뒷전에서 평가만 하는 조직은 오래갈 수 없다.

"책 한 권 사야겠구나. 한국어판으로."

설명을 듣고 딸에게 속삭였다.

"아빠는 한국어판 없어도 살 거잖아요."

아무래도 나는 딸에게 속내를 너무 많이 읽힌 것 같다.

성 베드로 광장에서 겪은 일

"이제 우리도 줄 서야겠습니다. 줄 따라가면서 광장을 더 감상하시기 바랍니다. 우리 앞의 줄은 생각보다 빨리 줄어들 것입니다."

가이드의 안내에 따라 우리는 긴 줄에 합류했다. 성 베드로 대성당 입구부터 두 줄로 늘어선 줄이 2백 미터는 넘어 보인다. 성당 입장은 무료이나 가방과 소지품의 보안 검색대 통과는 필수란다. 줄의 길이에 따라 검색대의 수가 늘어날 수도 있어 보통 3~40분 정도 기다리는 모양이다.

줄을 서서 기다리는 것이 지루하지는 않았다. 세계 가톨릭의 총본산에 들어간다는 설렘도 있지만 한 걸음 한 걸음 옮기며 광장을 감상하는 것도 나쁘지 않다. 로마에서 한 달 살기를 한다면, 여기 광장에서 종일 죽치고 있어도 기억에 남는 하루가 될 것 같다. 세계 방방곡곡에서 온 사람들을 구경하는 건 덤이다. 같은 기대를 하는 다양한 사람들이 함께 뒤섞여 있노라면 우리는 너나 할 것 없이 같은 시대를 살아가는 인류 공동체라는 느낌을 받는다.

그때 어디선가 묘한 사람이 나타났다. 자그마한 체구에 파란 비닐 옷을 머리부터 발끝까지 통으로 입었다. 머리를 앞으로 숙이고 있어 파란 후드 속에 깊게 묻힌 얼굴은 전혀 살필 수가 없다. 오직 큰 코만 오뚝하게 튀어나와 있다. 영락없이 백설 공주 이야기 속 마귀할멈 같다. 시선이 쏠릴 수밖에 없다. 노파는 우리에게 다가오더니 들고 있는 보라색 주머니를 내밀었다. 분명 구걸하고 있는 거다. 동전이라도 줄까 하는 마음에 손가방 속에서 동전 지갑을 꺼내려는데 이어폰을 통해 가이드의 부드럽지만 엄한 소리가 들려왔다.

"돈 주시면 안 됩니다. 한 번 주면 떠나지 않고 계속 따라옵니다."

꺼내려던 동전 지갑을 다시 손가방 속에 집어넣었다. 그리고 시선을 회랑 위 성인상으로 돌리고 말았다. 노파는 한참이나 그 자리에 서 있다가 우리의 줄이 앞으로 나아가자 뒤쪽으로 슬금슬금 멀어져 갔다.

유럽의 어느 도시든 구걸하는 사람은 만난다. 그런데 이렇게 분장까지 하는 사람은 처음으로 마주했다. 여기가 성 베드로 대성당 앞이어서인가?

와! 성 베드로 대성당

'모든 도시는 두오모보다 높은 건물을 지을 수 없고, 모든 성당은 성 베드로 대성당보다 더 크게 지을 수 없다.'

유럽을 여행할 때면 심심찮게 듣는 말이다. 성 베드로 대성당은 밖에서 보면 그저 '크다' 정도의 느낌이다. 세계 최대 규모라는 게 별로 실감 나지 않는다. 성 베드로 광장에서 바라볼 때는 커다란 광장의 한 부분으로서 조화롭게 어울린 모습이 먼저 들어온다. 조금 떨어진 산탄젤로 성에서 바라보았을 때는 높은 쿠폴라와 함께 궁성 같은 광경이 웅장하게 펼쳐졌지만, 그것은 바티칸 박물관으로 쓰이는 부속 건물과 함께한 바티칸 시국 전체 모습이었다.

성 베드로 대성당의 웅장한 규모는 성전 안으로 들어섰을 때 비로소 실감 난다. 성당 안으로 첫발을 내디디면 그 웅장함에 온몸이 압도된다. 높은 아치형 천장, 넓은 대리석 바닥, 그리고 바닥과 천장 사이 거대한 공간은 순식간에 방문자를 한갓 미물로 만들어버려 발걸음조차 함부로 옮길 수 없게 한다. 신랑(身廊)과 측랑(側廊)을 가르는 건 우아하면서 커다란 성문 같다. 여느 성당에서 볼 수 있는 둥근 대리석 기둥 열주가 아니다. 아치형 천장을 한 아름다운 성문이 좌우로 길게 늘어서 있는 것 같다. 내벽을 따라서는 작은 예배당이 줄지어 있다. 모습이 조금씩 다른 예배당 앞에는 방문객들이 조용히 서 있고, 일부 개방된 예배당에는 수십여 명의 참배객이 일부는 의자에 앉아서 또 일부는 꿇어앉은 자세로 묵상하는 모습을 보여주고 있다.

하늘에서 빛이 내려오는 곳이 있다. 전체적으로 어두운 대성당 안에 원통형으로 빛이 들어오고 있다. 고개를 들어 올려다보면 쿠폴라의 아 랫부분을 따라 둥글게 설치된 유리창에서 밝은 빛이 들어오고 있다. 대 성당의 높은 천장보다 더 높은 돔 지붕에서 들어오는 빛은 마치 하늘에 서 내려오는 것 같다. 빛이 닿는 곳에는 닫집, 곧 발다키노가 자리하고 있다. 성당의 평면도에서 보면 발다키노가 있는 자리는 십자가형 건물 의 가로와 세로가 교차하는 곳이기도 하다. 그러니까 발다키노는 십자 가의 중심이자 쿠폴라의 수직 아래에서 하늘에서 내려오는 빛을 온몸 으로 받고 있다.

발다키노 아래에는 은으로 된 작은 상자가 있다. 저 상자 안에는 성 베드로의 유골이 담겨 있다고 한다. 그러니까 이곳은 성 베드로의 무덤 이다. 모두가 알고 있는 것처럼 베드로는 네로 황제 시기에 순교하였다. 순교한 장소가 네로가 건설한 대전차 경기장이었고, 베드로의 시신은 경기장 근처 공동묘지에 묻혔다. 250여 년이 지난 후 콘스탄티누스 대 제는 성 베드로의 무덤을 중심으로 성당을 세웠고, 이 성당은 16세기 르네상스 시기에 이르러 대대적으로 개축되면서 오늘날의 모습을 갖췄 다. 그리고 세계 가톨릭교의 총본산이 되었다. 그러니 성 베드로의 무 덤이 가톨릭교회의 씨앗이 된 것이다.

그런데 아뿔싸! 발다키노에 가까이 다가갈 수가 없다. 청소 작업을 하려는 건지 아니면 보수해야 할 곳이 생겼는지 발다키노 주변에 공사 용 철 구조물이 설치되어 있다. 우리는 주변을 서성거리며 부분부분 보 이는 형태를 보고 발다키노의 본모습을 그려볼 수밖에 없다. 은제 작 은 상자를 볼 수 없었음은 물론이다.

     열흘간의 이탈리아 여행

〈성 베드로 대성당 내부 (공사 중)〉

쿠폴라를 받치는 네 개의 커다란 사각기둥에는 감실을 만들고 네 명의 가톨릭 성인을 모셨다. 성인들은 모두 자신을 나타내는 상징물과 함께 발다키노를 향해 서 있다. 이들은 성 베로니카, 성 헬레나, 성 안드레아, 그리고 성 론지노다. 성 베로니카는 십자가를 짊어지고 골고다 언덕을 오르는 예수에게 다가가 땀을 닦아 준 성녀이고, 성 헬레나는 콘스탄티누스 대제의 어머니이다. 성 헬레나는 기독교 공인 이전부터 신앙심이 깊어 콘스탄티누스 대제가 기독교를 공인하는 데에 큰 영향을 주었고, 예루살렘을 순례하며 예수가 못 박혔던 십자가를 찾아내었다고 한다. 성 안드레아는 베드로의 친동생이며 예수 그리스도의 열두 제자 중 한 사람으로 선교 활동 중 'X'자형 십자가에서 순교한 성인이다.

나에게는 성 론지노가 새롭다. 그는 십자가에 못 박힌 예수 그리스도의 죽음을 확인하기 위해 예수의 옆구리를 창으로 찌른 로마 군인이었다. 그러나 그는 퇴역 후 개종하여 기독교 신자가 되었고, 선교 활동 중 체포되어 순교하였다고 한다. 예수 그리스도의 옆구리를 창으로 찌른 군인 이야기는 많이 들었지만, 그가 개종하고 순교했다는 건 처음 알게 되었다. 더욱이 성 베드로 대성당의 중심 공간에 모셔진 성인 중의 한 분이라는 게 새삼 놀랍다.

대성당의 벽면 곳곳에 교황들의 무덤이 있다. 관 모양의 무덤에는 시신이 모셔져 있을 것이다. 그중 어떤 시신은 유리를 통해 밖에서 볼 수 있게 되어 있다. 무덤 위에는 예외 없이 교황의 기념비가 조성되어 있다. 기념비는 교황의 생전 모습을 중심으로 한 대리석 조각이다.

교황들의 무덤은 화려하고 기념비는 거대하다. 발다키노 주변의 성인들에게는 경건한 존경심이 이는데 교황들의 기념비 앞에서는 두려움이 인다. 나를 압도해 오는 권력에 대한 공포가 꿈틀댄다. 하느님의 아들 예수 그리스도를 대신해 가난하고 억압받는 자들에게 꿈과 희망을 주는 복음 전파자의 모습 보다 황제의 힘과 권위가 느껴지는 건 나만의 느낌인지 모르겠다.

대성당으로 들어오는 입구 바로 오른쪽에는 세상에 널리 알려진 조각품 〈피에타〉가 놓여 있다. 조각품에 대한 테러로 인해 유리막 너머에서 일정 거리를 두고 볼 수밖에 없는 현실인데, 그래도 그 앞에는 많은 사람이 모여들어 있다. 사람들은 대부분 조용하다. 작품에 매료된 건지, 드디어 이 작품을 마주했다는 감격스러움인지, 아니면 성당의 분위기 탓인지 눈총받을 행동을 하는 사람은 없다. 가이드들이 여러 언어로 조곤조곤 설명하고 있을 뿐이다.

〈성 베드로 대성당에 있는 피에타〉

일정 간격을 두고 자유롭게 감상하던 딸과 피에타 앞에서 어깨를 나란히 했다. 그만 성당을 나가 가이드를 만나야 할 때임을 서로의 눈빛으로 교환했다. 성당을 나오며 입을 열었다.

"소감 한 문장만 해봐라."
"피에타가 생각한 것보다 작아요."
"교황들의 무덤은 어땠니?"
"한 마디로 파워(power)."

그러면서 딸은 웃었다. 내 얼굴에도 미소가 퍼졌다.

"아빠는 예배실에 앉아 있던데 뭐 했어요?"
"한 번 더 오게 해달라고 기도했지."
"왜 또 오고 싶은데요?"
"여운은 남는다. 그냥 성당의 공간이."

가이드가 반갑게 우리를 맞았다.

"다 오셨어요. 이제 저를 따라 박물관으로 이동합니다."

우리가 가장 늦게 나왔나 보다. 모이는 시간은 지켰는데……

고독한 선지자 라오콘

성 베드로 광장에서 바티칸 박물관 입구로 가는 길이 대단히 혼잡하다. 오가는 인파가 도로의 한계를 넘어섰다. 거대한 벽을 끼고 난 길을 따라서 오직 가이드의 깃발을 놓치지 않도록 발걸음을 재촉해야만 했다. 좌우를 둘러볼 겨를이 없다. 하긴 둘러본대도 별로 볼 만한 것도 없다. 왼쪽에 성벽 같은 거대한 벽체가 수직에 가깝도록 높게 서 있어 위압감이 들 뿐이다.

박물관 입구는 더 혼잡하다. 자그마한 광장이 사람들로 가득 찼다. 함께 입장하려고 일행을 기다리는 사람, 입장권을 사기 위한 긴 줄, 입장권을 가진 사람들이 보안 검사를 받기 위해 늘어선 줄, 관람을 마치고 다음에 즐길 것을 협의하는 사람들, 거기에 더해 기념품 판매 노점상까지, 광장은 포화상태를 넘어서고 있다. 우리는 가이드가 입장에 필요한 절차를 미리 마쳐놓은 덕분에 입구를 향한 줄에 곧바로 설 수 있었다. 참 다행스럽다.

바티칸 박물관은 세계 3대 박물관 중 하나이다. 서너 시간 관람으로 모든 걸 감상할 수는 없다. 전시된 작품이 너무 많아 모든 걸 음미하려면 몇 날이 걸릴지 모른다. 관람 동선 또한 단순한 듯하면서도 꽤 복잡하다. 아니나 다를까, 입구에 들어서면서부터 박물관의 거대한 규모와 복잡한 동선, 거기에 더해 수많은 관람객 때문에 방향을 제대로 잡을 수가 없다. 가이드를 놓치지 않도록 정신 바짝 차려야겠다.

1층 전시실을 두루두루 돌아 팔각정원에 이르렀다. 팔각정원은 이름 그대로 팔각형 모양의 중정이다. 석조 건물에 둘러싸인 자그마한 공간이지만 하늘은 열려 있고, 바닥은 기하학적 무늬를 띠며 다소 어둡게 포장되어 있다. 한가운데에 있는 작은 분수와 군데군데 자리 잡은 커다란 화분이 정원의 운치를 한껏 올려주고 있다. 대단히 멋진 공간이다. 그러나 가장 압권은 정원의 둘레를 따라 만들어진 건물의 회랑이다. 회랑에는 우아한 조각품이 품위 있게 전시되어 있다.

조각품은 모두 그리스 신화를 바탕으로 하고 있다. 멈춰서서 회랑을 휘 둘러보면 태양신 아폴론, 신들의 전령이자 저승사자 헤르메스, 승리의 페르세우스 등의 조각상이 먼저 눈에 들어온다. 놀라운 건 여기의 조각품은 모두 고대의 작품이라는 사실이다. 작품 하나하나가 생동감이 넘치며 완벽한데 2천 년 전에 만들어졌다는 게 믿기지 않는다. 과거에는 이곳을 조각 공원으로 불렀다는 게 수긍이 간다.

작품 하나하나를 살피며 천천히 나아가는데 발걸음을 뚝 멈추게 하는 작품이 있다. 건장한 한 남자가 몸이 뒤틀리고 머리가 뒤로 젖혀진 채 고통과 절망 속에 있다. 그의 좌우에는 아직 소년티를 벗지 못한 두 아들이 있다. 왼편의 작은 아들은 이미 절명 상태에 이르렀고, 오른쪽의 큰아들은 몸부림치며 아버지의 도움만을 구하고 있다. 거대한 뱀 두 마리가 이들의 팔과 다리, 몸통을 칭칭 휘감고 있다. 두 아들이 대항하기에는 역부족이고, 아버지는 사력을 다해 저항하고 있는데 상황은 절망적이다. 이 작품은 〈라오콘 군상〉이다.

라오콘 군상은 기원전 100년경 그리스 남동쪽 로도스섬에서 만들어진 것으로 전해진다. 그것을 네로 황제가 자신의 황금 궁전에 진열하기 위해 옮겨 왔는데, 서로마 제국의 멸망 이후 그 종적이 사라지고 만다. 그러다 1천여 년이 지난 1506년 에스퀼리노 언덕 포도밭에서 한 농부에 의해 우연히 발견되었다. 에스퀼리노 언덕은 네로의 황금 궁전터였

　　　　　　　　　　　　　　　　　　열흘간의 이탈리아 여행

고, 지금은 산타 마리아 마조레 대성당이 있는 곳이다.

　농부의 신고를 받은 교황 율리우스 2세는 미켈란젤로에게 감정하게 했는데, 미켈란젤로는 이 작품에 완전히 매료되고 만다. 고대 그리스의 위대한 조각품으로 판명되자 교황은 이것을 매입하여 바티칸으로 옮기고 일반 대중이 볼 수 있도록 공개했다. 이것이 바티칸 박물관의 기원이 되었다.

　라오콘은 아폴론 신을 숭배하는 트로이의 사제였다. 트로이 전쟁이 막바지에 이르렀을 때 그리스군은 목마를 남겨두고 홀연히 사라졌다. 트로이 사람들은 그리스군을 물리쳤다고 여겼고, 목마를 성안으로 끌어들여 전승의 기념물로 삼고자 했다. 이때 이것은 그리스군의 계략이라며 목마를 성안으로 들이는 것에 반대하는 두 사람이 있었다. 한 사람은 신녀 카산드라였고 다른 한 명이 라오콘이었다. 신녀 카산드라는 '항상 진실만을 얘기하는데 사람들은 믿어주지 않는' 신의 저주를 받고 있어 그녀의 말은 통할 수가 없었다. 하지만 신관 라오콘의 말은 트로이 사람들에게 동요를 일으켰다. 그러자 그리스군에 호의적이었던 아테나 여신이 포세이돈에게 부탁하여 두 마리의 바다뱀을 보내게 한다. 마침내 두 마리의 바다뱀은 라오콘과 그의 두 아들을 휘감아 질식사에 이르게 한다. 라오콘이 사라지자 트로이 사람들은 목마를 성안으로 들이고, 십 년 전쟁에서 승리한 것을 만끽했다. 그리고 새날이 밝아오기 전 트로이는 멸망하고 만다.

　신관 라오콘의 마지막 순간을 표현한 라오콘 군상은 고대 그리스 조각 중 가장 유명한 작품 중의 하나로 꼽힌다. 작품 속 세 인물의 일그러진 표정과 분투하는 몸체, 뒤틀리는 근육 등 인체의 실제 모습과 너무나 닮은 섬세한 표현은 미켈란젤로의 극찬을 받았다고 한다. 그뿐만 아니라 라오콘 군상은 미켈란젤로의 작품 세계에 지대한 영향을 미쳤다고 미술계는 평가하고 있다.

내 발길은 오랫동안 이 작품 앞에 멈추어 섰다. 팔각정원에서 보낸 시간 대부분이 라오콘 군상과 함께였다. 미술사적으로 고대 그리스를 대표하는 작품이었기 때문이 아니다. 너무나 사실적인 고통과 절망의 표현에 매료되었기 때문도 아니다. 그러기에는 나는 아직 미술의 문외한에 가깝다.

나의 뇌리를 맴돌고 있는 건 선지자 라오콘이다. 라오콘은 무슨 죄가 있어 고통스럽게 죽음을 맞이해야 하는가? 그것도 자신 때문에 죽어가는 두 자식을 눈앞에서 바라보며 이길 수 없는 싸움을 처절하게 벌여야 하는가? 잘못된 게 있다면 그에게는 다가올 미래를 내다볼 능력이 있었다는 것뿐이다. 보통의 사람들이 눈앞의 이익과 달콤함에 쉽게 유혹당할 때 라오콘은 그것이 불러올 비극을 예지했다. 트로이의 시민들이 전승에 들떠있을 때 그는 다가오는 조국의 파멸을 보고 있었다. 한쪽으로 휩쓸린 군중에게 바른말을 하는 선지자는 귀찮은 법이다. 이를 생각해 보면 라오콘에게 바다뱀을 보낸 포세이돈은 사실은 트로이 시민들이 아니었을까? 현재에도 눈앞의 이익과 달콤함에 취한 다수가 준엄한 경고를 하는 선지자들을 내모는 상황은 곳곳에서 벌어지고 있지 않은가?

〈라오콘 군상〉

감동의 시스티나 소성당

　오랜 관람 끝에 시스티나 소성당에 들어섰다. 순간 온몸에 전율이 흘렀다. 머리는 둔탁한 둔기로 얻어맞은 듯 멍해졌다. 성당 안은 정숙 유지를 위해 사진 촬영은 물론 가이드의 설명도 금지되어 있다. 이를 아는 우리의 가이드는 성당에 들어가기 전 바깥 회랑에서 30여 분 동안 시스티나 성당에 관한 강의를 했었다. 미켈란젤로가 그린 천장화는 모형을 만들어 왔고, 〈최후의 심판〉은 커다란 모사본을 펼쳐놓고 그림 설명을 했다. 우리는 무엇을 어떻게 보아야 할지 교육을 받고 입장한 셈이다. 그러나 성당 안에 발을 들여놓았을 때 예상했던 그림이 먼저 눈에 들어오는 게 아니었다. 시스티나 성당은 눈으로 보는 게 아니라 몸에 스며드는 느낌이 먼저였다.

성당 안 실내에는 아무것도 없다. 전면의 낮은 계단 위 자그마한 제단에 여섯 개의 촛대가 놓여 있고, 한가운데에 촛대 두 배 높이의 십자고상이 있는 것 말고는 조각품 하나 놓여 있지 않다. 성도들을 위한 의자나 탁자가 없는 것도 물론이다.

아무것도 없는 공간이다. 그러나 성당은 비어 있지 않다. 공간을 그림이 감싸고 있다. 성당 안의 그림은 벽에 걸린 액자 그림이 아니고 벽에 채색한 벽화도 아니다. 액자 그림이나 벽화는 건물 따로 그림 따로인 게 보통이다. 건물은 건물로서 존재하고, 그림은 그림으로 존재한다. 그것이 우리가 미술관이나 종교 시설에서 흔히 볼 수 있는 모습이다. 그런데 여기 시스티나 성당은 건물과 그림이 하나다. 어디까지 건물이고 어느 부분이 그림인지 구분할 수 없는 완전히 일체가 된 하나다. 기둥, 들보, 거더, 창 모두 그림의 일부여서 그림 뒤에 건축물이 있다는 걸 분별할 수 없다. 세상에 이런 실내 공간은 본 적이 없다. 성당은 건물이 아니라 그림방이다. 기하학적 무늬를 발하는 대리석 바닥까지 모든 것이 하나가 된 그림방이다.

이것은 여기 오기 전에 들렀던 '라파엘로의 방'에서도 느끼지 못했다. 라파엘로와 그의 제자들이 함께 작업한 몇 개의 방에도 그림들이 가득 차 있었다. 〈아테네 학당〉처럼 벽면 하나를 가득 메운 초대형 벽화가 있었고, 건물 구조에 맞추어 크고 작은 그림들이 빈틈없이 배치되어 있었다. 그렇지만 건물과 그림이 하나라는 느낌은 오지 않았다. 건축물이 있고, 거기에 조화롭게 잘 그려진 그림이 많은 이야기를 담고 있을 뿐이었다.

　　　　　　　　　　　　　　　　　　　　

한참을 시스티나 성당 입구에 우뚝 서 있었다. 그림에 담긴 역사와 그림 속 이야기를 찾기 이전에 우선 성당 안 분위기에 매료되어 버렸다. 그만 정신 차려야 한다. 감성에 휩싸인 이 분위기에서 벗어나야 그림 하나하나를 볼 수 있겠다.

시스티나 성당은 단순한 직사각형 구조다. 천장은 아치를 이루고 있고, 좌우 벽은 3층으로 되어 있다. 건물이 3층이 아니라 그림이 3층이다. 전면은 그 유명한 〈최후의 심판〉이 통으로 그려져 있고, 그림 벽 앞에 자그마한 제단과 촛대, 십자고상이 있다. 아치형 천장에는 〈최후의 심판〉과 함께 미켈란젤로를 대표하는 천장화가 있다. 천장화는 〈천지창조〉를 중심으로 성경 속 이야기와 예언자들이 질서 있게 배치된 그림이다. 천장화는 건물의 구조에 맞추어 그림을 그린 건지, 그림의 구분을 위해 건축물 구조를 그려 넣은 건지 분간이 쉽지 않다. 아치형 천장은 그만큼 건물과 그림이 일체가 되었다.

직사각형의 측면 벽화는 미켈란젤로보다 선배 화가들이 나누어 그렸단다. 벽화는 3단으로 되어 있다. 가장 윗단은 역대 교황들의 초상화, 가운데 단은 예수의 일생과 모세의 일생을 그렸다. 가장 아랫단은 커튼이다. 커튼 그림이 절묘하다. 처음 성당에 들어설 때는 외부 빛을 차단하기 위해 실제 커튼을 쳐 놓은 것으로 착각했다. 여러 화가가 나누어 그린 그림이지만 자신의 작품을 내세우지 않고 전체적인 조화를 이룬 게 아름답다. 여기 측면 벽도 건물 구조에 맞춰 그림을 그린 건지, 그림 구분을 위해 기둥과 들보를 그려 넣은 건지 헷갈린다. 천장의 그림과 벽면의 그림을 그린 사람이 다른데도 색감과 이미지가 조화로운 것도 감탄스럽다.

시스티나 성당은 성경 속 이야기를 그림으로 배울 수 있는 곳이다. 그림 속에 숨겨진 이야기를 떠올리며 그림을 보는 것은 더욱 재미있다. 그러나 가장 감탄스러운 건 완벽한 그림방이라는 데 있는 것 같다. 여기는 하중을 지탱해야 할 건축물이라는 걸 깜박 잊게 하는 곳이다. 만약 허락되는 날이 오면 성당 바닥에 목침 베고 조용히 누워 있으면 좋겠다. 스르르 잠이 들면 최후의 심판 속에 있는 내 모습을 볼 수 있을지도 모르겠다.

둘째 날을 마치다

"시스티나 성당의 겉모습을 볼 수 없어요?"

시스티나 성당 내부 관람을 마치자 자신의 임무를 다했다며 인사하고 떠나려는 가이드에게 물었다.

"성 베드로 대성당 돔에 오르면 외관을 볼 수 있습니다. 시스티나 성당의 겉모습은 요새 같습니다. 실제 감옥으로 사용된 적도 있습니다. 내부 모습과는 한결 다릅니다. 오늘은 시간 관계상 할 수 없었으나 시간이 되시는 분은 대성당 쿠폴라에 올라가 보는 것을 추천합니다."

가이드는 떠났다. 폐관 시간까지 더 관람할 사람은 자유 관람하라는 말을 남겼지만 이미 머릿속은 포화상태였다. 내부 안내 표지판을 따라 출구를 향했다. 바티칸 박물관은 여러 건물이 연결된 것 같다. 내부에서 그걸 느끼지 못할 뿐이다.

출구로 나가기 전 기념품 판매소에 들렀다. 성구와 명화 등 구경거리가 꽤 많다.

"아빠, 책만 사고 가요."

문득 바라본 딸의 얼굴에 피로한 기색이 역력하다.

"그러자."

똑같은 모양에 언어만 달리한 책자가 죽 놓여 있다. 〈바티칸 박물관 - 시대를 초월한 감동〉 한글판을 빼 들었다. 25유로. 가격과 상관없이 책값을 치르는 내가 자랑스럽다.

출구를 나섰다. 입장할 때와 달리 광장은 한산하다. 딸이 지하철역으로 방향을 잡는 걸 붙들었다.

"택시 타고 가자."

딸의 얼굴에 화색이 돌았다. 정류장에 십여 대의 택시가 줄지어 서 있다. 택시 기사들은 삼삼오오 한담을 나누고 있다. 다가가 목적지를 말했더니 45유로를 불렀다. 피우미치노 국제공항에서 로마 시내까지 30여 킬로미터의 요금이 50유로인데 터무니없는 가격이다. 아침에 우리가 도보로 올 수 있었던 정도의 거리 아닌가? 적정 가격의 두 배 수준을 부른 것 같다. '그래 이것도 해외여행에서 겪을 수 있는 경험이지.' 마음을 달래며 탑승했다. 지금은 돈보다 딸의 건강을 살펴야 할 때다.

호텔에 도착해 서둘러 샤워하고 휴식을 취했다. 여덟 시가 넘어서고 있다. 온몸이 노곤하다.

"식당 찾아 헤매지 말고 어제 갔던 한식당 다시 가자."

자유 여행을 할 때 인근에 한식당이 있는 건 행운이다. 최소한 음식 찾아 헤맬 일이 없고, 낯선 도시에서 음식으로 인한 피로를 덜 수가 있다.

"그래요."

딸도 흔쾌히 동의했다. 다시 호텔을 나서는 발걸음이 가볍다.

열흘간의
이탈리아 여행

03.
소렌토 반도 맛보기

오늘은 로마 남쪽으로 폼페이 유적과 소렌토 반도를 찾아가는 날이다. 아침 6시 50분 로마 현지 여행사가 마련한 버스에 올랐다. 로마 남쪽으로 난 고속도로를 달려가 폼페이 유적을 둘러보았다. 유적지 입구에 있는 대형 레스토랑에서 중식을 마치고, 오후에는 소렌토 반도를 여행했다. 소렌토 전망대, 포지타노 전망대를 거쳐 소렌토 시가지를 거닐었다. 다시 버스에 올라 로마 공화국 광장에 도착하니 밤 9시가 되었다. 'A' 한식당에서 늦은 저녁을 먹고, 식당 사장과 작별 인사를 나누었다.

폼페이를 향하여 가는 길

아직 어둠이 채 가시지 않은 새벽, 우리는 공화국 광장에 도착했다. 호텔에서 공화국 광장까지는 도보로 7분 정도 걸렸다. 광장에 들어서니 여행사를 만나기로 한 산타 마리아 델리 안젤리 성당이 바로 눈에 띄었다. 둥그런 광장을 따라 우아한 건물이 에워싸고 있는데 성당만은 매우 다른 모습이다. 성당은 고대 성채와 같이 투박하다. 반은 허물어진 듯한 모습이다. 이게 성당일까 하는 의아심이 이는데, 정면 입구 상단부에 십자가가 커다랗게 음각되어 있어 성당임을 확인할 수 있었다.

새벽의 광장은 조용하다. 행인도 없고 차량도 가끔 지나갈 뿐이다.

성당 앞에 검은 버스 한 대가 있어 다가가니 젊은 여성 한 분이 우리를 맞았다. 그가 오늘 우리의 하루를 이끌어줄 여행사 가이드였다. 그는 우리의 이름을 확인하더니 버스에 올라 편안한 자리에 앉으라고 했다. 우리가 오늘 함께할 일행 중 가장 먼저 도착했나 보다.

버스에 자리를 정한 후 들고 있던 봉지를 풀었다. 아침 일찍 나서야 하는 까닭에 어젯밤 호텔에 부탁해 둔 아침 식사용 도시락이다. 호텔 조식 뷔페를 대체해 만들어준 도시락이라 내심 궁금했는데 내용물은 기대에 훨씬 못 미쳤다. 빵과 주스, 사과 하나에 작게 포장된 치즈, 잼과 초콜릿, 그리고 비스킷만 잔뜩 담겨 있다. 이들은 아침 식사를 과자로 하나? 내키지는 않으나 그래도 아침을 건너뛸 수는 없어 빵을 꺼내 들었더니 바로 가이드로부터 제지가 들어왔다. 버스 안에서는 음식을 먹을 수 없단다. 첫 여행지 폼페이까지 세 시간 이상 걸린다는데 마냥 굶고 있을 수는 없어, 버스에서 내려 길 위에 서서 팍팍한 빵과 주스로 아침을 대신했다. 때마침 아침 거리를 청소하는 노인들이 우리 주변으로 다가와 빗질을 해댔다.

우리가 아침을 때우는 사이 사람들이 삼삼오오 모여들었다. 모두가 한국에서 온 사람임이 외모에서 분명하게 드러난다. 가이드는 명단을 확인하느라 정신이 없다. 우리가 요기를 끝낼 무렵 가이드가 탑승하라는 신호를 보내왔다. 이내 버스가 출발했다.

로마 시내의 도로는 그리 넓지 않다. 대형 버스가 다니는 간선 도로가 우리나라 지방 중소도시의 도로 너비로 여겨진다. 내 눈이 서울의 넓은 도로에 익숙한 탓이겠다. 10여 분 나아가자 커다란 성벽이 보였다. 아우렐리아누스 성벽일 거다. 저 성벽은 여기까지가 고대 로마의 시가지임을 알려주는 표식이지만, 현대 도시의 확장에는 장애물로 보였다. 우리가 지나는 도로는 성벽을 인위적으로 자르고 낸 듯한 모습이 역력하다. 도로 양쪽에는 잘린 성벽이 육중한 교각처럼 버티고 있다.

성 밖은 여태껏 보았던 로마 시가지와는 사뭇 다르다. 여기는 콘크리트 아파트가 줄지어 있다. 서울의 높이 솟은 아파트와는 다르게 7~8층 정도의 높이로 오밀조밀하다. 혹시 건물의 높이를 성벽과 맞추는 건 아닐까 하는 생각이 스쳤다. 아파트에는 밖에서도 훤히 보이게 빨래가 널렸고, 아직 출근 전이어서인지 동네 작은 도로는 자동차가 빽빽이 주차되어 있다. 한 가구의 아파트 면적도 지극히 좁아 보인다. 로마의 서민들이 사는 동네인가? 가이드에게 묻고 싶은데, 가이드는 오늘의 일정을 안내하느라 여념이 없다.

창밖으로 보이는 건물들이 듬성듬성해진다. 푸른 녹지대가 점점 넓어지고 있다. 이윽고 입체 교차로를 지나더니 시원하게 뚫린 도로가 나타났다. 중앙분리대가 있는 편도 3차선의 탄탄대로다. 고속도로에 올라섰나 보다. 가이드의 스피커 소리도 잦아들었다.

차 안은 고요하다. 아침 일찍 일어난 탓인지 이십여 명의 일행은 대부분 잠들어있다. 곁에 있는 딸도 깊은 잠에 빠져 있다. 가이드와 나만 깨어 있는 듯하다.

나는 내내 창밖 풍경에 눈을 떼지 않았다. 눈에 들어오는 풍경이 이상스러울 정도로 익숙하다. 도로 양옆에는 꽤 넓은 평야가 펼쳐져 있고, 눈을 들어 멀리 바라보면 긴 산맥이 우리와 나란하게 달리고 있다. 가까이는 들판, 멀리는 산줄기, 오르내림이 거의 없는 도로는 마치 우리나라 호남평야를 달리고 있는 듯한 느낌이다. 멀리서 병풍처럼 들판을

     열흘간의 이탈리아 여행

옹위하는 산의 능선은 지극히 부드럽다. 뾰족한 산봉우리가 없이 완만한 경사로 오르내림을 길게 이어가고 있다. 이국적이기보다는 눈에 익은 듯한 산야로 인해 오랜만에 찾은 고향 땅을 달리고 있는 듯한 기분이 들었다.

들판은 푸르다. 아직 3월이라는 걸 깜박 잊을 수 있을 정도다. 들판에는 가득히 작물이 자라고 있는 것이 우리의 오뉴월 들판 풍경 같다. 하지만 벼 일색인 우리네 들판과 다르게 여기는 올리브와 밀이 자라고 있다. 바람에 쓰러졌다가 일어서기를 반복하는 밀의 향연이 무척 아름답다. 김수영의 시 '풀'의 한 구절이 머릿속을 스쳤다.

풀이 눕는다
바람보다도 더 빨리 눕는다.
바람보다도 더 빨리 울고
바람보다 먼저 일어난다.

"자, 그만 일어나시기 바랍니다. 잠시 후 휴게소에 들르겠습니다."

가이드의 안내 방송이 버스 안을 부산하게 만들었다. 여기저기에서 몸을 일으키고 기지개를 켜며 하품 소리를 냈다. 이윽고 속도를 크게 줄인 버스가 휴게소로 미끄러지듯 들어섰다.

이탈리아의 휴게소는 깔끔했다. 넓은 주차장이 잘 포장되어 있고, 한편에 주유소, 다른 한편에 자그마한 편의시설이 있는 것은 우리나라 고속도로 휴게소와 별로 다를 게 없다. 단지 규모가 조금 작아 보인다.

버스에서 내린 우리 일행은 우르르 편의시설로 몰려갔다. 레스토랑과 카페를 겸하고 있는 편의시설의 운영방식이 조금은 낯설다. 문안으로 들어서자 메뉴판이 커다랗게 서 있고, 그 곁에서 직원 한 명이 주문을 받고 있다. 손님이 메뉴를 선택하고 값을 치르면 직원은 주문서를 프린트하여 손님에게 내주며 입장하게 한다. 우리 일행은 주문을 위해 버스에서 내린 순서대로 다시 줄을 섰다. 일행 대부분이 아침 식사를 못 해 간단한 샌드위치와 음료를 주문하고 있다.

"여기서 아침 먹어도 되는데 그렇게 호들갑을 떨었구나. 커피나 마시자."

우리는 아메리카노 두 잔을 주문했다.

주문서를 들고 안으로 들어갔다. 안에는 흰 가운을 걸친 직원 세 명이 주문서를 받은 후 안으로 들어가 음식을 내오고 있다. 잠깐 사이 바깥 홀은 음식을 기다리는 사람과 주문서를 든 사람이 뒤섞여 혼잡이 일었다. 손님이 주문서를 들고 와 자연스레 줄을 설 수 있도록 유도하는 구조가 되어 있지 않은 점이 아쉽다.

젊은 딸이 재빠르게 직원과 눈을 맞추었다. 간단한 주문이어서 커피는 금방 나왔다. 도자기 컵에 담겨 비스킷 한쪽과 함께 나왔다. 우리는 가까운 탁자에 자리를 잡고 맛을 음미했다. 커피 맛은 일품이다. 유럽을 여행할 때마다 커피 맛이 좋다는 사실을 되새긴다. 이것은 정말 맛의 차이가 있는 걸까? 아니면 분위기 탓일까?

버스가 휴게소를 벗어나 얼마쯤 달리자 오른편에 커다란 도시가 나타났다. 한눈에도 오래된 도시다. 우리나라 도시처럼 아파트가 하늘 높이 올라가 하얗게 빛을 반사하는 게 아니라, 비슷한 높이의 건물들이 꽤 노후화된 모습으로 널리 퍼져 있다. 잿빛 건물들 위로 전기선이 얼기설기 얽혀 바깥에서 보는 분위기가 우중충하다.

가이드가 마이크를 켜더니 이 도시가 나폴리란다. 우리나라 베이비붐 세대가 막연한 환상을 갖는 도시 나폴리! 우리 세대는 학창 시절 이 도시를 세계 3대 미항 중의 하나로 배웠다. 음악 시간에 우리나라 민요보다 더 많이 배웠던 이탈리아 민요 속에 자주 등장하는 도시였다. 맑은 태양과 잔잔한 바다, 시원한 바람이 부는 밤하늘에 별빛이 빛나는 아름다운 나폴리! 우리 머릿속에 나폴리는 이렇게 자리잡았다.

그러나 지금 눈에 들어오는 도시는 머릿속 상상과는 크게 다른 모습이다. 달리는 버스에서 거리를 두고 보는 모습이지만 도시는 낡고 볼품이 없다. 지금 보고 있는 곳이 변두리여서일까?

이런 차내 분위기를 감지했는지 가이드가 이 점을 설명하고 있다.

"나폴리가 세계 3대 미항 중 하나인 것은 육지에서 바라보는 도시를 말하는 게 아닙니다. 바다 멀리에서 배를 타고 들어오며 바라보는 항구의 아름다움을 나타낸 것입니다. 특히 밤에 바라보는 야경이 일품이라고 합니다."

글쎄, 괜스레 반론하고 싶어졌다. 긴 항해 끝에 마주하는 항구가 아름답지 않을 수 있을까? 더욱이 배에서 바라보는 밤의 불빛은 어지간한 항구라도 모두 아름답지 않던가? 내 경험으로는 제주항이나 울릉도 저동항은 물론이고 인천항, 여수항 모두 아름다웠다. 나폴리항은 겪어보지 못했지만.

우리가 탄 버스가 고속도로를 벗어나고, 나폴리가 멀어져 갈 때 시선은 왼쪽으로 돌아갔다. 오른쪽으로 간간이 지중해가 보이고 작은 도시들이 나타났다가 사라지지만 눈길을 끄는 것은 왼쪽으로 멀찌감치 떨어져 있는 커다란 산이다. 이 산은 홀로 우뚝 서 있다. 어느 방향으로도 쭉 이어지는 산맥이 없다. 홀로 우뚝 솟아 있는 산 정상에 두 개의 봉우리가 보인다. 하나가 약간 높고 다른 하나는 조금 낮은 두 봉우리 사이를 부드러운 능선이 잇고 있다.

한눈에 저 산이 베수비오산임을 알겠다. 서기 79년 대분화로 폼페이를 통째로 묻어버렸던 화산이다. 멀리서 보는 산의 비탈은 느리게 느리게 사방으로 퍼져나가며 검푸른 빛을 띠고 있다. 두 봉우리를 잇는 능선 너머에는 커다란 분화구가 지옥의 문처럼 입을 벌리고 있을 거다.

문득 저 산에 오르고 싶은 충동이 밀려왔다. 산봉우리 아래 펼쳐진 분화구의 모습, 그리고 거기에서 바라보는 사위는 어떠할까? 한라산 정상에서 바라보는 모습과는 어떻게 다를까?

내 머릿속이 상념에 잠겨 있을 때 가이드의 목소리가 들려왔다.

"이제 폼페이에 도착합니다. 주무시는 분은 일어나시기 바랍니다."

마침내 폼페이에 도착하나 보다. 2천여 년 전 산 채로 묻혀버린 도시, 그래서 1세기 도시의 모습을 고스란히 간직한 도시, 우리가 탄 버스가 폼페이 유적지 입구 주차장으로 들어서고 있다.

폼페이 - 미안함이 이는 옛날 도시

먼 옛날 폼페이는 나폴리만으로 흘러드는 사르노강 하구에 터를 잡았다. 오늘날 사르노강은 흐르는 물이 거의 없는 협곡처럼 보인다. 그러나 폼페이가 번창하던 당시에는 많은 배가 오가는 항구로 관문 역할을 톡톡히 했다고 한다. 도시는 강을 곁에 두고 언덕 위에 세워졌다. 도시 둘레는 견고한 성채가 둘러쳐졌다.

이제 1세기 로마 도시로 들어간다. 성문까지는 오르막길이다. 길은 인도와 차도가 구분되어 널찍한 돌로 포장되었고, 인도가 차도보다 조금 높은 건 지금과 다를 게 없다. 여기에서 차도는 물론 마차가 다니는 길이다.

성문에 이르렀을 때 가장 인상적인 건 차도의 바퀴 자국이었다. 단단한 돌을 촘촘히 박아 포장한 도로이건만 얼마나 많은 마차가 오간 건지 돌판이 깎이고 깎여 바퀴 자국이 깊게 파여 있다. 파인 깊이는 족히 20센티미터는 되어 보인다. 초보 마부라면 지나가는 데 잔뜩 겁을 먹었을 것 같다.

성문을 지나면 오르막도 거의 끝이 난다. 오르막이 끝나면 널따란 평지에 커다란 도시가 있다. 북쪽으로 베수비오산이 솟아 있고 서쪽은 나폴리만이다. 도시를 둘러싼 성벽 밖으로 농지가 넓게 펼쳐져 있다.

성문을 지난 우리가 처음 맞이한 곳은 넓은 광장, 곧 포룸(Forum)이다. 포룸은 많은 사람이 모이고 흩어지는 공공장소였던 까닭에, 광장 주변은 공공건물이 에워싸고 있다. 북쪽으로 제우스 신전이 베수비오산을 배경으로 서 있고, 지중해를 향해 아폴론 신전이, 동쪽에는 베스파시우스 신전이 자리하고 있다. 이들 신전 뒤로는 공회당, 재판소, 시장과 공중목욕탕 등이 즐비하다. 도시 외곽에는 극장과 원형 경기장, 대운동장이 자리하고, 그 중간에는 크고 작은 주택이 질서정연하게 들어서 있다. 곳곳에 목욕탕과 각종 상점은 물론 여관과 세탁소, 선술집, 하물며 유곽까지 자리하고 있다.

당시의 폼페이는 완벽한 계획도시였던 것 같다. 동서와 남북 방향으로 큰 도로가 곧게 뻗어 있고, 큰 도로 사이에 작은 골목길이 바둑판식으로 연결되면서 구획을 나누고 있다. 각 구획에는 주택, 상점, 주점 등 용도에 맞춘 건물이 들어서 있다. 당시 폼페이의 인구는 4만여 명, 이들이 풍족하게 쓸 수 있는 상수도 설비가 구비 되었고, 생활 폐수를 흘려보낼 하수도도 갖추었다. 묘지는 성내에는 쓸 수 없었고, 성문 밖 가까운 위치에 공동묘지를 조성하여 죽은 자를 모셨다.

폼페이를 둘러보자니 2천여 년 전이나 현대나 도시의 모습은 크게 다르지 않다는 걸 체감한다. 도로에 마차가 다니느냐, 자동차가 다니느냐 차이 정도일 뿐이다. 옛 도시는 마차에 맞추어 도시 기반 시설을 갖추었다면 현대의 도시는 자동차에 맞추어 조성된다.

원형 경기장은 도시의 동남쪽 끝에 있다. 경기장 관중석의 가장 높은 곳에 오르니 도시의 모습이 한눈에 들어온다. 도시는 폐허다. 크고 작은 건물들이 기둥과 벽체만 있을 뿐 한결같이 지붕이 없다. 하늘을 향해 뻥 뚫려 있는 셈이다. 같은 폐허라도 포로 로마노와는 차이가 있다. 포로 로마노는 완전히 사라진 건물과 지붕까지 남아 있는 건물이 공존하지만, 폼페이는 건물의 아랫부분은 남아 있고 윗부분이 사라진 게 대부분이다. 포로 로마노가 장구한 시간 동안 비바람에 노출되고 인위적인 파괴에 훼손되었다면, 폼페이는 하루아침에 폭삭 파묻혀 냉동 상태처럼 보존되었다.

서기 79년 8월 24일 베수비오 화산이 폭발했다. 엄청난 양의 화산재가 솟구쳐 때마침 불어온 북풍을 타고 산 남쪽에 쏟아졌다. 산 남쪽에 있던 도시 폼페이는 삽시간에 매몰되었다. 많은 사람의 희생이 따랐다는 건 발굴을 통해 속속 드러났다. 한순간에 매몰된 탓에 우리는 1세기 로마 제국의 도시를 가감 없이 보고 있다. 당시 인류가 생활했던 모습을 생생하게 볼 수 있는 건 의미 있는 일이다. 그러나 한편으로는 재난의 현장을 여행하며 즐긴다는 게 희생자들에게 미안한 마음이 이는 건 어쩔 수 없는 것 같다.

〈포룸에서 바라본 폼페이 유적. 앞 - 제우스 신전, 뒤 - 베수비오산〉

폼페이 유적지 인근 식당 풍경

폼페이 유적지 입구에는 작은 시가지가 형성되어 있다. 기념품 가게, 과일 가게 등과 함께 즉석 주스나 음료를 파는 푸드 트럭도 몇 대 보인다. 기차역과 버스 터미널도 가까이 있다. 그야말로 작은 관광도시 모습이다.

우리는 상점가를 지나 레스토랑에 들어갔다. 여행사에서 예약을 미리 해둔 듯 곧바로 커다란 홀로 안내되었다. 홀의 규모는 대단히 크다. 100여 명은 족히 수용하겠다. 그리고 그런 홀이 서넛 있는 것 같다. 복도 너머에는 몇 개의 테이블이 놓인 작은 방도 줄지어 있다. 내 기억에는 중국의 칭다오나 항저우를 여행할 때 들렀던 식당 외에 이렇게 큰 규모의 식당은 없었다.

식사는 비교적 간단해도 이탈리아 코스 요리 수순을 밟았다. 식전 빵과 함께 물과 샐러드가 제공되고 작은 양의 파스타가 뒤를 이었다. 다음은 스테이크, 디저트는 아이스크림과 차 중 선택이었다. 성찬은 아니어도 기본적인 구성은 갖춘, 부족하지 않은 식사였다.

식사하는 동안 2인조 밴드가 들어왔다. 밴드는 '산타 루치아', '푸니쿨리 푸니쿨라' 등 비교적 귀에 익은 이탈리아 민요를 불렀다. 세 번째 곡이 끝나갈 때 한 사람이 긴 막대에 매단 주머니를 우리 주위로 돌렸다. 아뿔싸! 우리에게는 갑작스럽고 낯선 문화다. 노랫값을 주어야 한다는 생각을 미처 못했다. 역시 일행 중 주머니를 채워주는 사람은 아무도 없었다. 퇴장하는 밴드의 얼굴을 바라보기가 조금 민망했다.

소득을 올리지 못한 밴드는 옆 홀로 이동했다. 옆 홀에는 백인들이 우리와 같은 모습으로 식사하는 중이다. 그들은 서로 친숙한 관계인지 아니면 그들 고유의 기질인지 우리보다는 대화가 많아 다소 소란스럽다. 밴드는 우리 옆에서 불렀던 노래를 그쪽에서도 똑같이 불렀다. 그런데 호응이 크게 다르다. 한 곡을 부르자 박수가 나왔고, 두 번째 곡이 끝나자 환호를 질렀다. 세 곡이 끝났을 때는 왁자지껄하니 몇 사람이 주머니에 돈을 집어넣었다. 그중 일부는 자리에서 일어나 밴드와 악수를 청하며 큰 소리를 냈다. 마치 인기 가수를 만난 것 같은 행동이다.

역시 몸에 밴 문화의 차이는 이런 데서 드러나는가 보다, 코미디를 보면서도 근엄한 우리와 길거리 공연 앞에서도 몸을 흔들며 환호하는 서구 사람과의 다름을 새삼 느끼게 한다. 가이드가 이런 공연이 있을 수 있다는 걸 사전에 알려주었으면 좀 더 그들과 어울릴 수 있었을 텐데 하는 아쉬움이 일었다.

그런데 옆 테이블에 앉아 있는 가이드가 이상하다. 그녀가 식사를 안 하고 있다. 두유처럼 생긴 음료 하나로 점심을 대신하고 있다. 식당 직원이 다가가 주문을 받으려 했을 때 "나는 점심은 먹지 않아요." 하며 간단히 물리쳤다. 잠시 후에 다른 직원이 다가갔다. 그 직원은 자신들이 주문을 받으면서 실수가 있었다고 여긴 듯했다.

"저희가 실수로 주문을 받지 못한 것 같습니다. 주문하시겠어요?"
"실수 아니에요. 이게 저의 점심이에요. 이걸로 충분해요."

그러는 사이 우리 일행 중 일부가 식사를 끝내고 있었다. 아무래도 이상함을 느꼈는지 이번에는 조금 나이 들어 보이는 직원이 다가갔다.

그는 레스토랑에서 꽤 높은 지위에 있는 듯하다. 그는 걱정스러운 표정으로 물었다.

"혹시 어디 아프세요? 식사 해야 할 텐데……."
"아니에요. 제가 차멀미에 약해요. 오후에 가는 아말피 해변길이 굴곡이 심해 멀미할 우려가 있어요. 그래서 여기를 안내할 때는 이걸로 점심을 대신합니다."

가이드는 공손하게 대답했고, 레스토랑의 직원은 이해했다는 듯 돌아갔다. 그러나 나는 한 번 더 가이드의 얼굴을 볼 수밖에 없었다. 아침 다섯 시에는 일어났을 테니 간단한 아침 식사도 못 했을 것이다. 그런데 로마에 돌아가 저녁을 먹으려면 밤 아홉 시는 훌쩍 넘길 것이다. 젊은 체력이 있다지만 하루 종일 굶는다니……. 안쓰러움이 들지 않을 수 없었다. 어디에서 무슨 일을 하든 삶의 애환은 따른다.

소렌토 전망대

폼페이를 떠난 우리 버스가 엉금엉금 기어가고 있다. 우리는 좁고 구불구불한 길을 따라 산굽이를 돌고 또 돌고 있다. 험한 산길에는 터널 하나, 다리 하나 보이지 않는다. 길은 오직 산을 깎아 만든 작은 도로뿐이다. 좁은 도로 위에 행인과 차량이 섞이기도 하고, 맞은편에서 오는 버스와 교행할 때에는 금방이라도 부딪칠 것 같아 아슬아슬하다.

느리게 가는 차 속에서 바라보는 풍경은 아름답다. 푸른 나폴리만이 한가득 들어온다. 오늘은 파도가 잔잔한지 바다는 무척 포근하다. 작은 배 몇 척이 하얀 포말을 뒤에 남기며 직선으로 나아가고 있다. 사진으로 본 요트 행렬을 기대했는데 3월의 날씨에는 아직 무리인 모양이다.

도로변 작은 공간이 있는 곳에 버스가 정차하였다. 오호! 여기는 수직 절벽 위다. 저 아래 까마득히 바다가 있다. 안전대에 의지해 아래를 바라보면 현기증이 일어난다. 여기가 소렌토 전망대다. 시가지와는 꽤 먼 거리이지만, 소렌토 반도 북쪽 긴 해안선을 조망할 수 있는 곳이다.

해안선은 수직 절벽의 연속이고, 군데군데 완만한 경사지에 마을이 들어서 있다. 마을의 건물들이 보여주는 색상이 다채롭다. 주황, 노랑, 녹색, 흰색. 맑은 햇빛이 비치는 나폴리 바다라더니 과연 다양한 빛깔이 조화를 이룬 마을이 한결 밝아 보인다.

바다를 등지고 산을 향해 돌아서면 새로운 경이로움을 느낀다. 가파른 산 사면에서 경작이 이루어지고 있다. 바위산의 특성상 표층의 흙이 두껍지 않을 듯하고, 빈 몸으로 오르내리기도 만만하지 않은 지형에서 경제 작물을 키워 수확하는 건 놀라운 일이다. 얼마나 많은 땀과 노력이 저기에 들어가겠는가?

밭은 좁고 길다. 가파른 지형을 이용하려니 좁고 길게 계단식 밭을 만들었다. 밭에는 오렌지와 레몬, 올리브, 그리고 귤 등이 자라고 있다. 묘하다. 우리가 때맞춰 왔는지, 푸른 나뭇잎 사이사이로 탐스러운 열매들이 모두 노란빛을 발산하고 있다.

해안선을 향해 사진을 찍던 딸이 내 옆을 지나쳐 갔다. 무언가를 발견한 듯 호기심이 넘치고 조심스러운 동작이다. 딸이 걸어가는 곳으로 내 눈길이 따랐다. 오호라! 푸드 트럭 아래에 커다란 개가 한 마리 앉아

〈소렌토 전망대에서 바라본 해안 풍경〉

있다. 푸드 트럭 위에는 머리가 하얗고 수염도 하얀 노인이 음료와 스낵을 팔고 있는데, 반려견이 함께 따라 나온 모양이다. 개 옆에 오렌지와 레몬 상자가 놓여 있다. 개는 상자들을 지키는 건지, 시원한 바닷바람과 과일 향에 취해 여유를 즐기는 건지, 배를 깔고 앉아서 머리만 쳐들어 바다를 바라보고 있다.

딸이 다가가 손등을 개의 코앞에 내밀었다. 혹시 모를 사고가 염려되어 나도 그쪽으로 다가갔다. 개는 두어 번 딸의 손등에 코를 대고 킁킁거리더니 이내 얼굴을 돌렸다. 딸의 얼굴에는 장난기가 가득한데 개의 표정은 떨떠름하다. 마침내 개가 일어서더니 푸드 트럭 위로 뛰어올라가 버렸다. 그리고 할아버지 옆 트럭 바닥에 자리를 잡더니 멀뚱히 밖을 바라보고 있다. 외부인에게는 전혀 관심이 없다고 시위하는 거 같다.

"거봐라. 집에 있는 돌배[6]나 널 좋아하지……."

---

6)　우리 집 반려견 이름.

 열흘간의 이탈리아 여행

〈소렌토 전망대 푸드 트럭〉

그래도 딸은 재미있는 모양이다.

개가 앉아 있던 곳에 있는 오렌지와 레몬이 무척 탐스럽다. 모양도 예쁘고 빛깔도 선명한 건 물론이고 크기가 제사상에 올릴 사과만큼이나 크다.

"지중해에서 자란 오렌지 맛 좀 볼까?"

"주스로 마셔요."

내 제안이 딸에게 반가웠나 보다. 푸드 트럭 할아버지 앞으로 다가가 오렌지 주스 두 잔을 주문했다. 할아버지는 즉석에서 오렌지를 넣고 압착해 주스를 만들어주었다. 한 잔에 2유로. 역시 주스는 신선하다. 신맛이 거의 없고 크게 달지도 않으면서 상큼하게 목을 타고 넘어갔다. 입안에서 도는 향기가 노란색이라는 느낌이 들었다.

"그걸 단숨에 들이켜요?"
"응? 내가 그랬니?"

입안을 적시는 부드러운 촉감에 멈추지를 못했다. 한 잔 더 마실까 하여 트럭을 바라보는데 가이드의 승차 신호가 왔다.

포지타노 전망대

버스의 속도는 더욱 느려졌다. 가다 서기를 반복하고 있다. 좁은 도로에서 맞은편 차량과 교행하는 것만이 아니라 걷고 있는 인파를 피해 가야 하는 어려움도 더해지고 있다. 많은 여행자가 길을 따라 걷고 있다. 행인 수와 비교해 보도는 턱없이 좁다. 곳곳에서 차도로 내려와 걷는 사람들이 눈에 띈다. 걷는 행인도 기다시피 하는 차량도 피곤해 보인다.

어떤 곳은 사람들이 숫제 보도를 가득 메우고 서 있다. 그런 줄이 수십 미터에 이른다. '저기 뭐가 있나? 이 좁은 길에 웬 줄?' 의아한데 가이드가 때맞춰 설명했다.

"저기는 버스 정류장입니다. 버스는 평균 한 시간에 한 대 정도 다니는데, 항상 줄이 길어 두세 대는 그냥 보내는 일이 다반사로 일어납니다. 저분들 한참 기다려야 할 겁니다."

가이드의 말에 다소의 과장이 섞였다 해도 길에 서 있는 사람들이 안타까워 보인다. 지금 기다리고 있는 사람들의 수는 비어 있는 버스가 두어 대 와도 다 태우기에는 어림도 없겠다. 만약 다음 일정이 잡혀 있는 외국인 여행자라면 얼마나 마음이 초조할까?

마침내 우리가 탄 버스가 산등성이를 넘고 있다. 이제 소렌토 반도의 남쪽 사면이다. 바다는 한층 푸르고 깊어 보인다. 산의 비탈은 북쪽보다 급하고, 길에서 바다 수면까지의 높이는 더욱 까마득하다. 벼랑에 난 길을 따라 우리가 탄 버스는 조심조심 내려가고 있다. 버스가 지나갈 높이를 확보하기 위해 벼랑의 바위를 깨어낸 흔적이 곳곳에 드러나 있다. 체류하지 않고 지나쳐 가는 여행자라면 그저 버스에 앉아 풍경을 감상하는 것만으로 스릴이 넘치는 여정이 되겠다는 생각이 스쳐 갔다.

역시 길가 조금 여유가 있는 곳에 버스가 멈추었다. 우리는 여기에서 작은 승합차로 갈아타고 포지타노 전망대로 향한단다. 포지타노 전망대까지는 대형 버스가 들어갈 수 없는 도로 사정인 모양이다.

우리는 승합차를 기다리며 20여 분 반도의 남쪽 바다를 감상했다. 오늘은 다소의 운무가 있는 건지, 찬란하게 빛나는 지중해 바다는 아니다. 시원한 느낌보다는 오히려 포근하다. 그러나 벼랑은 위협적이다. 깎아지를 듯한 절벽이 까마득히 발아래 펼쳐졌다. 눈을 들면 머리 위에도 벼랑이 솟아 있다.

우리 일행은 두 대의 승합차에 나눠타고 포지타노 전망대로 향했다.

차량으로 채 10분이 걸리지 않은 곳인데 그냥 걸었어도 되었겠다.

멀찌감치 포지타노가 보인다. 자그마한 도시의 구조가 눈길을 끈다. 바다로 돌출된 두 개의 바위 능선 사이, 작은 만이라고 할 수 있는 곳에 초등학교 운동장 크기의 모래사장이 있고, 모래사장이 끝나며 바위산이 시작되는 곳에서부터 도시가 건설되었다. 도시는 계단을 만들고, 계단마다 층층이 집을 지었다. 앞 건물의 옥상과 뒤 건물의 바닥이 같은 높이에 있다. 지형 특성상 앞뒤 폭은 좁고 옆으로 긴 구조인데, 건물의 색상이 소렌토 전망대에서 본 도시처럼 매우 다채롭다. 다양한 건물 색상은 소렌토 반도의 특성인 듯하다.

앞은 시원한 바다와 예쁘장한 백사장, 뒤는 경사가 심한 바위산, 좁은 공간에 형형색색 둥지를 튼 건물들, 이것이 포지타노인 것 같다. 옛날이라면 육로로 저길 들어가는 건 무척 어려운 일이었을 것이다. 당연히 바닷길이 발달했고, 바다에서 바라보는 포지타노는 벼랑 끝의 낙원처럼 아름답게 비쳤겠다.

"여기 전망대에서 포지타노까지 길을 따라 트래킹하면 좋겠다."

안전대에 기대어 바다를 바라보고 있는 딸에게 슬쩍 말을 건넸다.

"바다가 예뻐서요?"

"바다는 뭐 별로. 위도 절벽, 아래도 절벽, 그 사이에 난 길을 따라 걸어보는 게 색다르지 않겠니? 모험하는 듯한 스릴감도 느끼고."

"나는 무서워요. 바다가 좋아요. 지중해는 처음 봐요."

  열흘간의 이탈리아 여행

〈포지타노〉

갑자기 딸의 말투에 소녀스러운 애교가 섞였다.

"지중해가 처음이니?"

"아빠는 처음 아니에요?"

"튀르키예에서 보았지. 안탈리아에서는 유람선도 탔는데……."

"안탈리아와 여기를 비교하면 어때요?"

"글쎄. 안탈리아는 해안 절벽 위가 평지인데, 여기는 온통 급경사야.

안탈리아는 노인들의 휴양지 같고, 여기는 젊은이의 모험 체험장 같다고나 할까……."

"나도 유람선 타고 저 바다에 나가서 여기를 바라보고 싶어요. 어떻게 보일지……."

실없는 대화가 이어지고 있었다. 하긴 여기에서는 풍경을 바라보며 이런 대화밖에 할 게 없다. 그밖에는 험한 자연 속에 아름다운 도시를 만들어낸 인간의 의지를 말없이 느낄 뿐이다.

노랑 도시 소렌토

오늘의 마지막 여행지 소렌토로 들어간다. 우리가 탄 버스는 도시 초입에 있는 공영주차장에 주차했다. 주차장의 길 건너편에 코레알레 디 테라노바 박물관(Museo Correale di Terranova)이 있다. 16세기 소렌토가 낳은 유명 시인 타소(Torquato Tasso)를 기념하는 박물관이란다. 타소는 나에게는 낯설지만, 소렌토에서는 기념비적인 인물로 그의 이름을 붙인 시설이 여럿 있는 것 같다. 우선 소렌토의 중심 광장이 그의 이름을 딴 타소 광장이다.

가이드는 타소 광장에 이르자 잠시 멈춰서서 광장 주변을 설명했다. 타소 광장은 소렌토의 중심지여서 공공시설이 모두 주위에 몰려 있다. 나폴리를 오갈 수 있는 기차역도 근처여서 소렌토의 관문 역할도 한다.

산 체사레오 거리(Via San Cesareo)는 타소 광장 곁에 있는 전통시장이다. 가이드가 오늘의 마지막 여정이라며 우리를 그리로 이끌었다. 폭 3

  열흘간의 이탈리아 여행

미터 정도의 골목길 양쪽으로 상점이 촘촘히 들어서 있다. 좁은 골목길은 건물 높이에 가려 하루 종일 그늘이 지는 듯하다. 그래서인지 아직 한낮인데 모든 가게는 밝게 전등을 밝히고 있다.

전등 빛을 받은 골목길은 온통 노란색이다. 골목길에 첫발을 내디딜 때부터 밝은 노란빛에 눈이 부시다. 상점들은 가게 문만 남기고, 처마에 매단 전등 밑에 온통 노란색 물건을 진열해 놓았다. 유리병, 플라스틱병, 비닐봉지 등 용기는 다양해도 그 색깔이나 안에 들어있는 먹거리는 모두 노란색이다. 간간이 끼어있는 옷 가게나 기념품 가게마저 노랗게 보일 정도다. 문득 보니 진열대 뒤의 벽체 또한 모두 노란색으로 칠해져 있다.

길가에는 생과일을 종이상자에 담아 진열해 놓았다. 모두 노란 레몬과 오렌지이다. 진열대 위 용기 속에 담긴 것은 레몬을 가공한 식품이다. 잼, 사탕, 초콜릿, 쿠키, 술 등 다양한 레몬 제품이 산더미처럼 골목을 메우고 있다. 가히 소렌토는 레몬으로 특화된 도시이고, 산 체사레오 거리는 노란색으로 물들인 골목이다.

산 체사레오 거리 끝에 이르자 가이드는 우리에게 자유시간을 주고 떠났다. 딸은 여기에서 가족과 친척, 친구들에게 줄 선물을 사고자 했다. 골목길을 거쳐 오며 가게와 물건을 점찍어 둔 모양이다. 그러나 왔던 길을 되돌아가려니 몰려오는 인파가 너무 많다. 우리는 기지를 발휘했다. 옆에 있는 큰길로 나가 타소 광장으로 돌아온 후 산 체사레오 거리로 다시 들어섰다. 점찍어 둔 가게는 바로 찾았다. 사탕이며 쿠키, 잼, 파스타 소스 등 산 물건의 값이 60유로를 훌쩍 넘어섰다. 비닐 쇼핑 백 두 개가 터질 듯이 들어찼다.

〈소렌토 산 체사레오 거리〉

아직 30여 분 시간이 남았다. 우리는 더 돌아다니는 것보다는 소렌토 항이 내려다보이는 곳에서 휴식을 취하기로 했다. 마침 타소 광장 옆에 운치 있는 카페가 있어 들어갔다. 야외 테이블에 자리를 잡고 작은 케이크와 함께 레몬 음료를 주문했다. 레몬의 도시답게 레몬 음료는 상큼하다. 음식 맛에는 비교적 둔감한 나이지만, 여기의 레몬은 기억 속의 레몬 맛보다 신맛이 훨씬 적다는 느낌이 들었다.

카페 옆으로 작은 도로가 있다. 소렌토 시가지에서 항구로 내려가는 유일한 도로로 보인다. 도시 소렌토는 벼랑 위에 세워졌다. 벼랑의 높이는 50미터는 족히 되어 보인다. 벼랑 아래는 바로 바다다. 길게 이어진 벼랑은 신기하게도 우리가 앉아 있는 카페에서 뚝 끊겼다. 그리고 협곡을 이룬다. 협곡 건너편에서 벼랑은 다시 이어진다. 산에서 바다로 흘러드는 물길이 오랜 시간을 거치며 점점 넓어져 협곡이 만들어진 게 아닐까 하는 생각이 들었다. 협곡이 바다와 만나는 곳에는 약간의 평지가 생겨났고, 그곳이 항구로 개발된 듯하다. 작은 도로는 타소 광장에서

  열흘간의 이탈리아 여행

협곡을 따라 조심조심 항구까지 내려가고 있다. 이방인에게 협곡은 위압적이고 저 아래 항구는 아담하다.

"포지타노 전망대에서 네가 말한 것처럼, 소렌토 반도는 육지에서 바다를 바라보는 것도 좋지만, 바다에서 육지를 바라보는 편이 더 멋질 것 같다."

주위를 둘러보다 오후에 본 소렌토 반도에 대한 소감을 피력했다.

"제 생각도 그래요."

딸도 같은 생각을 했나 보다.

"아슬아슬한 도로는 충분히 경험했으니 다음에 오면 배를 한번 타보아야겠어."
"그건 당일로는 불가능해요."
"그렇겠지? 나폴리나 소렌토에서 1박 하면서 아말피나 포지타노를 배로 다녀오는 건 되지 않겠니?"
"글쎄요. 여기는 휴양지예요. 공부하는 여행지가 아니에요. 돌아다니려 하지 말고, 한 곳에서 여유를 부려야 할 것 같아요."
"네 말이 맞는 거 같다. 여기는 스쳐 갈 곳은 아니야. 머리를 비우고 가슴으로 느껴야지. 한가로이 거닐면서."
"그런데 여기 또 올 수 있을까요?"
"네가 원한다면 언제든지……."

　오후 다섯 시 삼십 분, 버스가 소렌토를 출발했다. 또다시 곡예 운전이 시작되었다. 가다서기도 반복되었다. 덕분에 저녁 햇살이 낮게 반사되는 나폴리만을 만끽했다. 소렌토 반도를 벗어나는 데 거의 한 시간이 걸렸다. 로마를 향해 고속도로에 오를 때에는 어둠이 내리기 시작했다. 버스가 속도를 올리는 것에 비례해 어둠이 깊어갔다. 묘하다. 아침에만 그런 게 아니라 어둠 속에 보이는 풍경도 우리나라와 많이 닮았다. 전혀 낯설지 않다. 위도가 같아서일까? 동고서저의 지형을 닮아서일까?

〈타소 광장에서 바라본 소렌토항 가는 길〉

　　　　　　　　　　　　　　　　　　열흘간의 이탈리아 여행

열흘간의
이탈리아 여행

04.
피렌체와 첫인사

　로마를 떠나 피렌체로 가는 날이다. 나흘 밤을 묵었던 'T' 호텔을 나서 테르미니역으로 향했다. 10시 40분 이탈로(Italo) 고속열차를 타고 로마에서 출발했다. 피렌체의 산타 마리아 노벨라역에는 오후 1시 12분 도착했다. 정시보다 55분 늦은 도착이었다. 20여 분 걸어 예약한 'G' 호텔에 체크인하고 호텔 가까이 있는 한식당에서 늦은 점심을 먹었다. 도보로 베키오 다리를 건너 피티 궁전을 관람하고 보볼리 정원을 거닐었다. 미켈란젤로 광장에 올라 일몰 구경을 한 후 저녁 식사를 하고 걸어서 호텔에 귀환했다.

들뜬 발걸음

　오늘은 피렌체로 향한다. 교복을 입던 시절부터 귀가 닳도록 들어왔던 르네상스의 진앙지 피렌체, 영어명으로 플로렌스다. 르네상스가 무엇인가? 14세기부터 16세기에 걸쳐 유럽의 여러 나라에서 일어난 인문주의 운동, 암흑의 시대로 불리던 중세 천 년의 틀을 깨고 새로운 가치를 창출한 문화 혁신 운동이다. 이 문화 혁신 운동으로부터 근대 유럽은 시작되었고, 그 이후 유럽은 세계의 중심지로 거듭났다. 그리고 이러한 정신 운동이 시작된 곳이 피렌체다. 오늘은 그 피렌체와 첫인사를 나누는 날, 가벼운 흥분이 일어난다.

피렌체에서는 많은 천재를 만날 것이다. 또 이들이 역량을 한껏 발휘할 수 있도록 든든한 토양을 만들어 준 메디치 가문을 만날 수 있을 것이다. 이들은 기존 신 중심의 세계관에서 벗어나 새로운 인본주의 사상을 배양한 사람들이다. 여기에서 기원한 인본주의는 현대를 살아가는 나에게도 영향을 주어 가치관의 기저를 이루고 있지 않은가? 나도 모를 설렘으로 가슴이 부푼다.

또 피렌체는 꽃의 도시라는 뜻이다. 붉은색 지붕이 시가지를 뒤덮고 있는 아름다운 꽃의 도시 피렌체, 사진으로만 보았던 명소들이 나를 맞이하지 않겠는가? 또 이들 역사적 건물 안에는 얼마나 많은 명작이 나를 기다리고 있을 것인가? 몸은 아직 로마에 있는데 머릿속은 이미 피렌체를 날고 있다.

'스탕달 증후군'이라는 말이 생각난다. 프랑스의 작가 스탕달이 피렌체를 방문하여 르네상스 시대 미술품을 감상하다 무릎에 힘이 빠지고 심장이 빠르게 뛰는 걸 수차례 겪은 데서 나온 말이다. 실제로 피렌체의 병원에는 이러한 증세를 일으킨 관광객이 한 달에 한 번꼴로 실려 온다고 한다.

그런데 내게도 신드롬을 일으킬 감성이 있을까? 작품 앞에서 심장 박동이 빨라지고 다리에 힘이 풀릴 정도의 예민함이 내게는 어느 정도나 있을까? 아침 식사할 때에도, 간단히 가방을 정리하는 시간에도, 테르미니역을 향해 걷는 동안에도 온통 피렌체 생각에 빠져 있다. 여행 가방의 바퀴가 보도블록을 구르며 내는 거친 소리가 전혀 귓가에 닿지 않는다.

배고픔

오늘은 여느 날보다 한 시간여 늦게 일어났다. 어제 소렌토 반도에서 돌아온 시간이 늦은 탓도 있고, 아침 기차 시간에 여유가 있어 서두를 필요가 없었다. 이런 여유까지 고려해 여행 일정을 잡은 딸이 무척 대견하다. 한결 편안하게 아침 식사를 마치고 가방을 챙겨 호텔을 나섰다.

테르미니역은 이탈리아 최대 역답게 무척 와글댔다. 지구상 가장 혼잡한 역 중의 하나라는 말이 실감 난다. 안내 창구를 찾아가 국내에서 이메일로 받은 예매 확인증을 내밀었더니 역무원은 별도의 승차권 교환 없이 플랫폼으로 들어가라고 안내했다. 프린트한 QR코드를 터치하자 곧바로 문이 열렸다.

우리가 탈 기차가 한껏 멋을 부렸다. 고속철임을 강조하듯 날렵한 유선형 몸매에 빨간색 일색으로 밝게 치장했다. 차체는 깨끗하다. 객차 안도 깔끔하다. 머리 위 선반은 우리의 여행 가방을 올려놓을 수 있게 충분히 크고 차창은 통유리로 시원스럽다. 의자도 꽤 넓고 안락하다.

우리가 탄 기차는 이탈로(Italo)의 프리마(Prima) 등급이다. 이탈리아 기차 운영 주체는 철도청인 트렌 이탈리아와 민영 철도 회사 이탈로로 나누어져 있다. 그중 이탈로는 대도시 중심으로 운행하는 고속철이고, 프리마 좌석 등급은 특실에 해당한다. 우리나라 KTX의 특실과 닮았다. 한 열에 2인용 좌석과 1인용 좌석이 각각 하나씩, 세 명이 앉는 구조다.

"너무 호사를 부리는 거 아니니?"

    열흘간의 이탈리아 여행

사전에 예약한 딸에게 넌지시 만족감을 나타냈다.

"이탈리아까지 와서 아빠 잘 모셔야지요. 일부러 특실 잡았어요."

내 반응에 딸도 기분이 좋은 모양이다.

"좋아. 딸 덕분에 호사를 누려보자."

기차가 출발하자 주전부리가 제공되었다. 승무원 한 명이 카트를 밀고 다니며 음료와 스낵 한 봉지를 나눠주었다.

"호, 별걸 다 하네."

예상하지 못한 서비스에 한결 기분이 좋아져 나도 모르게 한 마디 툭 나왔다.

"우리나라 KTX 특실도 이런 거 나눠줘요?"
"처음 한동안 그랬는데, 언제부턴가 셀프서비스로 바뀌었지. 아무튼 제공은 돼."

우리가 소곤대는 사이 기차의 속도가 올라가고 있다.

오래지 않아 로마를 벗어났다. 시가지를 벗어난 차창 밖 풍경이 아름답다. 완만한 언덕이 길게 길게 이어진다. 높고 험한 산은 없다. 푸르디

푸른 언덕은 초지이거나 포도밭으로 보인다. 언덕과 언덕 사이에 작은 마을이 터를 잡았고 멀리 언덕 위에 고풍스러운 도시가 가끔 모습을 드러낸다. 전형적인 유럽의 전원 풍경이다. 산이 많고 도시가 길게 이어지는 우리나라와는 확연히 대비되는 경관이다. 어제 보았던 로마 남쪽의 전원 풍경과도 뚜렷한 차이가 느껴졌다.

한참을 바깥 풍광에 사로잡혀 있었다. 그런데 이상하다. 고속철이라 하기에는 너무 느리다. 속도가 오르는가 싶으면 다시 느려지기를 반복한다. KTX에서 느끼는 속도와는 너무 다르다. 로마 출발 1시간 37분 후에 피렌체에 도착한다는 기차는 1시간이 훌쩍 지났는데도 절반을 오지 못했다. 고개를 갸우뚱하지 않을 수 없었다.

"아빠. 철도 사정으로 기차가 지연 운행된대요."

차내 안내 방송을 딸이 들은 모양이다.

"이런, 어쩐지……."

사람의 심리는 묘하다. 기차가 지연 운행된다는 것을 안 순간부터 갑자기 지루해지기 시작했다. 시장기가 몰려왔다. 짜증스러움이 점점 커졌다. 지금까지 이국적이고 아름답게 보이던 차창 밖 풍경이 이제는 눈에 들어오지 않는다. '왜 이러는 거야?' 하는 불평만이 머릿속을 채워 갔다.

오후 1시 12분, 기차는 피렌체 산타 마리아 노벨라역에 도착했다. 정시보다 55분 연착이었다.

  열흘간의 이탈리아 여행

"녀석들 지연 배상을 피하려고 용을 썼구나."

플랫폼을 걸어 나오며 불평을 토해냈다.

"얼마나 늦으면 배상하는데요?"

딸이 지나치는 말투로 물었다.

"예매 확인증 보니까 한 시간으로 되어 있더라. 5분만 더 늦었으면 배상 청구하는 건데……."
"우리나라 KTX도 그래요?"
"KTX는 20분만 늦어도 배상해야 할걸? 우리나라가 더 고객 지향적이야."

피렌체 산타 마리아 노벨라역은 꽤 큰 역이다. 인구 40만 명이 채 안되는 도시 규모인데도 플랫폼의 수나 역사의 규모, 역 앞 광장의 크기, 오가는 인파의 수가 어느 대도시 기차역에 뒤지지 않는다. 우리나라 부산역에 버금가는 수준으로 보인다.

우리는 역 앞 광장을 지나 예약한 호텔을 향해 길을 잡았다. 앱 지도를 보며 횡단보도를 건넜다. 와! 여기 도로는 포화상태를 넘었다. 왕복 4차선 차도를 오가는 차량의 속도는 시속 20킬로미터를 넘지 못하는 것 같다. 인도는 더하다. 두 사람이 나란히 걸을 수 없을 정도로 행인들이 넘쳐난다. 가다서기가 반복되고, 맞은편에서 오는 사람과 부딪치지 않도록 각별히 조심하며 걸어야 한다.

"아빠, 여기."

앞서가는 나를 딸이 불러세웠다. 틈틈이 간판을 살피며 왔는데 나는
호텔을 지나쳤나 보다. 하긴 호텔의 간판이 예상보다 작고, 그 입구는
지극히 평범하여 얼른 눈에 띄지 않았다.

홀로 있던 여자 직원이 우리를 반갑게 맞았다. 그녀는 곧바로 체크인
절차를 진행하고 영어로 된 관광 지도를 제공하며 꼭 둘러보아야 할
관광명소를 상세히 설명했다. 우리의 여행 동선은 지도를 보며 여러 번
그려왔던 터라 별로 새로울 게 없는데 직원의 친절이 넘쳤다. 배고파 죽
겠는데…….

직원이 펼쳐놓은 지도를 접고 있다. 이제 설명이 끝났다고 내심 반기
고 있는데 그녀는 미소를 띠며 다시 말을 이었다.

"예약하신 방을 업그레이드하려 합니다. 단체 예약이 들어와 손님들
에게는 추가 비용 없이 다른 방으로 바꾸려는데 동의해 주시겠어요?"

이런 행운을 거절할 까닭이 뭐에 있겠는가?

"예? 아이고 감사합니다."

순간적으로 배고픔이 사라지고 숙박 명부에 서명하는 손이 활달해
졌다.

배정된 방은 꽤 넓고 고풍스럽다. 목욕 시설은 밝고 넓으면서 현대적

                                      열흘간의 이탈리아 여행

이다. 넓고 큰 침대 두 개가 놓여 있고, 자그마한 탁자와 의자, 여행 가방을 올려놓을 선반도 있다.

"호! 우리를 맞이하는 피렌체의 자세가 괜찮구나."

절로 웃음이 번져 실없는 농담을 던졌다.

"아빠, 배고파요. 밥부터 먹어요."

딸에게는 방보다 밥이 먼저인 모양이다.

"그래, 그러자. 무얼 먹을지 고민하며 시간 끌지 말고 근처 한식당 없나 봐라."
"바로 근처에 'H'와 'K' 한식당이 둘 있어요."
"가자."

200여 미터 떨어진 골목길에 'H', 50여 미터 더 가면 'K' 한식당이 있다. 먼저 가까운 'H'에 들렀다. 한 젊은 직원이 우리를 맞았다. 그런데 당황한 빛이 역력하다. 식재료 소진으로 고기 메뉴밖에 안 된단다. 내심 된장찌개나 김치찌개를 생각하고 있던 터라 다시 'K' 식당으로 향했다. 이런! 여기는 40분 정도 기다려야 입장이 가능하단다. 두 시를 넘긴 시간인데 피렌체 사람들이 점심을 늦게 먹는 건지 오래 먹는 건지 모르겠다. 여행자가 기다림으로 시간을 허비할 수는 없다. 더욱이 우리의 배고픔은 기다릴 여유가 없었다. 다시 'H' 식당으로 돌아왔다.

'H' 식당은 꽤 품위가 있다. 실내 장식은 한국 이미지가 묻어나고 탁자와 의자, 탁자와 탁자 사이 분리 벽 모두 정성스러운 분위기가 풍긴다. 삼겹살과 냉면을 주문할 수 있어 이국만리에서 편안한 식사를 즐겼다. 가격이야 우리나라와 비교할 수 없게 높지만, 비싼 한식 또한 해외 여행의 색다른 경험 중 하나가 아닌가?

그런데 영수증에 이상한 점이 있다. 자릿세(Coperto)가 보인다. 음식값과 세금 외에 한 사람당 2.5유로씩 부과되어 있다. 이것이 정부에 내는 세금인지, 포장해서 가져가지 않고 식당 시설을 사용하는 데에 대한 요금을 받는 건지 모르겠다. 처음 겪어보는 일이다. 어쨌든 허기를 면하니 기분이 좋아진다. 한결 활기가 돌고 피렌체 시가지가 편안해 보인다.

피티 궁전 가는 길

점심 식사를 마치고 서둘러 길을 나섰다. 우리는 숙소에서 먼 곳부터 둘러보기로 했다. 피렌체 시내를 가로지르는 아르노강 너머 피티 궁전과 보볼리 정원, 그리고 미켈란젤로 광장이 오늘의 목적지다. 피렌체의 역사 지구는 그리 넓지 않아 무리 없이 걸어 다닐 수 있다. 미켈란젤로 광장이 언덕 위에 있어 걸어 오르기에 다소 힘들다는 얘기를 들었지만, 드문드문 있는 버스를 기다리느니 아직 튼튼한 두 다리를 믿기로 했다.

한식당을 나서서 몇 걸음을 걷자 북적대는 시장이다. 안내 지도에 피렌체 중앙 시장(Mercato Centrale di Firenze), 혹은 산 로렌초 시장(Mercato di San Lorenzo)으로 나와 있는, 피렌체에서 가장 오래되고 큰 시장이다. 시장 건물 안에는 각종 식자재와 함께 푸드 코트가 유명하다는데, 건물 밖 골목길은 온통 가죽제품으로 둘러싸여 있다. 건물에 입점한 가게만이 아니라 길 가운데에 일자로 늘어선 가판대에도 가죽으로 만든 크고 작은 가방과 벨트, 지갑 등이 빽빽하게 걸려 있다. 피렌체는 고대 로마 시대부터 가죽제품으로 명성을 떨쳤다는 게 빈말이 아닌 듯하다. 이리저리 사람을 피하며 지나가는 우리 등 뒤에서 "싸요"라는 한국말이 자주 들렸다.

혼잡한 시장 거리를 벗어나 5분 정도 걸었을까? 육중하고 투박한 돌 건물이 앞에 있다. 첫눈에 들어오는 인상은 오래된 창고 같다. 그러나 이것은 현대식 콘크리트 건물에 젖어있는 우리의 느낌일 것이다. 이탈리아에서 본 이런 식의 건축물은 대부분 고대 로마나 르네상스 시대에 지어진 역사성이 있었다. 로마에서의 사나흘 여행이 이런 눈치를 키워주었다.

지도를 살펴보았다. 오! 여기는 산 로렌초 성당 앞이다. 우리가 마주하고 있는 곳은 성당의 정면, 곧 파사드다. 측면이 보이는 곳으로 몇 걸음을 옮겼다. 오호! 측면 벽에는 위아래로 긴 창이 줄지어 있다. 그리고 뒤쪽으로 붉은색의 쿠폴라가 장엄하게 솟아 있다. 고전미를 풍기는 완연한 성당이다.

"산 로렌초 성당은 메디치 가문의 가족 예배당이라지? 메디치 가문 사람들의 묘가 모두 여기에 있다던데……"

쿠폴라와 성당의 외관을 훑어보며 딸에게 책에서 본 기억을 흘렸다.

“그것만 있대요?”

의외로 딸이 관심을 보였다.

“그것만 있겠니? 미켈란젤로가 설계한 메디치 가문의 도서관이 있고,
르네상스 시대 예술가들의 작품도 다수 있다더라.”
“들어가 보고 싶으세요?”
“물론이지. 그런데 시간이 되겠니? 여행 일정에는 빠져 있던데.”
“아쉬워도 이번 여행에는 안 돼요. 겉모습 보는 것으로 만족하세요.”
“그러자.”

며칠간 피렌체에 머무르는 동안 여기를 오갈 기회는 많을 것이다. 들
어가 볼 여유가 있을지는 미지수지만.

다시 길을 나선 지 얼마 되지 않아 눈이 커졌다. 넓은 공간이 나타나
며 시야가 시원해졌다. 바로 앞에는 하얀색 팔각 건물이 있다. 그 뒤로
사진을 통해 수없이 보았던 커다란 성당과 종탑이 환희를 불러일으킨
다. 팔각 건물은 ‘산 조반니 세례당’이다. 뒤쪽 성당은 피렌체를 대표하
는 두오모인 ‘산타 마리아 델 피오레 성당’이고, 높은 종탑은 건축가 조
토의 이름을 딴 ‘조토의 종탑’이다. 이 기념비적인 건물 주변에 광장이
조성되어 있다. 그리고 광장 끝에는 ‘두오모 오페라 박물관’이 자리하고
있다. 세례당은 예쁘고 두오모는 웅장하다. 종탑은 높고 광장은 넓다.
피렌체를 여행하는 사람이면 빠짐없이 들르는 피렌체 두오모 광장이다.

"여기는 반나절 일정이 계획되어 있으니 오늘은 지나가면서 훑어보기만 하세요."

내 발걸음이 멈출 걸 예견했는지 딸이 선수를 쳤다.

"그래. 그러자."

역시 딸은 훌륭한 여행 가이드이다.

다음은 피렌체의 중심 거리인 모양이다. 길이 조금 더 넓어졌고 건물 1층에는 밝게 불을 켠 상점들이 연속하여 이어졌다. 느린 걸음을 걷는 행인들이 길을 가득 메우고 있고, 여느 길에 비해 지나가는 차량도 많다. 피렌체의 시내 중심지는 거주민 소유 차량 외에는 사실상 진입을 허용하지 않는다는데, 그래도 심심찮게 나타나는 차량이 인파와 함께 섞여 움직이고 있다. 넘쳐나는 관광객들로 거주민 생활의 질이 오히려 떨어지고 있다는 '오버 투어리즘(Overtourism)'이 머리를 스치고 지나갔다.

두오모를 출발해 10여 분 걸었을까? 또 하나의 넓은 광장이 있다. 광장 한편에 네모진 커다란 건물이 있고, 건물 위로 종탑이 높게 솟아 있다. 종탑은 두오모 곁에 있던 '조토의 종탑'보다 더 높아 보인다. 건물 앞과 광장 주위를 따라서는 커다란 동상과 조각품이 곳곳에 설치되어 있다. 이 광장은 '시뇨리아 광장', 건물은 '베키오 궁전'이다. 베키오 궁전은 중세부터 시의회로 쓰였고, 지금도 건물 일부를 시의회 청사로 이용하고 있으니 여기는 명실상부한 피렌체의 정치 중심지이겠다.

"아빠, 여기도 반나절 일정이 잡혀 있으니 그냥 지나치세요."

잠시 멈춰서서 광장 주변을 한 바퀴 휘 둘러보노라니 딸이 또 걸음을 재촉했다.

베키오 다리(Ponte Vecchio)는 시뇨리아 광장과 지척이다. 피렌체에서 가장 오래된 이 다리는 북쪽의 베키오 궁전과 남쪽의 피티 궁전을 잇는다. 다리 위에 올라서서 처음에는 당황했다. 다리 위에 올라섰다는 감은 오는데 다리 모습이 전혀 아니다. 지금까지 걸어왔던 거리의 연속이다. 강을 건너는 게 다리인데, 강은 보이지 않고 길 좌우에 상점이 이어지고 있다. 어리둥절하여 몇 발짝 더 걷자 비로소 상점이 끝나고 아치형 문 모양의 자그마한 공간이 나오며 강의 풍경이 눈에 들어왔다. 과거 유럽에서는 다리 위에 건물을 지어 사용했다는 걸 깜박하고 있었다.

'에펠탑에서는 에펠탑을 볼 수 없다'는 말이 있다. 마찬가지로 베키오 다리 위에서는 베키오 다리를 볼 수 없다. 베키오 다리를 제대로 볼 수 있는 곳은 상·하류에 있는 다른 다리 위다. 거기까지 다리품을 들이고 싶지 않으면 적어도 몇십 미터는 강변을 따라 걸어가 떨어져서 바라보아야 한다.

우리는 베키오 다리의 모습을 보기 위해 아르노 강변을 따라 백여 미터 걸었다. 다리의 모양이 특이하다. 상판 위에 구조물이 있다. 아래층은 상가인데, 위층은 네모난 박스형 터널이 얹혀 있다.

군데군데 자그만 창이 있는 터널은 길게 이어져 베키오 궁전과 피티 궁전을 연결하고 있다. 저건 두 궁전을 오가는 메디치가의 전용 공중통로로 이를 건축한 조르조 바사리의 이름을 따 '바사리 회랑'으로 불

　　　　　　　　　　　　　　　　　　　　열흘간의 이탈리아 여행

린다. 그러니까 베키오 다리는 교각 위에 상판이 있고, 상판 위에는 상가, 그 위에는 바사리 회랑이 있는 특이한 모습이다.

베키오 다리에서 피티 궁전은 지척이다. 보석상 거리가 끝나는가 싶으면 넓은 광장과 함께 우아한 3층 건물이 길게 자태를 드러낸다. 단순하면서도 매우 기품 있는 모습이다. 길에서 궁전에 이르는 광장은 완만한 오르막이다. 다른 목적이 있는 설계였는지 모르겠으나 이러한 모습도 궁전의 품격을 더 높이는 것 같다.

비로소 피렌체 중앙 시장에서 시작하여 피티 궁전에 이르는 역사의 거리 탐방이 끝났다. 이 탐방길에는 피렌체를 대표하는 명소들이 모여 있다. 르네상스 시대에 조성한 거리 모습을 그대로 느낄 수 있는 거리다. 건물의 골격은 옛 모습을 간직하고 있고, 길게 이어지는 상점들은 서구의 고전적인 멋을 지키고 있다. 가히 도시 전체가 유네스코 문화유산에 등재될 자격을 갖추고 있다. 불편한 게 있다면 너무 많은 행인과 이따금 나타나는 자동차 정도다.

〈베키오 다리〉

피티 궁전

피티 궁전(Palazzo Pitti)은 루카 피티(Luca Pitti)가 지었다. 그는 메디치가에 충성하여 성장한 은행가였다. 그러나 두 가문의 우호 관계는 길지 않았다. 피티는 메디치가의 그늘에서 벗어나 피렌체 최고 가문이 되고자 했고, 실질적인 권력을 차지하려 했다. 그는 우선 가문의 위세를 보이기 위해 저택을 새로 짓기로 한다.

때마침 그의 손에는 당시 최고 건축가 브루넬레스키가 그린 설계도가 들어와 있었다. 그 설계도는 애초 메디치가의 저택을 짓기 위한 것이었으나, 너무 크고 웅장하다는 이유로 폐기된 상태였다.

피티는 건축가 루카 판첼리(Luca Fancelli)에게 브루넬레스키의 설계도에 따라 저택을 짓게 했다. 메디치가에 대해 경쟁심을 가지고 있던 피티는 자신의 우월함을 저택의 크기로 보여주려 했던 것 같다.

그러나 공사는 도중에 중단되고 만다. 과지출로 인해 피티 가문이 파산 위기에 몰린다. 설상가상 루카 피티는 메디치가를 몰아내기 위한 반란 음모를 주동했고, 그 음모가 실패하면서 파국을 맞는다. 재산은 몰수당하고, 피티는 옥사한다. 이후 그의 가문은 쇠락의 길을 걷는다.

이로부터 80여 년이 흐른 후, 방치되었던 이 건물은 메디치가의 소유가 된다. 당시 베키오궁에 살고 있던 메디치가의 코시모 1세 데 메디치가 그의 부인과 함께 건물과 주변의 땅을 전부 사들였다. 보볼리 언덕을 비롯한 주변 땅은 정원으로 개발되고, 건물은 수차례 확장되면서 웅장한 궁전으로 거듭났다. 마침내는 피렌체에서 가장 큰 궁전이자 가장 큰 정원으로 자리매김한다.

더불어 코시모 1세가 베키오 궁전에서 거처를 옮겨오면서부터 피렌체 정치·행정의 중심지가 되었다. 18세기 들어 메디치가의 대가 끊기면서 토스카나 대공국의 지배권은 여러 차례 변화가 일어나지만, 피티궁의 위상은 변함이 없었다. 메디치가의 뒤를 이은 토스카나의 군주들은 모두 피티궁에서 통치했다. 19세기 들어 통일 이탈리아 왕국이 건국되었을 때에는 초대 국왕 에마누엘레 2세가 여기를 왕궁으로 삼았다. 그러다 1871년 수도가 로마로 옮겨가면서 피티궁은 비로소 정치권력의 장에서 멀어졌다. 1919년에 국유화되면서 미술관으로 새롭게 꾸며져 일반시민의 곁으로 다가왔다.

피티 궁전은 거대하다. 가로 길이가 2백 미터가 넘는다. 저 큰 건물은 이제 미술관이 되어 여기에서 통치했던 여러 왕조의 소장품을 전시하고 있다고 한다. 우피치 미술관이 메디치 가문의 소장품만으로 이루어진 것과 비교되는 이 미술관의 특징이다.

우리는 피티 궁전과 보볼리 정원을 모두 관람할 수 있는 통합권을 구매했다. 피티 궁전을 광장에서 바라보면 가로로 긴 3층 건물이 우선 눈에 들어오고, 좌우 끝에는 단층으로 날개가 달려 있다. 모양으로 본다면 'ㄷ'자 꺾쇠형 건물이다. 매표소는 궁전 정문을 바라보았을 때 오른쪽 날개 건물에 있다.

예상과 달리 매표소 앞이 한산하다. 우리는 줄을 서는 일 없이 곧바로 입장권을 구매할 수 있었다. 궁전 내부 전시실 중의 하나인 '왕실의 아파트'와 정원에 있는 '도자기 박물관'은 내부 작업 중으로 관람할 수 없다는 설명이 뒤따랐다. 아쉽지만 여행자에게 이런 건 운에 맡길 수밖에 없는 일이다.

"아빠, 미켈란젤로 광장에 있는 레스토랑에 저녁 예약되어 있어요. 시간이 넉넉하지 않을 수 있으니 중요한 거부터 봐요."

이미 예상했던 딸의 조언이 왔다.

"그래? 그럼 어디부터 봐야 하니?"
"여행 후기에는 모두 팔라티나 미술관이 먼저라고 해요."
시치미를 떼고 물었는데 역시 예상한 답이 왔다.
"그러자. 팔라티나로 먼저 가자."

궁전 정문에 들어서자 세 개의 이정표가 있다. 왼쪽은 대공의 보석 박물관, 직진하면 보볼리 정원, 오른쪽 계단으로 한 층 올라가면 팔라티나 미술관이다. 팔라티나 미술관에서 한 층 더 올라가면 현대 미술관과 의상 박물관이 있다. 우리는 망설임 없이 오른쪽 계단을 올랐다.

〈피티 궁전〉

팔라티나 미술관

  팔라티나 미술관은 사람을 어지럽게 한다. 전시실이 무려 28개나 된다. 전시실 하나에 10분씩만 머물러도 5시간여가 소요되는 커다란 미술관이다. 현재의 모든 전시실은 과거 궁전으로 사용되던 곳이다. 일부는 대공의 집무실과 접견실이었고, 일부는 왕가의 가족들이 살았던 생활 공간이었다. 각 방의 규모와 치장이 어느 정도일지 짐작할 수 있겠다.

  각 전시실은 이름이 붙어 있다. 제우스의 방, 프로메테우스의 방, 헤라클레스의 방, 비너스의 방, 마르스의 방, 오디세우스의 방, 일리아드의 방과 같이 그리스 신화에서 비롯된 이름이 대부분이지만, 온실의 방, 나폴레옹의 욕실 등 용도에 맞춘 이름도 있고, 화이트홀, 알레고리의 방과 같이 방의 외형적 특징이나 추상적 의미를 새긴 이름도 있다. 그리고 모든 방은 그 이름에 맞는 치장이 되어 있다.

  가장 돋보이는 치장은 천장화다. 궁륭형 천장에 주로 프레스코화로 그렸다는 천장화는 각 방의 이름을 그림으로 표현하고 있다. 헤라클레스의 방에는 헤라클레스의 이야기가 그려져 있고, 오디세우스의 방 천장에는 오디세우스가 20년 만에 귀환하여 아내 페넬로페를 만나는 장면이 그려져 있다. 일리아드의 방 천장에 제우스를 중심으로 모여 있는 그리스 신들은 트로이 전쟁에 어떤 신도 영향을 미치지 않기로 결의하는 장면이라고 한다.

  각 전시실 벽에는 액자에 넣은 회화 작품이 걸려 있다. 그런데 그림 수가 하나둘이 아니다. 전시실의 네 벽면을 빽빽이 채우며 닥지닥지 걸려 있다. 너무 많은 작품 수에 무엇을 보아야 할지 혼란스럽다. 오디오 가이드라도 있으면 그것을 따라 관람할 수 있겠는데, 애석하게도 여기에서 대여해주는 오디오 가이드에는 한국어가 없었다.

어차피 다 볼 수도 없고 자세한 설명도 들을 수 없을 때는 나만의 감상법을 찾을 수밖에 없다. 방에 들어서면 우선 방 가운데에 하나씩 있는 조각 작품을 한 바퀴 돈다. 그리고 머리를 들어 천장화를 찬찬히 살펴본다. 다음에는 오디오 가이드 번호가 붙어 있는 그림 위주로 감상한다. 그러다 책에서 본 기억이 있거나 색다른 느낌이 오는 그림이 있으면 사진을 찍어 두어 향후 더 깊게 공부할 수 있는 자료를 만든다. 그렇게 해도 수시로 시계를 들여다보며 시간을 조절해야 한다.

팔라티나 미술관에서 만난 여인①
- 유디트

흉측하게 소름 끼치는 그림이 있다. 언뜻 보았을 때는 화려하게 차려입은 젊은 여인이 정면을 응시하는 모습이다. 마치 나를 바라보고 있는 것 같다. 나의 첫 눈길은 그녀가 입고 있는 밝은 황금빛 드레스와 자줏빛 망토에 쏠린다. 그러나 두 번째 눈길이 닿았을 때는 섬뜩함에 흠칫 놀란다.

아름다운 여인의 왼손이 목이 잘린 한 남자의 머리채를 움켜쥐고 있다. 어둠 속에 있는 그녀의 오른손에는 이 남자의 목을 잘랐을 칼이 들려 있는 게 확실하다. 그녀의 예쁜 얼굴은 유독 빛난다. 그러한 그녀의 표정은 담대하다. 앞에 있는 사람에게 '나는 할 일을 했다.', '너는 비굴하세 굴지 말라.'고 소리 없이 외치는 것 같다. 이 그림은 크리스토파노 알로리(Cristofano Allori)가 그린 〈홀로페르네스의 머리를 가진 유디트〉이다.

　　　　　　　　　　　　　　열흘간의 이탈리아 여행

<홀로페르네스의 머리를 가진 유디트 - 크리스토파노 알로리>

유디트는 구약 성경 제2 경전 '유딧기'의 주인공으로, 유대의 국경 근처 산악 도시에 사는 정숙한 과부였다. 홀로페르네스를 사령관으로 한 아시리아 대군의 침략으로 도시가 함락당할 절체절명의 위기에 빠졌을 때, 그녀는 하녀 하나만을 데리고 거짓 투항한다. 그리고 연회를 베풀어 적군을 술에 취하게 한 후 홀로페르네스의 목을 베어 돌아온다.

마치 우리나라 역사 속 논개를 떠오르게 하는 성경 속 이야기이다. 이 그림 속 유디트는 여성의 몸으로 위기에 빠진 나라를 구한 담대한 영웅이다.

유디트의 이야기를 그린 회화 작품이 또 있다. 아르테미시아 젠틸레스키(Artemisia Gentileschi)의 〈유디트와 하녀〉다. 이 그림은 유디트의 이야기를 소재로 하여 그렸다는 점이 〈홀로페르네스의 머리를 가진 유디트〉와 같으나 분위기는 사뭇 다르다. 이 그림 속 유디트는 적장의 목을 바구니에 담아 하녀에게 들리고 어둠을 틈타 탈주하고 있다. 의상도 화려하지 않다. 오른손에 칼을 쥐고 적군의 기척을 살피며 잔뜩 긴장한 표정이 역력하다. 앞의 그림에 비교했을 때 얼른 눈길을 끌지는 않으나 훨씬 사실적으로 긴장된 분위기를 표현하고 있다.

〈유디트와 하녀 - 아르테미시아 젠틸레스키〉

아르테미시아 젠틸레스키가 그린 유디트 그림은 우피치 미술관에도 있었다. 사흘 뒤 방문했던 우피치 미술관의 이 그림 앞에서 나는 한참을 서 있었다. 이 그림은 〈홀로페르네스의 목을 베는 유디트〉이다. 우피치를 대표하는 그림 중의 하나이다.

제목부터 진행형인 이 그림은 잔혹하다. 끔찍한 살인의 현장이다. 침대 위에서 홀로페르네스가 살해되고 있다. 그는 저항하지만 만취하여 잠든 상태라 두 여인의 힘을 이기지 못한다. 그의 동공이 풀리고 있고, 그의 목에서 흘러나오는 피는 침대를 적시고 있다. 유디트의 표정은 단호하다. 왼손은 적장의 머리채를 잡아 짓누르고 오른손에 쥔 칼로 적장의 목을 자르고 있다. 주인을 도와 적장의 가슴을 누르고 있는 하녀의 얼굴에는 공포와 연민이 교차하는데, 유디트는 너무나 태연하게 해야 할 일을 한다는 표정이다. 마치 질긴 고기를 자르고 있는 것 같다.

아르테미시아 젠탈레스키는 여류 화가다. 그녀는 왜 저토록 잔혹한 그림을 그렸을까?

아르테미시아는 여성 인권이 높지 않았던 시대의 희생자였다. 어릴 적 회화의 재능이 넘쳤으나 여성이라는 이유로 정규 교육을 받을 수 없었다. 아버지의 도움으로 유명 화가의 문하에 들어갔으나 오히려 성폭행을 당하고 만다. 사법기관에 스승을 고발했으나 스승의 처벌은 흐지부지되고, 오히려 그녀가 2차 피해를 입는다. 성폭행을 당한 여자라는 낙인이 찍힌 그녀의 이후 삶은 곤궁함을 벗어날 수 없었다.

다행히 그녀의 실력을 인정한 코시모 2세로부터 그림 의뢰를 받자, 그녀는 〈홀로페르네스의 목을 베는 유디트〉를 그렸다. 이 그림에 그녀는 자신의 한을 담은 것 같다. 홀로페르네스에게는 자신을 폭행한 스승의 얼굴을 넣었고, 유디트에게는 자신의 모습을 담았다고 한다. 그녀는 파렴치한 스승의 목을 베고 있는 것이다.

〈홀로페르네스의 목을 베는 유디트〉를 그린 몇 년 후 아르테미시아는 〈유디트와 하녀〉를 그렸다. 이 그림은 자신을 후원하는 코시모 2세에 대한 감사의 표시로 그렸다고 한다. 그래서 그림의 주제는 충성심이다. 나라가 위기에 처할 때는 남녀 구별 없이 나라를 위해 충성해야 한다는 주제를 담았다.

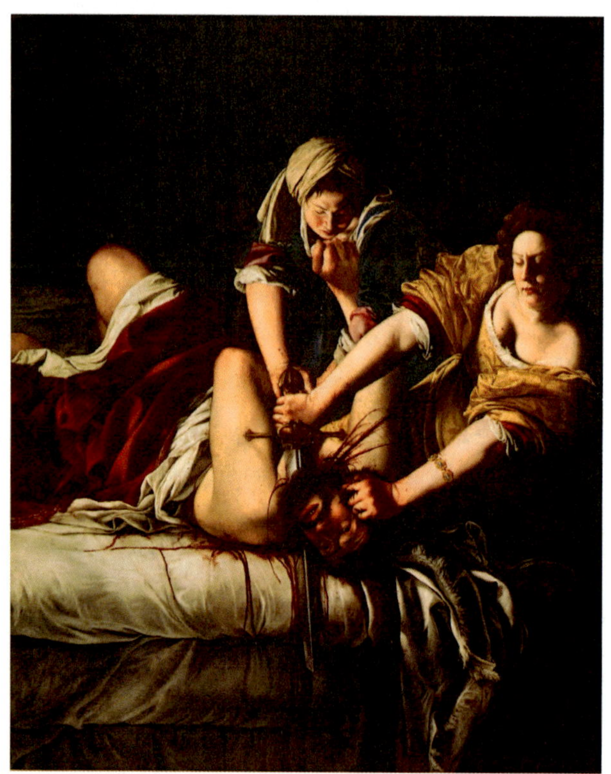

〈홀로페르네스의 목을 베는 유디트 - 아르테미시아 젠틸레스키〉

유디트를 주제로 한 각각 다른 세 개의 그림을 보며 화가의 창의성을 새삼 느꼈다. 같은 소재라도 화가가 담고자 하는 주제는 얼마든지 달라질 수 있다는 데 생각이 미쳤다. 그래서 미술은 창조하는 작업이고, 미술가는 창조하는 사람인가 보다.

팔라티나 미술관에서 만난 여인②
- 마리아 막달레나(막달라 마리아)

'일리아드 방'에 아르테미시아 젠틸레스키의 다른 그림 하나가 더 있다. 이 그림은 〈성녀 마리아 막달레나〉, 내게는 막달라 마리아라는 이름이 더 친숙한 여인이다. 언뜻 보았을 때 작품 속의 여인은 조금 전에 지나온 〈유티트와 하녀〉의 유디트와 많이 닮았다. 둘은 모두 넓은 이마와 뚜렷한 이목구비를 가졌고, 목덜미와 어깨, 살짝 드러난 위 가슴은 보기 좋을 정도로 살이 올랐다. 피부는 매끄러운 흰색이다.

두 여인의 가장 다른 점은 얼굴의 표정이다. 상황이 상황인지라 유디트는 극도의 긴장 속에 있는데 성녀 마리아의 표정은 무어라 한 마디로 설명하기가 어렵다.

의자에 앉아 있는 마리아는 눈을 크게 뜨고 45도 각도로 위에 있는 누군가를 바라보고 있다. 입은 굳게 다물었으나 그녀의 눈과 표정은 많은 이야기를 하고 있다. 슬픈 듯, 무언가를 간절히 바라는 듯, 달리 보면 원망하는 듯한 느낌이 드는 표정이다.

〈성녀 마리아 막달레나 - 아르테미시아 젠탈레스키〉

마리아 막달레나는 부활한 예수를 최초로 마주했고, 예수의 부활을 다른 제자들에게 알린 사람이다. 그녀는 예수가 십자가를 지고 골고다 언덕을 오를 때나, 십자가 위에서 숨을 거둘 때, 그리고 예수의 시신을 내려 무덤으로 모실 때 모두 함께했다. 마리아는 그 이전 예수의 전도 여행에도 항상 함께했으니, 그녀는 기독교의 탄생 과정에 열두 제자 못지않은 중요한 인물이라 할 수 있을 것이다.

그러나 그녀에게는 부정적인 꼬리표가 먼저 따라다닌다. 그녀가 예수를 만나 치유 받기 전 매춘부였느니, 일곱 마귀가 들린 여자였느니 하는 수식어가 붙어 다닌다. 세상은 그녀가 회개한 후의 행적보다 과거 행적을 먼저 부각한다. 견고한 여성 폄훼 관습이 깊게 배어있는 현상이라 할 것이다.

아르테미시아는 이런 막달라 마리아에게 자신의 모습을 투영한 건 아닌지 모르겠다.

비범한 능력과 사회 엘리트다운 지성을 갖춘 그녀에게도 꼬리표가 따라다녔으니 말이다. 어린 나이에 성폭행을 당한 게 자신의 잘못이었겠는가? 그렇지만 세상은 그녀에게 2차 피해를 덧씌웠다. 그녀의 심연에는 내적 고통이 자리 잡고 있었을 것이다. 아르테미시아는 마리아 막달레나의 과거 행적이 아니라 고귀한 성녀의 모습을 보았을 것이다. 그녀는 신앙심 깊은 고귀한 성녀 마리아를 그렸을 것이다.

'아폴로의 방(Sala di Apolo)'에 성녀 마리아 막달레나 그림이 또 있다. 이번에는 티치아노(Tiziano Vecellio)의 작품 〈회개하는 마리아 막달레나〉이다. 이 그림은 낯설지 않다. 여행을 준비하면서 책을 통해 본 기억이 생생하다. 피렌체에 가면 꼭 보아야 할 그림 목록에 자주 오르내린 그림이다.

그림 속의 마리아는 위를 바라보고 있다. 그녀가 바라보는 위에는 경외하는 구세주가 계심이 분명하다. 그녀의 얼굴에는 존경심과 순종, 회개의 감성이 가득 담겨 있다. 아르테미시아의 작품 속 마리아에 비하면 슬픔은 작으나 경탄의 눈빛은 더 강렬하다.

그런데 그녀는 나체다. 아무런 옷을 입지 않았다. 현실에서는 가능성이 거의 없을 정도로 긴 금발의 머리칼이 몸을 감싸고 있을 뿐이다. 언뜻 보아서는 마치 옷을 입고 있는 듯한 눈속임이 있다. 그러면서도 풍

〈회개하는 마리아 막달레나 - 티치아노 베셀리오〉

만한 젖가슴은 그대로 드러나 있다. 지극히 관능적이다. 그림 앞에 다가온 관람객의 시선을 붙잡는 자극성이 있다. 얼굴에는 회개의 빛이 역력한데 몸은 선정성을 띠고 있다.

티치아노는 마리아 막달레나의 회개하는 모습 속에 그녀의 과거 전력까지 담고 싶었을까? 중요한 건 과거의 흔적보다 변화된 현재의 모습일 텐데, 하나의 그림에 과거와 현재를 다 담으려 한 걸까? 혹시 대중에게 감각적인 볼거리를 주고 싶은 건 아니었을까?

여성에게만 둘러씌우고 있는 굴레의 하나를 보는 것 같아 씁쓸하다. 예수를 만나 회개하기 전 마리아가 매춘부였던 게 어디 그녀만의 잘못이라고 할 수 있겠는가? 그녀가 나락에 빠질 수밖에 없는 사회 경제적 모순은 없었는가? 성녀였던 그녀를 여성이라는 이유로 폄훼하려는 의도는 없는가?

피티 궁전을 관람한 이틀 후 또 하나의 마리아 막달레나를 만났다. 두오모 오페라 박물관에 있는 목조 조각 작품, 〈참회하는 성녀 마리아 막달레나〉였다. 도나텔로(Donatello)가 15세기 중엽에 포플러나무로 조각했다고 한다. 여기의 마리아 막달레나는 앞에서 본 두 회화 작품과 완전히 다르다. 앞의 두 회화 작품은 마리아의 젊은 모습을 그렸는데 도나텔로의 작품은 훨씬 후의 마리아다.

이야기에 따르면 마리아 막달레나는 예수가 부활하여 승천한 후 광야로 나가 동굴에서 생활하며 회개하는 삶을 살았다고 한다. 세례자 요한도 광야에서 낙타 옷을 입고 고행의 젊은 시절을 보냈으니, 1세기 유대 지역에는 광야에서의 금욕적인 삶이 수행의 방법으로 실천되었나 보다.

도나텔로는 광야의 마리아 막달레나를 조각했다. 이제 마리아에게 젊은 육신의 아름다움은 없다. 입고 있는 옷도 없다. 헝클어진 채 다듬어지지 않은 긴 머릿결이 뼈가 드러날 정도로 삐쩍 마른 몸을 가리고 있다. 이가 빠져 합죽해진 볼과 함께 초췌한 얼굴, 처진 눈길 속에는 아무런 욕망도 없어 보인다. 속세의 사람이라면 체념한 얼굴, 스스로 오랜 고행을 겪어 온 성자라면 해탈한 모습이라고 해야 할까? 이 작품 앞에 섰을 때 첫 느낌은 흠칫 놀라움이었고, 이어서 뇌리를 스친 건 석가의 고행이었다.

고행! 신의 세상에 다다르기 위해 삶의 고통과 고난을 이겨나가는 수행 과정. 이는 아무나 할 수 있는 게 아니다. 일반인에게는 상상 속에나 있는 모습이다. 나에게는 아르테미시아가 그린 마리아의 회개하는 모습이 가장 뭉클하게 다가왔다.

〈참회하는 성녀 마리아 막달레나 - 도나텔로〉

　　　　　　　　　　　　　　　　　열흘간의 이탈리아 여행

보볼리 정원

보볼리 정원은 피티 궁전 뒤편에 있는 후원이다. 서울의 창덕궁 뒤편에 비원이 있듯 피티 궁전 뒤편 보볼리 언덕에 정원을 조성했다. 피티 궁전을 매입한 코시모 1세가 아내와 자녀들을 위해 심혈을 기울여 건설했다고 한다.

피티 궁전을 벗어나 궁전 뒤쪽으로 들어서니 시야가 시원하다. 가까이는 'U'자 형태의 넓은 정원이 펼쳐지고, 그 뒤로는 숲이 우거진 언덕이 병풍처럼 둘러서 있다. 정원에 발을 디디면 먼저 멋진 조각품으로 장식한 분수 공원이 눈길을 끌고, 그 뒤로 넓은 잔디 광장이 시원스레 자리 잡았다. 잔디 광장은 대충의 눈대중으로 축구장 하나 정도의 크기일 듯하다. 광장 한가운데에는 오벨리스크가 하늘로 치솟고, 광장 둘레에는 축대를, 축대 위에는 대여섯 단 정도의 계단을 만들었다. 잔디 광장을 둘러선 계단은 마치 경기장의 관중석 같다. 실제로 광장에서 대형 공연이나 경기를 펼치면 계단은 훌륭한 관중석이 될 것이다. 계단 뒤에는 20여 개의 대리석 감실을 만들고, 감실 안에는 조각품이 하나씩 터를 잡았다. 광장을 둘러선 감실 안의 조각상들은 그 자체로 구경거리이지만, 한편으로는 정원을 호위하는 듯하여 공원 전체에 안온함을 준다.

잔디밭을 둘로 나눈 하얀 길은 언덕 위로 길게 이어진다. 보볼리 언덕을 둘로 나누며 직선으로 곧게 뻗은 길은 시원스러운 멋을 풍기는 한편으로 가파른 경사를 그대로 노출하며 위압감을 준다. 급한 경사로를 올려다보면 중턱과 상부에 조각 분수가 또 자리 잡고 있어 무리해서라도 오르고 싶은 충동을 일으킨다.

곧게 뻗은 길 좌우는 푸른 숲이다. 커다란 나무들은 넓은 땅에서 한 그루 한 그루 정성스레 다듬어져 자태를 한껏 뽐낸다. 이들이 어우러져 빚어내는 풍치는 말해 무엇 하랴. 병풍처럼 둘러친 숲은 그 자체로 아름다우면서 벌과 나비, 많은 새를 불러 모으고 있다.

잔디 광장을 가로질러 언덕의 오르막이 시작되는 곳에 섰다. 가파른 언덕을 오르려니 다리가 쉽게 떨어지지 않는다. 재빠르게 잔머리를 굴렸다. 곧바로 직선 길을 오를 게 아니라 오른쪽 옆으로 길게 난 산책로를 걷기로 했다. 도자기 박물관이 있는 길이다. 도자기 박물관은 오늘 개관하지 않는다는 설명을 들었지만, 그 길을 따라가면 언덕의 정상까지 우회하여 올라가는 완만한 산책로도 있을 것이다. 공원 안내 지도에는 숲을 따라 오솔길이 가로세로로 연결되어 있고, 오솔길 여기저기에는 조각 작품들이 설치되어 있어 이야깃거리를 제공하고 있다고 나와 있다. 이미 지친 기색이 드러나고 있는 우리에게 완만한 산책로는 피로를 훨씬 덜어줄 것이다.

왼편으로 푸르른 숲, 오른편으로는 피렌체의 강남지구 시가지가 펼쳐져 있는 산책로를 따라 천천히 걸음을 옮겼다. 어떤 곳은 민가의 뒷벽이 길과 맞닿아 있어 붉은 기와를 눈높이에서 볼 수 있고, 투박한 주택 뒷벽과 작은 창을 통해 서민들이 살아가는 한 단면을 볼 수 있었다.

그러나 아무리 길게 돌아가는 길이라지만 역시 언덕은 언덕이다. 포장되지 않은 산책로의 오르막 경사는 심했다. 걸음이 한껏 느려지고 헐떡거림은 빨라졌다. 어느 안내 책자에서 소개했듯, 여기는 스쳐 지나가는 자를 위한 곳이 아니다. 여기는 시간과 마음의 여유 속에 바람 소리, 새 소리를 듣고, 나무 향내를 맡으며 조각품 하나하나와 대화를 나누

 열흘간의 이탈리아 여행

〈피티 궁전에서 바라본 보볼리 정원〉

는 곳이다. 머리를 비우고 마음속을 채우는 곳이다. 훑고 지나가는 자에겐 피곤함이 쌓이는 곳이다.

마침내 길의 가장 높은 곳에 올랐다. 발밑에 피티 궁전이 있고, 베키오 궁전과 두오모 등 피렌체의 중심부가 아주 가까이에 있다. 두오모와 베키오 궁전은 건물 바로 아래에서 볼 때보다 여기에서 보는 게 더 웅장해 보인다.

"한쪽은 숲이 가려 시가지를 다 볼 수는 없구나."

가쁜 숨이 가라앉자 시가지를 바라보며 혼잣말처럼 중얼거렸다.

"그래도 시내 중요 시설은 다 보이는데요. 뭐."

중얼거림을 들었는지 딸이 말을 받았다.

"아마도 코시모 1세나 대공들은 여기에 자주 오르지 않았을 것 같다."

딸의 대답이 반가워 말을 이었다.

"왜요?"
"매일 출근하는 일터는 휴일에는 보기 싫은 법이거든. 일터가 보이지 않아야 휴식이 되지."
"헐! 월급쟁이 사고 아니에요? 그들은 왕인데……."
"그런 거니? 그렇다 치고 어디로 나갈 거니? 피티 궁전으로 다시 내려가니?"

시계를 바라보며 딸에게 물었다.

"왼쪽으로 가면 벨베데레 요새 옆으로 출입문이 있어요. 다음 목적지가 미켈란젤로 광장이니까 그쪽이 지름길일 것 같아요."

예상했던 답이었다. 보볼리 공원의 안내 지도를 보며 내심 그렇게 길을 잡고 있었다. 벨베데레 요새는 유사시 피티 궁전의 방어를 위해 축조했다. 지금은 개방하고 있지 않다. 그 옆에 있는 출입문으로 나가면 요새 안은 들어가지 못해도 외관이나마 볼 수 있을 것이다.

"가자."

　　　　　　　　　　　　　　　　　　　　

보볼리 정원의 힘든 산책을 마쳤다. 정원의 가장 낮은 곳으로 들어와 가장 먼 길을 돌았고, 가장 높은 곳에 있는 출입문으로 나왔다.

미켈란젤로 언덕

보볼리 언덕을 나온 우리는 아스팔트로 포장된 길을 따라 언덕을 내려갔다. 우리가 걷는 길의 좌우 모습이 매우 대조적이다. 길의 왼쪽은 벨베데레 요새의 거대한 성벽, 높이가 족히 30미터는 넘어 보인다. 요새는 하늘을 가리고 처음 걸어 보는 사람에게 위압감을 준다. 오른쪽은 서민들이 살고 있음 직한 공동주택 빌라가 이어진다. 공용으로 쓰는 빌라의 현관문은 크고 육중하다. 우리나라 지방에 있는 옛 관아의 대문 정도의 크기는 충분히 될 듯하다.

"여러 세대가 공용으로 쓰는 현관문은 어떻게 여닫지?"

여러 집을 지난 후에 문득 의아해져 딸에게 말을 건넸다.

"번호 키 쓰지 않을까요?"

딸은 관심이 없는 듯 생각하는 기색도 없이 말했다.

"번호 키가 안 보이잖아. 그리고 전자 장치를 달기에는 문이 너무 옛날 스타일 아니니?"

"그러네. 그럼 몰라요."

답이 너무 시원스럽다.

이 의문은 다음 날 가이드를 동반하여 피렌체 외곽 토스카나를 둘러볼 때 풀렸다. 가이드는 명쾌하게 대답했다.

"모두 옛날식 열쇠를 써요."

"그럼 각 세대의 현관문은 어떤 방식이에요?"

"그것도 대부분 옛날식 열쇠예요. 번호 키를 쓰는 집도 있긴 한데 우리나라처럼 대중화되지 않았어요. 여기 사람들은 열쇠 뭉치를 들고 다녀요."

미켈란젤로 언덕에 다가가는 길이 무척 힘들다. 지도 앱을 켜고 정확히 길을 가고 있는데 지도에서는 지척으로 보이는 언덕이 무척 멀다. 길은 보볼리 언덕을 출발할 때는 내리막이더니 요새의 성벽이 시야에서 사라지면서부터 나지막한 오르막과 내리막이 반복된다. 그러고 보니 점심 식사 후 피렌체 시가지를 종단하여 베키오 다리를 건너고, 피티 궁전 내부를 돌며 미술품을 관람하고, 보볼리 언덕을 오르내리다 여기까지 이르렀다. 그러는 동안 한 번도 다리를 쉬지 못했다. 생각이 여기에 미치자 다리뿐만 아니라 머리까지 무거워졌다.

마침내 골목길이 끝나는가 싶더니 눈앞에 언덕이 나타났다. 오! 꽤 높아 보인다. 목적지에 다다른 거 같아 깜짝 반가웠지만 '어휴, 더는 못 가겠는데' 하는 생각이 스치며 한숨이 절로 나왔다. 때마침 반가운 게 눈에 들어왔다. 언덕 아래로 몇 개의 카페가 줄지어 있다.

   열흘간의 이탈리아 여행

"저기 앉아 주스라도 한 잔 마시고 가자."

딸의 반응을 볼 겨를도 없이 앞장섰다.

"얼른 올라가서 일몰 보아야 하는데……."

딸은 마음이 바쁜 모양이다.

"일몰은 뚝딱하고 지나가지 않는다. 조금 쉬었다 가도 일몰은 남아 있을 거야."

단호하게 딸을 이끌었다. '나는 너처럼 젊지 않다. 세 시간이 넘게 걸었구만…….' 이어지려는 이 말은 꿀꺽 삼켰다.

우리는 주스 두 잔과 케이크 한 조각을 주문해 휴식을 취했다. 오가는 사람들을 구경하며 잠시 쉬노라니 한결 기운이 나고 기분도 좋아졌다.

오르는 길은 서울 상암동 하늘 공원 가는 길을 닮았다. 언덕의 높이가 그 정도 될 것 같고 지그재그로 오르는 길의 모양도 비슷하다. 성질 급한 사람들이 길을 벗어나 오가면서 샛길을 만들어 놓은 모습도 똑같다. 우리는 지그재그 길을 따라 천천히 걸어 올랐다. 길옆에는 화단이 조성되어 있고, 조경수도 정돈되어 있어 눈요깃거리가 된다. 한 굽이를 돌 때마다 피렌체 시가지가 점점 넓게 시야에 들어왔다.

마지막 광장으로 오르는 계단에 많은 사람이 자리를 차지하고 앉아 있다. 오! 여기가 피렌체 관광에서 빼놓을 수 없는 일몰 명소 미켈란젤로 광장이다. 이를 의식해서 만든 건지 넓은 계단은 서쪽을 향해 있어 석양을 바라보는 관람석이 되어 있다.

미켈란젤로 광장은 언덕 위에 만든 것치고는 꽤 넓다. 우리는 서쪽 하늘을 바라보고 있는 무리에서 떨어져 한적한 곳에 섰다. 그리고 눈에 들어오는 모든 걸 마음껏 담아 보았다.

피렌체는 산으로 둘러싸인 도시다. 높다고 하기에는 무언가 부족하고, 그렇다고 낮다고 할 수도 없는 여러 개의 산줄기가 도시의 삼면을 둘러싸고 있다. 오로지 서쪽만이 상대적으로 낮은 산줄기가 꽤 멀리 떨어져 있다. 도시의 서쪽 끝 선과 산줄기는 거의 높이를 같이해 지평선처럼 보이기도 하고, 도시가 서쪽으로 끝없이 뻗어 나간 것처럼 보이기도 한다.

이 도시가 자리 잡은 터는 우리나라 전주시와 많이 닮았다는 생각이 들었다. 산이 가깝게 둘러싼 모습이 그렇고, 강을 따라 시가지가 길게 자리한 모습도 그렇다. 한쪽 트인 곳이 피렌체는 서쪽이고 전주는 북쪽인 것이, 그래서 아르노강은 서쪽으로 흐르고, 전주천은 북쪽으로 흐른다는 것만 다르다. 내가 서 있는 여기 미켈란젤로 광장은 전주의 다가공원과 너무 흡사하다.

미켈란젤로 언덕은 피렌체 시가지를 한눈에 볼 수 있는 최고의 전망대다. 보볼리 언덕에서는 시가지의 동쪽 부분이 숲과 요새에 가려졌지만 여기서는 거리낄 게 없다. 붉은 지붕의 파노라마가 시원하게 펼쳐진다. 왼편에 높게 솟은 베키오궁 종탑과 가운데 두오모, 오른쪽 산타 크로체 성당을 축으로 도시는 길고 넓게 뻗어 나갔다. 도시를 감싸며 아르노강이 지극히 평화롭게 흐르고 있다.

〈미켈란젤로 광장에서 바라본 피렌체 시내〉

어둠이 내리고 있다. 멀리 서쪽 산줄기에 붉은빛이 걸쳤다. 그러나 사람들이 감탄하는 소리는 들리지 않았다. 오늘의 일몰 구경은 실패다. 처음 언덕에 올라섰을 때부터 직감하고 있었다. 태양은 희뿌연 대기에 가려 빛을 잃고 있었다. 이런 날은 일몰을 감상하는 날이 아니라 빠르게 스며드는 어둠을 느껴보는 날이다.

피렌체 시가지에 태양 빛이 약해지고 전등불의 숫자가 점점 늘어나고 있다. 우리는 미켈란젤로 광장 둘레를 따라 천천히 걸었다. 광장 가운데에 커다란 조각상이 시가지를 향해 듬직하게 서 있다. 벌거벗은 채 왼팔은 돌망태를 어깨에 메고 오른손에는 돌멩이를 쥐고 있는 그 유명한 미켈란젤로의 〈다비드〉 상이다. 물론 여기 광장에 있는 건 모조품이다. 미켈란젤로가 조각한 원작은 피렌체 시내에 있는 아카데미아 미술관에 있고, 복제품이 시뇨리아 광장과 여기 미켈란젤로 광장에 있다.

언덕은 완연히 어두워졌다. 군데군데 가로등만이 차갑게 빛난다. 그

많던 사람들도 썰물처럼 사라지고 쌍을 이룬 몇 사람만이 드문드문 도시의 야경을 바라보고 있다. 저들은 도시의 불빛보다 둘이 나누는 온기가 더 좋은 사람들이다. 우리는 저녁 먹을 레스토랑을 향해 걸었다. 오늘 저녁을 위해 예약해 둔 레스토랑이 광장 가장 뒤쪽에 있다.

티본스테이크 정찬

피렌체의 티본스테이크는 꽤 유명하다. 피렌체를 소개하는 여행 책자마다 피렌체를 대표하는 음식으로 티본스테이크를 꼽는다. 이런 유명세로 피렌체를 여행하는 우리나라 젊은이들은 주머니 사정을 고려해 샌드위치로 끼니를 때우다가도, 한 끼 정도는 반드시 티본스테이크를 먹는다는 말도 있다.

피렌체에서 티본스테이크가 유명해진 건 연유가 있단다. 이 지역은 고대 로마 시대부터 소가죽으로 만든 제품 생산이 많았다. 당시에는 갑옷이나 말안장 등 군용 제품이 주를 이루었던 모양이다. 당연하게 피렌체 인근 지역에서는 소 사육이 크게 늘었고, 소가죽의 부산물인 소고기 요리가 일찍부터 발달했다. 그 전통은 현대까지 이어져 피렌체는 가죽제품 시장이 크게 발달해 있고, 티본스테이크는 이 도시를 대표하는 요리로 자리 잡았다.

우리는 인터넷을 통해 사전에 예약해 둔 'L' 레스토랑을 찾았다. 'L' 레스토랑은 광장 뒤편에 접해 있는 데다 간판을 밝게 밝혀 금방 찾을 수 있었다. 레스토랑 내부는 꽤 화려하게 장식되어 있다. 그러나 우리는 건물 내부를 선택하지 않았다. 건물 앞에 온실처럼 만들어진 유리 건물 안으로 들어가 가장자리에 있는 테이블에 자리를 잡았다. 레스토랑을 소개하는 글에는 피렌체의 야경을 보며 스테이크를 즐길 수 있는 곳이라는 점을 강조하고 있어, 조금이라도 시가지에 가까이에 있는 창가 자리를 선택했다. 그러나 자리에 앉아서 보니 시가지는 넓은 광장에 가려 보이지 않았다. 도시를 둘러싸고 있는 산줄기만이 희미하게 어둠 속에 있을 뿐이다. 레스토랑은 시가지를 한눈에 조망할 수 있는 광장에 자리 잡고 있을 뿐, 레스토랑 안에서는 시가지가 아니라 광장을 볼 수 있을 뿐이다.

정장을 멋지게 차려입은 중년 남성이 메뉴판을 가져왔다. 오! 얼른 눈에 들어오는 메뉴가 있다. 티본스테이크 세트 메뉴다. 잘 알지 못하는 음식 이름을 놓고 고민할 필요가 없게 세트 메뉴가 준비되어 있다. 더욱이 이 메뉴는 두 사람용으로 되어 있다. 망설일 게 뭐 있겠나? 대뜸 세트 메뉴를 선택했다. 그러나 역시 유럽에서의 식사 주문은 손님을 귀찮게 한다. 직원은 세트 메뉴 속에 포함된 와인은 무엇으로 할지, 파스타는 어느 것으로 할지, 스테이크는 어느 정도 익힐지, 마침내는 물은 유료인 생수를 원하는지를 물었다. 어휴! 한국에서라면 '아무거나, 알아서.' 했을 것이다.

물과 식전 빵을 시작으로 음식이 나오기 시작했다. 샐러드의 양이 꽤 많고 드레싱도 상큼한 맛을 낸다. 무언가 불길한 예감이 스치는 건 파스타가 나올 때부터였다. 파스타의 양이 너무 많다.

"이거 다 먹으면 스테이크 먹을 수 있겠니?"

딸의 반응을 살피며 말을 건넸다.

"글쎄요. 양이 좀 많은 것 같은데요."

딸도 같은 걱정을 하고 있다. '이걸 다 먹어야 다음 메뉴를 가져올 텐데……' 고민하며 천천히 포크를 놀렸다.

잠시 후 우리의 식사 진행 상황을 보기 위해 직원이 다가오더니 아직 파스타의 절반이 남아 있는 걸 보고 돌아서고 있다. 안 되겠다. 직원을 불렀다.

"메인 요리 함께 먹을게요. 스테이크 지금 주세요."
"알겠습니다."

직원이 돌아가더니 이내 다시 나타났다. 그의 손은 커다란 검은 접시를 받쳐 들고 있다. 접시라기보다는 쟁반이라고 해야 할 정도로 컸다.

와우! 기가 질렸다. 스테이크가 큰 접시에 가득 담겨 있다. 겉은 검게 그을려 있고 속살은 붉은빛을 발하는 두툼한 고깃덩어리가 한가득 담겨 있다. 우리나라에서 먹는 소갈비 개념으로 보면 3~4인분은 족히 될 듯하다. 서너 종류의 소스는 별도의 전용 접시에 놓여 있다. 과연 우리가 이걸 다 먹을 수 있을까? 맛을 보기 전에 양에 놀랐다.

스테이크 맛은 일품이다. 배가 고파서 그런 게 아니다. 육즙의 풍부함은 물론 고기는 매우 부드럽다. 한 점 크게 잘라 입에 넣고 네다섯 번 씹으면 꿀꺽할 수 있을 정도로 식감이 좋다. 문제는 우리가 먹을 수 있는 양이다. 이 정도의 양이라면 술과 함께 떠들면서 두세 시간 먹어

　　　　　　　　　　　　　　　　열흘간의 이탈리아 여행

야 한다. 그러나 우리는 이국땅에 와 있는 여행자가 아닌가? 우리는 파스타도 반절, 스테이크도 반절만 먹고 숟가락을 내려놓아야 했다. 아까 웠지만 도리가 없었다.

"세트 메뉴 1인분만 시켜도 충분했겠다."
"아빠, 기본이 2인분이었어요."
"그랬구나. 깜박했다."

서빙하는 직원이 또 다가왔다. 이제야 둘러보니 여기 유리로 된 건물 안에는 우리가 유일한 손님이다. 괜스레 눈치가 보인다. 되돌아서는 직원을 다시 불러 디저트를 주문했다. 커피, 티, 젤라토가 있었다. 망설임 없이 젤라토다.

넓은 유리컵에 베이지색과 녹색의 젤라토 두 덩이가 티스푼과 함께 나왔다. 젤라토는 상큼하고 향기롭다. 보통의 아이스크림과 달리 끈적임이 훨씬 강하다. 아무리 배가 불러도 이건 얼마든지 먹을 수 있겠다.

젤라토를 내려놓고 돌아서는 직원에게 계산서를 요청하고, 곧 돌아온 그에게 신용카드를 내밀었다. 여기에도 자릿세는 있다. 자릿세를 포함해 한 사람당 70유로 정도의 큰돈을 썼다. 남긴 음식이 더욱 아깝다. 유리 건물 속에 유일한 손님인 우리를 위해 분주히 오간 직원에게 주는 팁은 물론 별도였다.

열흘간의
이탈리아 여행

05.
토스카나 소풍

오늘은 일요일이다. 피렌체 시내가 관광객으로 붐빌 수 있고, 성당은 예배를 드리는 날이라 시외로 나가는 일정을 잡았다. 현지 여행사와 연결하여 한국인 가이드가 함께하는 토스카나 1일 투어를 신청했다. 산타 마리아 노벨라 성당 앞 광장에서 가이드와 만나 승합차를 타고 시외곽으로 향했다. 사이프러스 길에서 포토 타임을 갖고 시에나를 산책했다. 키안티의 와이너리에서 점심시간을 가졌다. 오후에는 산지미냐노를 둘러보고 피렌체로 돌아왔다. 오랜만에 호텔에서 여유 있는 휴식을 취했다.

산타 마리아 노벨라 성당 앞 미팅

산타 마리아 노벨라 성당은 피렌체 중앙역 건너편에 있다. 우리가 현지 여행사의 가이드와 만나기로 한 곳은 성당 앞 광장이다. 한국인 가이드는 장년의 신사였다. 반갑게 인사를 나눈 후 가이드는 오늘 함께 여행할 두 분이 아직 도착하지 않았으니 기다려 달라고 요청했다. 마침 잘 되었다. 잠깐의 시간이지만 성당 외관이라도 구경할 수 있겠다. 딸과 나는 함께 성당 정면으로 향했다.

성당의 파사드 앞은 꽤 넓은 광장이다. 꼭대기에 십자가가 있는 하얀 오벨리스크 외에 별다른 시설은 없다. 잔디 광장 사이사이로 보행로가 있고, 잔디 광장 둘레를 따라 자동차 길이 있다. 이른 시간이어서인지 정차해 있는 차량 몇 대 외에는 지나는 차량이 전혀 보이지 않는다. 빵과 샌드위치 등을 진열한 카페 몇이 문을 열고 있다.

산타 마리아 노벨라 성당 정면 파사드는 단순명료한 아름다움을 선사한다. 세모, 네모, 동그라미 등 단순한 기하학적 도형들이 안정되게 조합을 이루고 있다. 오로지 창틀만이 멋을 부려 아치 모양을 하고 있다. 건물의 색상도 흰색을 바탕으로 한두 가지 소박한 색을 사용해 검소하면서 밝은 이미지를 풍기고 있다. 유치원생에게 도형 공부를 시키기에 매우 적합하다는 생각이 스쳤다.

〈산타 마리아 노벨라 성당 파사드〉

다시 오늘 우리를 태워줄 승합차가 대기하는 곳으로 돌아왔다. 함께 여행할 두 분은 아직 도착 전이다.

"저기 성당은 자유롭게 출입할 수 있나요?"

기다리는 동안의 어색함을 없애기 위해 가이드 선생께 물었다.

"입장료가 있어요. 그리고 오늘은 일요일이라 예배 끝나고 오후에나 가능할 거예요." 가이드 선생의 대답에 자신감이 넘친다.
"입장료를 받는 성당이라면 볼 게 많은 모양이지요?"
"그림이 많아요. 피렌체 여행 오셨으니 투시 원근법이라고 들어 보셨지요? 성당 안에 마사초가 그린 〈성 삼위일체〉라는 그림이 있는데, 그게 원근법을 사용한 최초의 그림이에요."

가이드 선생은 지식 자랑할 기회를 많이 기다렸나 보다. 듣는 사람이 부담스러울 정도로 적극적이다. 이럴 때는 논쟁을 피하고 질문을 많이 해주는 게 좋다. 오랜 경험에서 얻은 지혜다. 한쪽은 무료 강연을 들을 수 있어 좋고, 다른 한쪽은 가르치고 싶은 욕망을 풀 수 있어 좋다.

"다른 그림들은 어떤 게 있어요?"
"기를란다요라는 화가를 아세요? 미켈란젤로 스승이에요. 노벨라 성당 안에는 기를란다요의 그림 시리즈가 있어요. 성모 마리아 일생을 한 벽면에 그렸는데 일곱 장면으로 되어 있어요. 다른 쪽 벽에는 세례자 요한의 일생을 그렸는데 역시 일곱 개의 그림이에요. 성 요한은 피렌체

     열흘간의 이탈리아 여행

의 수호성인이에요. 두오모 옆에 있는 산 조반니 세례당 보았어요? 성 요한이 이탈리아어로 산 조반니이지요. 산 조반니 세례당은⋯⋯."

가이드 선생의 설명이 점점 이리저리 튀고 있다. 빨리 본 주제로 돌아와야겠다.

"오늘 시외로 나갔다 돌아와서 들어가 볼 수 있는 시간이 있을까요?"
"예? 들어갈 수는 있겠는데⋯⋯. 그런데 볼 수 있는 시간이 짧겠는데⋯⋯."

갑자기 가이드 선생의 톤이 낮아졌다. 그냥 신나게 강의하도록 할 걸 그랬나 보다.

그때 젊은 남녀 한 쌍이 바쁜 걸음으로 다가왔다. 오늘 함께 여행할 일행임을 금방 알아보았다. 그들은 보름 일정으로 허니문 여행 중이란다. 유럽에서 허니문! 놀랍다. 우리 세대의 결혼 휴가는 닷새였고, 해외여행의 문호도 개방되어 있지 않았는데⋯⋯.

우리 세대 신혼여행지는 대부분 제주도였다. 신혼부부만을 위한 패키지여행이 유행했다. 아침이면 여행사 전용 버스가 숙소를 돌며 신혼부부들을 태웠다. 이때에도 일찍 나와 버스를 기다리는 사람보다 버스가 도착한 후 허겁지겁 뛰어나오는 사람이 더 많았다. 아침에 지각하는 건 신혼부부에게만 용인되는 특권이다.

오늘 함께 여행할 사람이 모두 모였나 보다. 우리를 태운 승합차가 광장을 출발했다.

토스카나의 아침 추위

우리가 탄 승합차는 금방 피렌체 시내를 벗어났다. 풍경이 아름답다. 넓고 둥근 구릉이 계속 이어졌다. 3월 하순의 계절인데, 나무가 우거진 숲이 아닌데도 언덕은 푸르디푸르다. 크게 자란 풀이 가득 찬 초지가 끝없이 이어진다. 밀이 자란 건지 소와 양이 먹을 목초지인지 분간이 어렵다.

하나의 능선을 넘어 다른 구릉이 나타나자 포도밭이 넓디넓게 펼쳐져 있다. 이제 겨울을 벗어나고 있는 시기라, 포도밭은 잎이 없는 줄기만 사람 허리 높이로 길게 길게 뻗어 나갔다. 풀밭은 새파란데 줄기만 남은 포도밭은 회색빛이어서 저 언덕에 어떤 식물이 자라고 있는지는 뚜렷이 구분되었다.

가끔 사이프러스 나무가 두 줄로 길게 늘어서 있다. 두 줄 나무 사이에는 하얀 길이 나 있고, 그 길이 끝나는 언덕 위에는 어김없이 서너 채의 집이 자리 잡고 있다. 아마 여기 농업인들이 구릉 하나씩을 차지하고 농사를 지으며, 수확한 농산물을 저장·가공하는 곳인 듯하다. 몇 개의 건물 주위는 큰 나무들이 둘러쳐 지극히 전원적인 동산으로 느껴진다. 아침에 일어나 저곳에서 새벽공기를 맞으며 바라보는 풍경이 어떨지 무척 궁금해진다.

승합차는 우리를 위해 일부러 이 길을 택한 걸까? 길은 포장이 잘 되어 있으나 왕복 2차선의 좁은 길이다. 구릉을 따라 난 길은 좁을 뿐만 아니라 구불구불하여 우리나라 시골 지방도를 연상시킨다. 당연하게 속도는 느리다. 앞서가는 차가 없고 마주 오는 차도 보이지 않는다. 우리를 추월해가는 차는 한 대도 보지 못했다. 아름다운 풍경 속 멋진 드라이브 코스다.

갑자기 차가 좌회전해 비포장길로 들어서더니 멈추었다. 모두 차에서 내렸다. 주위는 온통 포도밭이다. 그 사이로 한 줄기 사이프러스 가로수길이 직선으로 길게 나 있다. 여기가 토스카나 풍경을 대표하는 사이프러스길 포토존인 모양이다.

가이드 선생이 신혼부부의 사진을 찍는 사이 나는 눈을 들어 멀리멀리 펼쳐진 풍경을 음미했다. 확연하게 우리의 산야와는 다른 풍경이다. 위도가 비슷하고 반도 지역인 것도 똑같은데, 두 지역의 지형과 풍광이 이토록 다른가?

그런데 춥다. 너무 춥다. 서서히 스며든 한기가 깊이 배어들어 몸이 덜덜 떨린다. 가벼운 봄 스웨터만 걸치고 나온 게 잘못이었다. 어제 피렌체 시내를 걸을 때 겨울옷이 거추장스러워 오늘은 가벼운 옷으로 바꿔 입은 것이다. 그러나 아무리 도시를 벗어나 자연 속으로 들어왔다 해도 3월 하순의 날씨치고는 너무 춥다. 날씨가 맑아 해가 중천에 오르면 따뜻해질 거라 가이드 선생이 위로했지만 우선 지금이 견디기 힘들다.

그사이 신혼부부의 사진 촬영이 끝난 모양이다. 가이드 선생이 우리를 향해 소리쳤다.

"이쪽 가로수길로 오세요. 그리고 따님은 카메라 이리 주세요."

가로수길에서 딸과 함께 서서 두어 장 사진을 찍었다.

"아버님 잠깐 나오시고 따님 여기에 서세요."

〈토스카나의 사이프러스길〉

　가이드 선생이 딸에게 다양한 포즈를 주문하며 연신 셔터를 눌러대고 있다. 아이고, 추워 죽겠는데 잘 되었다. 둘이 사진에 집중하는 사이 차 안으로 뛰어 들어갔다.

　"아버님 어디 가세요? 그러시면 안 돼요. 이리 오세요."

　어느새 눈치를 챘는지 등 뒤에서 가이드 선생의 외침이 들렸다.

　"딸이나 많이 찍어 줘요. 감기 들면 여행 망쳐요."

　　　　　　　　　　　　　　　　열흘간의 이탈리아 여행

아랑곳하지 않고 차에 올라 차 문을 꽝 닫았다. 가이드 선생의 따가운 눈총이 뒷덜미에 닿는 느낌을 받았다.

사진 찍기가 끝났는지 모두 차에 올랐다. 자동차는 다시 포장도로로 나와 남행을 계속했다. 주위에 펼쳐지는 풍경은 푸른 초지이거나 포도밭의 연속이다. 군데군데 작은 마을이 풍광에 변화를 주며 눈길을 끈다.

멀리 도시가 보인다. 구릉 위에 올라앉은 도시는 손에 잡힐 듯이 가깝게 느껴지는데, 다가가는 데 꽤 시간이 걸리고 있다. 멀리서 볼 때 누렇던 도시는 가까이 갈수록 조금씩 밝은 노란색이 되어 갔다.

여기는 시에나(Siena)다. 자동차가 좌우에 석조 건물이 늘어서 있는 골목길을 오른다. 그리고 꽤 큰 광장과 고딕 양식의 화려한 건물 앞에서 멈추어 섰다.

시에나의 두오모에 도착했음을 직감했다. 여기는 시에나 시가지가 자리한 언덕에서 가장 높은 곳이다. 시에나는 토스카나 대공국으로 통합되기 전 피렌체와 자웅을 겨루던 도시 국가였으니 두오모의 규모 역시 거대하다.

파사드는 화려하다. 지붕과 탑 위에 예외 없이 조각품을 설치해 고딕 양식하면 떠올리는 '뾰족뾰족'한 모습을 그대로 보여주고 있다. 벽면에 비어 있는 공간은 없다. 전체 벽면이 부조로 조각되어 있다. 눈과의 거리가 있어 부조의 내용 하나하나를 식별할 수는 없지만 세밀하게 사람의 손길이 닿아 있는 건 분명하다.

두오모의 뒤쪽으로는 높은 종탑이 솟아 있다. 사각형 종탑은 피렌체에서 본 조토의 종탑처럼 높고 웅장하다. 저기에서 울려 퍼질 종소리를 상상하니 밀레의 '만종' 그림이 빠르게 머리를 스쳐 갔다.

그런데 성당 문은 굳게 닫혀 있다.

〈시에나 대성당 파사드〉

"오늘은 일요일이라 들어갈 수 없어요."

구경하는 우리를 지켜보던 가이드 선생은 염려스러웠는지 새삼스레
일깨웠다. 일요일이라 관광이 제대로 될 것 같지 않아 피렌체를 벗어났
는데, 시에나도 역시 사람들이 생활하는 도시다. 관광지로 유명한 두오

모도 일요일에는 성당 본연의 예배를 드리는 공간으로 돌아간다.

우리는 성당 옆으로 난 골목길을 따라 내려갔다. 골목길 좌우로 깨끗하고 단아한 석조 건물들이 줄지어 있다.

갑자기 쥘부채를 활짝 편 모습인 커다란 광장이 나타났다. 주위를 따라 황적색 건물들이 촘촘히 들어서 부채 모양의 공간을 입체적으로 완성하고 있다. 광장 남쪽에는 유독 규모가 큰 건물이 있다. 그 건물 한편에는 높은 탑도 솟아 있다. 모습은 다르지만, 이 조합은 어디서 본 듯한 모양새다. 그래, 피렌체의 시뇨리아 광장과 베키오 궁전을 닮았다. 여기 시에나의 광장은 캄포 광장, 남쪽의 커다란 건물은 푸블리코 궁전이다. 푸블리코 궁전에는 베키오 궁전처럼 높은 사각형 종탑이 있고, 안에는 시립 박물관이 들어서 있다.

가이드 선생은 우리를 세워 놓고 캄포 광장에서 열리는 팔리오 축제에 대해 열변을 토했다. 여름철에 열리는 팔리오 축제는 오직 시에나 주민에 의해, 시에나 주민을 위한 축제로 오랫동안 자리매김해왔다고 한다. 주민들의 축제라는 전통을 지키기 위해 어떤 후원자나 광고주 없이 주민 자치로 이루어지는 축제란다.

팔리오 축제의 백미는 캄포 광장을 세 바퀴 도는 경마 경주라고 한다. 경주에 드는 시간은 채 2분이 걸리지 않는다. 이 경주를 위해 캄포 광장 둘레의 트랙을 흙으로 덮고, 경주마들은 고장의 명예를 걸고 경쟁을 벌이는데, 주민들의 호응과 열기는 월드컵 대회 결승전을 방불케 한다고 한다.

팔리오 축제를 설명한 가이드 선생은 우리에게 자유 시간을 주었다. 그런데 실망스럽다. 주어진 시간이 겨우 40분이다. 성당은 일요일이어서 관광객 입장이 되지 않고 박물관 관람이나 곁에 있는 푸블리코 궁전의 종탑을 오르기에는 시간이 짧다. 가이드 선생은 자유로이 시가지를 거닐며 도시 분위기를 느껴보는 게 좋겠다는 권유를 했다. 겨우 두오모의 외관을 보고 시가지를 거닐어보자고 여기에 온 건 아닌데……

게다가 시가지를 거닐기에는 나는 너무 춥다. 몸이 오돌오돌 떨리고 얼굴이 파랗게 변하고 있음을 느끼고 있다. 가이드 선생의 말이 끝나자마자 딸에게 제안했다.

"추워 죽겠다. 어디 실내로 들어갈 수 있는 곳이 있으면 들어가자, 입장료 없는 곳으로……."

"근처에 SNS에 많이 올라온 카페가 있는데 그리로 갈까요?"

"그래? 그런 곳이 있어? 가자."

캄포 광장을 둘러싼 건물들의 뒤로 돌았다. 석조 건물 1층에 상점들이 늘어선 골목에 'N' 카페테리아가 있다. 나중에 찾아보니 우리나라 사람들에게 꽤 알려진 카페다. 가게 앞에 도착하니 골목을 따라 긴 줄이 서 있다. '어휴, 저 긴 줄을 어떻게 기다리지?' 엉거주춤 줄 뒤에 서면서 원망스레 카페를 바라보았다.

"아빠, 이 줄은 테이크아웃 줄, 여기에서 먹고 가는 사람은 들어가도 된대요."

"아, 그래?"

잠시 자리를 뜬 딸이 반가운 정보를 얻어 왔다. 살았다. 긴 줄을 지나

　　　　　　　　　　　　　열흘간의 이탈리아 여행

쳐 카페 안으로 들어갔다. 기다란 유리 진열장이 있고, 그 안에는 여러 종류의 빵과 비스킷 등이 놓여 있다.

우리는 유리 진열장을 지나쳐 안으로 들어갔다. 직원이 빈자리로 우리를 안내하고 메뉴판을 가져다주었다. 멋쟁이 신사 차림인 그의 몸가짐은 대단히 정중하고 표정은 온화하다. 이 카페의 품격이 절로 느껴진다. 에스프레소 두 잔과 케이크 한 조각을 주문했다. 그리 비싼 가격도 아니다. 만족스럽다. 커피 맛이 좋고, 직원의 손님을 대하는 태도가 맘에 들고, 무엇보다도 추위에서 벗어났다.

〈캄포 광장과 푸블리코 궁전〉

키안티의 와이너리

키안티(Chianti)는 토스카나주에 있는 구릉 지대다. 행정구역상으로는 피렌체 현과 시에나 현, 그리고 아레초 현에 걸쳐 있다. 코시모 3세 데 메디치 대공이 칙령으로 키안티 지역의 경계를 공식적으로 정해, 이 지역에서 생산하는 포도주에만 '키안티'라는 브랜드를 사용하게 했다. 이 와인은 현재 세계적인 명성을 얻고 있다.

시에나의 캄포 광장을 출발한 우리는 다음 일정으로 키안티의 포도주를 만드는 와이너리로 향했다. 아이러니하게도 와이너리 주변 밭에는 포도보다 올리브 나무가 더 많이 자라고 있었다. 포도를 주 생산품으로 한다고 해도 꼭 포도 농사만 짓는 건 아닌 모양이다.

정장 차림의 직원 한 분이 다가왔다. 그는 가이드 선생과는 구면인 듯 가볍게 인사를 나누고 우리에게도 짤막한 인사를 했다. 그리고는 와인 생산 과정을 소개한다며 창고처럼 생긴 긴 건물 안으로 우리를 이끌었다. 건물 안에 특별한 건 없다. 여느 와이너리처럼 커다란 나무통들이 수백 개 질서정연하게 층층이 쌓여 있을 뿐이다. 나무통에는 포도 생산 연도가 표시되어 있다고 했다. 저 통 안에서 포도는 숙성되며 와인으로 느린 변신을 진행하고 있을 것이다.

직원은 열심히 통 속의 와인을 설명하고 있다. 글쎄, 나에게는 별 관심이 없다. 살며시 딸에게 다가가 속삭였다.

"저들이 오크 통, 와인 통하며 떠들어도 우리식으로는 술통이지?"

딸은 말없이 미소지었다.

"와인 생산 과정은 와인을 공부하는 몇 사람에게만 관심 사항일 뿐이야. 우리는 소비자로서 즐기기만 하면 되지. 그나마 나는 시큼시큼한 와인을 그리 좋아하지도 않은데……."

"아빠가 좋아하는 술은 무엇인데요?"

"그야 막걸리와 소주지. 입에 착착 달라붙잖아. 요즘은 정종에도 눈길이 가더라만."

함께 여행하는 신혼부부를 흘낏 살폈다. 이들도 직원의 설명에는 별관심이 없는 듯하다. 둘이서 소곤대는 것을 살짝 엿들으니 귀국 시 선물로 가져갈 와인을 고민하는 중인가 보다. 그나마도 맛과 향을 논하는게 아니라 가격을 신경 쓰고 있다.

가이드 선생이 그런 우리의 분위기를 읽었나 보다. 서둘러 설명을 마치게 하고 있다.

"자, 이제 설명 그만 듣고 와인 시음하러 가시지요. 저쪽 2층이에요. 시음하면서 점심 식사할 겁니다."

직원이 앞서고 우리가 뒤따랐다. 2층으로 계단을 오르며 가이드 선생이 다시 큰 소리로 말했다.

"식사는 이탈리아 전통 코스 요리예요. 식재료 대부분은 토스카나에서 생산한 겁니다. 최고의 품질로 정평이 나 있어요. 특히 와인과 발사믹, 올리브는 이곳 와이너리에서 직접 생산하고 가공한 겁니다. 별도 판매도 하고 있어요."

2층은 꽤 긴 홀이다. 마치 바처럼 실내를 꾸몄다. 홀의 가운데에 와인과 양주, 음식에 첨가할 향신료들을 놓아두고, 그 주위에 긴 카운터를 설치했다. 양쪽 창문 아래 벽을 따라서는 와인이 촘촘하게 진열되어 있다. 아마 판매용 와인인 모양이다.

안쪽 테이블에 자리를 잡은 내 앞에 7개의 커다란 와인 잔이 놓여 있다. 간단한 스낵이 제공되더니 차례차례 7개의 와인 잔이 채워졌다. 모두 레드 와인이다. 와인 하나하나에 대해 직원이 설명하고, 가이드 선생이 통역했다. 통역이라기보다는 직원의 설명을 참조하여 가이드 선생이 다시 설명하는 듯하다. 설명은 길었지만 내 머릿속 기억은 오래가지 않았다. 그저 7종류 와인의 향과 맛의 차이를 분별 해보려고 온 신경을 집중했다.

아기자기한 음식이 제공되었다. 음식의 이름을 말하고 그에 대한 설명이 잇따랐지만 내게는 모두가 그냥 식전 빵과 샐러드였다. 작은 종지에 이런저런 발사믹 여러 개가 담겨 나왔고, 무슨 오일이라는 것도 앞에 놓였다. 역시 내게는 조금씩 맛이 다른 소스일 뿐이다.

다음 순서로 파스타가 나왔다. 오! 이제 본격적으로 배를 채울 음식이 제공되는 모양이다. 저걸 먹고 나면 고기 요리, 그리고 디저트가 나오겠지. 이제 그 정도 순서는 체득되었다. 그런 중에도 여기 파스타의 남다른 점, 뛰어난 점을 가이드 선생은 강조하고 있다.

"와인은 내가 한 병 고를 테니 발사믹은 네가 골라라. 엄마의 취향에 맞춰서."

가이드 선생의 말이 잠깐 끊어지는 사이 앞에 있는 딸에게 속삭였다. 딸은 말없이 고개를 끄덕였다. 딸은 이후 여러 발사믹의 맛을 분별하려고 이것저것 테스트하고 있는 모습이 역력했다.

두 덩이의 스테이크가 커다란 접시에 담겨 나왔다. 그리 많은 양은 아니나 적당히 포만감을 느끼기에는 충분하다, 그사이 앞에 놓인 7잔의 와인이 빠르게 비어 갔다. 이를 본 직원이 원하는 와인으로 리필이 가능하다는 고마운 멘트를 했다. 그러나 그럴 필요는 없었다. 종류별로 혀끝만 대본 딸이 4번과 6번 와인만 홀짝일 뿐 나머지 잔은 처음 상태 그대로 놔두었기 때문이다. 남은 잔은 모두 내 차지다. 낮에 마시는 술로서는 차고 넘친다. 딸의 몫까지 모두 내가 비웠다. 옆에 앉은 신랑이 "저희 것도 드릴까요?"라고 제의했지만 사양했다. 낮술에, 그것도 와인에 취하면 정신을 차릴 수 없다는 것 정도는 깨치고 있을 나이 아닌가?

"발사믹 골랐니?"

식사가 끝날 무렵 딸에게 물었다.

"응? 거의. 아빠는 와인 골랐어요?"
"물론. 네가 다 알려주었잖니."

의아한 듯 딸의 눈이 동그라졌다.

"네가 4번과 6번만 비웠어. 그러면 둘 중 하나 아니니? 둘 중 6번이 조금 더 깊은 맛 같더라."
"훗. 나만 고생했네. 하긴 엄마 취향에도 맞을 것 같아요."

커피와 티 중 하나를 디저트로 고르란다. 딸도 나도 티를 지목했다. 티에서 장미 향이 났다. 와이너리 구경을 겸한 점심값은 한 사람당 45 유로, 딸이 고른 발사믹은 이보다 비쌌고, 내가 고른 와인은 이것의 반 값이었다.

토스카나의 전망대 산지미냐노

와이너리 식사를 마치고 나온 뒤 가이드 선생이 신이 났다. 오늘 하루 여행의 종착지이어서인지, 자신의 하루 업무를 끝내는 곳이어서인지, 아니면 자신이 좋아하는 곳이어서 공부를 많이 해 두었기 때문인지, 그는 와이너리를 출발하자마자 차 속이 쩌렁쩌렁 울릴 정도의 큰 목소리로 우리가 향하고 있는 산지미냐노 설명에 열을 올렸다.

산지미냐노는 우리의 외래어 표기법에 따라 한 단어처럼 쓰고 있으나 이탈리아어 고유의 표기는 산(San) 지미냐노(Giminano), 성 제미니야노의 도시라는 의미의 두 단어다. 성 제미니야노는 산지미냐노의 수호성인이다. 서로마 제국 말기 훈족의 침입으로 도시가 함락당할 위기에 처했을 때, 제미니야노가 훈족의 왕 아틸라와 담판을 지어 전란을 피했다. 이후 이 도시는 제미니야노를 수호성인으로 추존하며 도시의 이름도 그의 이름을 따서 바꾸었다.

중세 시대 산지미냐노는 견고한 성벽을 두른 도시로 발전했다. 비옥한 토양과 이탈리아반도의 중앙이라는 지리적 이점을 살려 경제적 풍요를 누렸다. 귀족들은 높은 탑을 지어 가문의 위상을 내세우고자 했고, 이로 인해 성곽 안에는 우후죽순처럼 탑이 세워졌다. 사각형의 높은 탑은 평시에는 염색한 천을 말리는 생산시설로 활용되고, 변란이 일어났을 때는 가족을 보호하는 요새가 되었다. 지금까지 14개의 탑이 남아 있는데, 한때는 72개나 되는 탑이 도시를 뒤덮었다고 한다.

산지미냐노는 피렌체와 시에나의 중간에 자리하고 있어 치열하게 경쟁을 벌이던 두 도시의 각축장이 된다. 그러다 마침내 두 도시 국가의 경쟁에서 승리한 피렌체에 복속되는 운명을 맞는다. 그 후 산지미냐노의 발전은 정체되었다. 그러나 그 덕분에 중세 도시의 모습이 보존되었고, 그것이 오늘날 관광자원이 되어 수많은 사람을 불러모으는 결과를 낳았다.

가이드 선생의 설명을 듣는 데 집중하는 사이 차가 멈추었다. 차에서 내리니 앞에는 육중한 성문이 세워져 있고, 성문 좌우로 성벽이 이어지고 있다. 아치형 성문 안으로 똑같은 색깔의 석조 건물들과 높은 사각형 탑이 보인다. 뒤를 돌아보면 발아래로 완만한 구릉이 물결치듯 오르내리며 멀리 퍼져 나가고 있다. 도시가 꽤 높은 언덕에 자리 잡고 있음을 한눈에 알아볼 수 있겠다.

성문 안쪽 길은 완만한 오르막이다. 길 좌우에 촘촘히 들어선 석조 건물의 1층은 거의 모두 상점이다. 여러 상점 가운데 가방, 모자, 스카프 등 가죽제품과 의류제품을 파는 가게의 수가 유독 많아 보인다. 특히 걸려 있는 가방들이 화사한 실내조명을 받아 색의 향연을 펼치고 있는 듯하다. 가이드 선생이 화려한 가방이 매우 저렴하다며 몇 개의 가게를 간헐적으로 홍보했다.

그다음 제법 널찍한 광장이 나타났다. 이 도시 관광의 중심지인 치스테르나 광장(Piazza della Cisterna)이다. 치스테르나는 '우물'이라는 의미로 우물이 있는 광장이라는 뜻이겠는데, 실제 광장 한가운데에 커다란 석조 우물이 있다.

여기에 이르자 가이드 선생이 걸음을 멈추고 말했다.

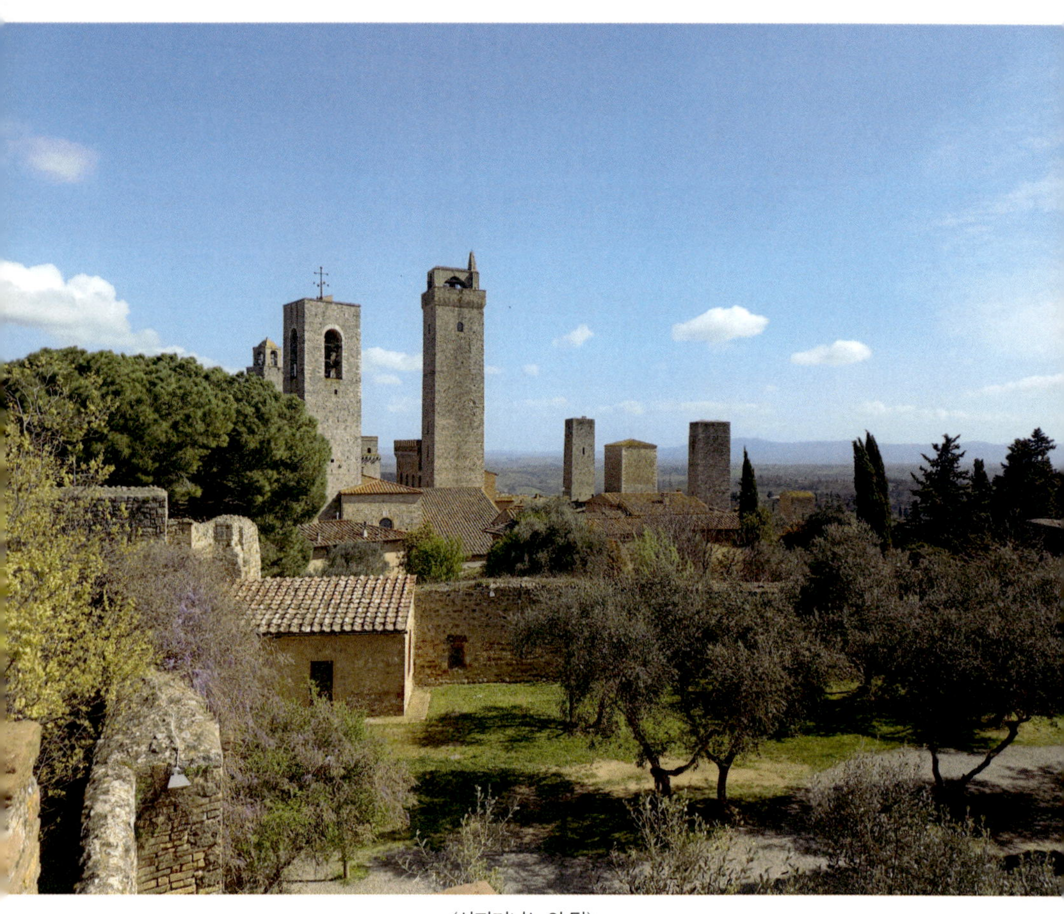

〈산지미냐노의 탑〉

"저기 줄 선 광경이 보이지요? 저 자그마한 가게가 여기에 오는 한국 사람이면 모르는 사람이 없는 'D' 젤라토 가게예요. 수년간 젤라토 월드 챔피언을 차지한 집인데 항상 줄이 길어요. 워낙 유명한 가게니까 맛보세요. 여기는 인구 7천 명 정도의 작은 도시니까 이제부터 자유롭게 산책하다 돌아오세요. 저는 우리가 차에서 내렸던 곳에서 기다릴게요."

열흘간의 이탈리아 여행

두오모 광장은 치스테르나 광장과 지척이다. 가이드 선생을 보내고 왼편으로 방향을 잡은 후 큰 건물 하나를 지나자 곧바로 두오모 광장이 나타났다. 광장의 규모는 치스테르나 광장보다 작다. 그러나 이 도시의 주요 시설은 이 광장 주변에 몰려 있다. 두오모가 있고 과거 시청사였던 포폴로 궁전이 있다. 포폴로 궁전 곁에는 산지미냐노에서 가장 높은 탑인 토레 그로사(Torre Grossa)가 우뚝 솟아 있다. 토레 그로사를 중심으로 대여섯 개의 탑이 빙 둘러서 있다. 중세 시대 맨하탄에 들어선 기분이다.

우리는 두오모 앞 계단을 올라 두오모와 토레 그로사 사이로 난 작은 산책길을 따라 위쪽으로 향했다. 길 한쪽은 두오모의 투박한 벽체인데 다른 한쪽은 구릉 지대가 멀리멀리 퍼져 나갔다. 작은 올리브밭을 지나니 마침내 산지미냐노에서 가장 높은 언덕이다. 자그마한 언덕은 사방에 담을 쌓아 망루처럼 느껴진다.

꽤 세찬 바람이 지나간다. 산지미냐노는 토스카나에서 가장 높은 곳에 터를 잡은 도시인데 그중에서도 가장 높은 언덕에 올랐으니, 항시 바람이 부는 건 지극히 당연할 것이다. 바람과 풍경이 시원하다. 여기가 바로 토스카나의 전망대인 양 눈앞의 평원은 거칠 게 없다. 완만한 구릉이 오르고 내리며 끝없이 뻗어 나간다. 마침내 나지막한 산줄기가 지평선을 만들며 둥글게 둥글게 큰 원을 그릴 때까지, 높낮이가 있는 평원이 장쾌하게 펼쳐져 있다. 멀리서 산지미냐노를 바라볼 때는 토스카나 평원 위에 뜬 그림 같은 도시이더니, 여기에서 토스카나 평원을 바라보노라니 그림보다 더 아름다운 풍경화가 놓여 있다.

"천천히 내려갈까?"

〈산지미냐노에서 바라본 토스카나 평원〉

아직도 사진 찍기에 열심인 딸을 일깨웠다.

"멋진 풍경이지?"

재차 말을 건넸으나 딸은 고개만 끄덕일 뿐이다.

"내려가는 길에 토레 그로사 한번 올라가 볼까 했는데 그럴 필요 없을 것 같다."

딸은 여전히 대답하지 않았으나 동의하고 있는 게 분명하다.

"더 보려고 욕심부리지 말고 그 유명한 젤라토나 하나씩 사 먹자."

열흘간의 이탈리아 여행

‘D’ 젤라테리아에서 젤라토를 하나씩 들고 광장으로 나섰다. 광장을 휘 둘러보아도 앉을만한 곳은 모두 먼저 온 사람들이 차지하고 있다. 옆에 있는 작은 골목으로 들어섰다. 그리고 골목길 한편에 서서 눈으로는 토스카나 풍경을 즐기고 입으로는 젤라토를 음미했다. 젤라토는 쫀득거린다. 그것만 빼면 그냥 아이스크림이다. 우리나라 ‘○○콘’과 다를 게 없다.

피렌체의 김치찌개

“다 왔습니다. 모두 일어나세요.”

깜박 잠이 들었나 보다. 눈을 떠보니 자동차는 이미 산타 마리아 노벨라 성당 앞에 들어서고 있다. 산지미냐노에서 차에 오른 이후의 기억이 전혀 없는 것으로 보아 차에 앉자마자 잠이 들었던 모양이다. 동행한 여행자 모두가 부스스 눈을 뜨는 걸 보니 너나없이 피곤했었나 보다.

“노벨라 성당에 들어가 볼래? 시간은 그럭저럭 될 것 같은데.”

네 시 반을 가리키는 시계를 보며 딸의 반응을 살폈다.

“피곤해요. 호텔 가서 쉬고 싶어요.”
“그래? 그럼 가자. 호텔 욕조도 크고 좋던데.”

아쉬움이 남는 한편에 내심 그 대답을 기대하고 있었는지도 모르겠다. 다리가 풀리고 노곤함이 스몄다.

피렌체 중앙역에서 호텔로 가는 길은 오늘도 사람이 많다. 마주 오는 사람과 부딪치지 않도록 조심하는 건 생활화되어야겠다. 노숙자 한 명이 어제 있었던 바로 그 자리에 가로누워 있다. 비어 있는 플라스틱 바구니가 곁에 놓여 있는 것도 똑같다. 잘 사는 나라의 도시일수록 저런 모습이 흔한 건 왜일까?

"토스카나는 여행자보다 여기 사는 사람들의 당일치기 소풍 장소로 적합한 거 같지 않니? 아침 여유 있게 먹고 느지막이 출발해 시에나나 산지미냐노, 와이너리 중 한 곳을 골라서 드라이브하고, 산책하고, 점심 먹고 돌아오면 멋진 하루가 되겠던데."

꽤 긴 시간 욕조에 몸을 담그고 나오면서 휴대폰을 열심히 들여다보고 있는 딸에게 오늘 여행의 소감을 떠보았다.

"우리는 멀리서 여행 온 사람이니까 뭐……."

"우리야 물론 훑어보는 여행을 할 수밖에 없지. 오늘 가본 곳 중 어디가 제일 좋았니?"

"딱히 어디라고 하기에는……. 비슷비슷해서……. 아빠는요?"

"나는 산지미냐노. 오늘은 처음이라 여기저기 돌아다녔지만, 또 가고 싶은 곳을 꼽으라면 산지미냐노겠다. 다음에 간다면 여기만 가서 시간을 더 쓰겠어. 탑도 올라 가보고, 두오모나 박물관도 들어가 보고, 광장 카페에서 식사도 하고……. 전망대에서 바라보는 토스카나 평원은 그야말로 신의 작품이었어."

　　　　　　　　　　　　　　　　열흘간의 미탈리아 여행

"그럴 줄 알았어요. 아빠의 취향은 역시……."

날이 어두워지고 있다. 다시 저녁 식사를 위해 나서야 할 시간이다.

"열심히 휴대폰 뒤적이던데 좋은 식당 찾았니?"

외출 준비를 하며 딸에게 물었다. 이런 걸 찾는 건 딸 담당이니까.

"휴대폰은 다른 거 보고 있었는데……. 어제 못 들어간 'K' 식당 어때요?"
"한식당? 나야 좋지. 그럼 서서히 준비하고 나서자."

이제 조금은 익숙해진 골목길로 들어섰다. 다행히 오늘은 'K' 식당에 대기하는 사람이 없다. 피렌체 사람들의 저녁 식사는 여덟 시는 되어야 한다는 걸 다시 한번 되새기게 한다. 딸은 육개장, 나는 김치찌개를 주문했다.

"로마에서 내내 김치찌개만 드셨는데 오늘도 김치찌개예요?"

딸이 의아한 듯하다.

"요즈음 서울에서는 김치찌개 하는 식당이 거의 없다. 오히려 외국에 나와야 먹을 수 있는 게 김치찌개야."

사실 이건 빈말이 아니다. 요즈음 서울에서 김치찌개를 하는 식당을 찾는 건 쉽지 않다. 1970~80년대에는 광화문 뒷골목에도 김치찌개는 흔한 메뉴였고, 가격도 가장 저렴한 편에 속해 자주 먹을 수 있었다. 그러나 요즘은 집에서나 해 먹는 요리다. 굳이 찾아 나서려면 재래시장 근처나 7~80년대 분위기가 살아 있는 거리를 돌아다녀야 한다. 서울 시내 중심가에서 김치찌개를 하는 식당을 본 지는 꽤 오래되었다.

해외에서 김치찌개 찾기가 오히려 더 쉽다. 여기에서는 한식당만 찾으면 된다. 해외의 한식당은 대부분 김치찌개 메뉴를 가지고 있다. 그래서 여행 중인 한국인에게 한식당은 매우 고마운 존재다. 며칠 외국에 있으면 김치가 그리워지고, 그 그리움을 가장 빠르고 쉽게 해결하는 데는 김치찌개보다 나은 게 없다.

'K' 식당 김치찌개는 기대를 저버리지 않았다. 흉내만 낸 어설픈 요리가 아니다. 꽤 오래 숙성된 김치를 사용해 진한 국물이 배어났다. 찌개의 양은 서울보다 오히려 많았다. 밥 한 공기 더 주문할까 망설이다 그만두었다. 딸도 어느새 육개장 한 그릇을 깔끔히 해치웠다.

식당을 나오며 힐끗 영수증을 살폈다. 찌개값은 서울보다 비싸지만 두 배를 넘지는 않는다. 외국임을 고려하면 이해할 만한 가격이다. 그러나 다른 비용이 보태지니 서울의 두 배를 넘어섰다. 그건 물값과 자릿세였다.

 열흘간의 이탈리아 여행

05. 토스카나 소풍
213

열흘간의
이탈리아 여행

06.
피렌체의 역사 지구

하루 종일 피렌체의 역사 지구를 탐방한 날이다. 아침 8시 15분 조토의 종탑을 오르기 시작했다. 종탑을 내려온 후 곁에 있는 산 조반니 세례당, 두오모 오페라 박물관, 두오모 순으로 관람했다. 두오모 입장은 무료인 탓에 긴 줄을 감내해야 했다. 성당을 나와 오페라 박물관 곁에 있는 피자집에서 점심 식사를 했다. 오후에는 시뇨리아 광장을 둘러본 후 베키오 궁전에 들어갔다. 저녁 식사는 중앙 시장 인근에 있는 중식당을 찾았다.

조토의 종탑에 대한 궁금증

일찍 일어나 아침 식사를 했다. 그리고 서둘러 호텔을 나섰다. 8시에는 두오모에 도착해야 한다. 조토의 종탑을 오르는 건 시간대별로 인원이 정해져 있고, 우리는 첫 입장인 8시 15분에 예약되어 있다. 조금 익숙해진 거리를 지나 두오모 광장에 이르렀다. 종탑 앞에는 아직 입장 20분 전인데 20여 미터 줄이 있다. 앞뒤를 잴 것 없이 다가가 맨 뒤에 섰다. 곧바로 우리 뒤에 줄이 더 길어졌다.

줄을 서서 기다리는 20여 분은 두오모와 종탑, 그리고 세례당의 외관을 비교·감상할 수 있는 좋은 시간이 되었다. 두오모는 웅장하고 종탑은 높으며 세례당은 아담한 세련미를 풍긴다. 그러면서 멋지게 조화를

 열흘간의 이탈리아 여행

이룬다. 세 개의 건물 모두 하얀색을 바탕으로 자주색과 녹색으로 무늬를 넣었다.

종탑은 여느 종탑에 비해 화사하다. 흰색 바탕에 자주색과 녹색의 사각형이 띠를 이룬 모습이 언뜻 보기에는 바탕색 위에 채색한 것처럼 보이는데, 실상은 저런 색상을 가진 대리석으로 하나하나 모양을 만들며 쌓아 올린 것이라 한다. 한 변이 15미터에 달하는 정사각형 벽체를 저런 식으로 쌓아 올려 높이 85미터에 달하는 탑을 만들었다. 게다가 벽면 곳곳에는 기독교 성인으로 보이는 조각상을 배치했다. 14세기 르네상스 시대에 한 일이다. 저기에 쏟아부은 공력이 얼마였을지 상상조차 하기 어렵다. 저걸 완성하는 데 25년이라는 세월이 걸렸다는 게 결코 빈말이 아니다.

문득 여느 성당의 종탑과는 다른 모습이 눈에 들어왔다. 내가 본 대개의 성당은 성당 건물과 종탑이 하나로 되어 있었다. 이번 여행 중 이탈리아에서 본 다른 성당도 마찬가지였다. 그런데 피렌체의 두오모와 종탑은 두 개의 건축물로 분리되어 있다. 저기에 무슨 의미가 있는 걸까? 조토가 저렇게 설계한 데는 무슨 까닭이 있는 걸까?

"성당과 종탑이 서로 떨어져 있는 게 특이하지 않니?"

딸이 궁금증을 해결해줄까 싶어 물었다.

"글쎄요. 뭐 별 뜻이 있을까요?"

딸에게는 뜻밖의 질문인가 보다. 빠르게 검색해 보았다.

〈조토의 종탑〉

열흘간의 이탈리아 여행

"이탈리아 고딕 양식 성당의 특징이란다. 고딕 양식이어도 알프스 북쪽 다른 유럽에서는 보기 힘든 이탈리아만의 특징이라네."

"왜 이탈리아만 그렇게 했대요?"

"글쎄. 그에 대한 설명은 없네. 그냥 이탈리아 고딕 양식의 특징이라고 외워야 할 것 같다."

우리의 대화는 여기에서 그쳤다. 우리가 서 있는 줄의 앞쪽이 소란해지고 있었기 때문이다.

마침내 문이 열리고 종탑 안으로 들어갔다. 건물 안으로 들어서자 보안 검사와 예약증 확인 절차가 이어졌다. 이윽고 눈앞에 나타난 계단을 오르기 시작했다. 계단은 좁다. 그리고 외길뿐이다. 우리는 첫 팀이라 오르는 동안 마주 오는 사람을 만날 일이 없지만, 내려올 때 올라오는 다른 팀을 만나면 비켜 가는데 상당한 어려움이 따르겠다.

문득 이상한 생각이 들었다. 계단을 오르는 동안 볼 수 있는 게 아무것도 없다. 보이는 건 오직 앞에 놓여 있는 계단과 좌우 벽체뿐이다. 벽체는 바깥 모습과 달리 치장이 없이 베이지색 대리석을 차곡차곡 쌓았을 뿐이다. 밖을 볼 수 있는 창 하나 없이, 오로지 벽 사이의 좁은 계단을 방향을 이리저리 바꾸어가며 오를 뿐이다. 계단은 이중벽, 곧 외벽과 내벽 사이에 나 있는 모양이다. 첫 방문자에게는 예기치 않은 답답함이 몰려온다.

다행히 중간에 쉬어 가는 공간이 있다. 마치 높은 한 층을 올라온 듯 슬래브로 된 공간이 있다. 여기에는 창문이 있어 밖을 내다볼 수 있고,

슬래브의 한가운데가 뻥 뚫려 있어 탑 안쪽 모습을 내려다볼 수 있었다. 그러나 안쪽에는 아무것도 없다. 내려다보면 까마득히 바닥만 보일 뿐이다.

딸이 두 손으로 벽을 짚고 거친 숨을 토해냈다. 주저앉듯 무릎을 구부리고 상체를 앞으로 숙였다. 땀이 이마에 송골송골 맺혀 있다. 어느 정도 숨을 고르자 스웨터를 벗어 허리에 동여맸다.

종탑 꼭대기에 오르기까지 이런 쉼터 공간은 세 곳이다. 꼭대기에 오르기까지 밟아야 하는 계단 수가 414개라 하니 얼른 계산하면 100여 개 계단을 오를 때마다 휴게소가 나오는 격이다. 한 층을 오를 때마다 점점 발아래로 내려가는 피렌체 시가지를 조망할 수 있다. 그것보다 더 큰 건 두오모와 세례당의 측면을 같은 눈높이에서 볼 수 있다는 데 있다. 한 층을 오를 때는 두오모와 세례당의 하층부, 두 층을 올랐을 때는 두오모의 상층부와 세례당의 지붕을 가깝게 볼 수 있었다.

마침내 정상, 종탑의 옥상에 올랐다. 첫눈에 들어오는 건 단연 두오모의 돔, 쿠폴라다. 쿠폴라의 첫인상은 웅장함이다. 붉은 지붕을 한 쿠폴라의 전체 모습을 이렇게 가까이서 볼 수 있다니 힘들여 오른 보람이 있다. 세상에 더 크고 멋진 쿠폴라가 있다 해도 그것을 이렇게 가까이서 감상할 수 있는 곳은 아마 없을 것이다.

쿠폴라의 상부 발코니를 따라 거기에 오른 사람들의 모습이 자그맣게 보인다. 저기의 높이가 여기 종탑의 높이보다 몇 미터 더 높다고 하니 피렌체 시가지를 조망하는 것은 여기보다 나을지 모르겠다. 그러나 거기에서 쿠폴라를 볼 수는 없을 것이다. 거기에서는 그저 쿠폴라의 가파른 붉은 지붕 일부를 내려다볼 수 있을 것이다. 물론 종탑의 상부 모습을 같은 눈높이에서 볼 수는 있겠지만.

　　　　　　　　　　　　　　열흘간의 이탈리아 여행

〈조토의 종탑 옥상에서 바라본 두오모의 쿠폴라. 발코니에 많은 사람이 보인다〉

"많이 힘들었지?"

어느 정도 감상했다고 여겨질 때 딸에게 다가가 물었다.

"아빠를 많이 걱정했었는데 저보다 더 잘 올라오시네요. 저는 많이 힘들었는데."

60대 노인이 400개가 넘는 계단을 오르는 것에 대해 딸의 걱정이 많왔던 걸 알고 있다. 또래들과 SNS에서 이에 대한 논의를 많이 했었고, 그들은 한결같이 무리라며 딸의 걱정을 키우는 데 일조했다. 쿠폴라와 종탑 둘 다 오르는 걸 포기하게 한 게 그들이었다. 그러나 보아라. 나는 끄떡없이 올라왔다. 딸보다 더 가뿐하게 올라왔다. 긴 계단 길을 오르는 요령을 젊은이보다는 더 잘 알고 있지 않은가?

"그런데 올라오면서 종 보았니? 종탑인데 왜 종이 보이지 않지?"
"세 번째 쉼터에 종이 하나 있었잖아요?"
"그건 전시용 종이고, 실제 치는 종, 현재 사용하고 있는 종."
"그러네. 그건 이제 없는 거 아닌가? 서울에서도 이제 종 안 치잖아요."
"서울은 물론 안 치지. 그렇지만 이런 가톨릭 국가 역사 지구에 있는 성당에서도 안 칠까? 그리고 엊그제 요 아래를 지날 때 종소리 들었잖니?"
"맞아. 들었어요. 그것도 아주 크게."

관광객이 오르내리는 계단 길에서는 종이 보이지 않는다. 관광객의 눈길이 닿지 않는 곳에 매달려 있는 모양이다. 분명 엊그제 종소리는 들었으니까. 그럼 관광객에게 이 종탑은 뭐지? 그냥 전망탑인가?

역시 오르는 것보다는 내려오는 게 빠르다. 내려오는 길에서는 쉼터에서 일부러 쉴 일은 없다. 그러나 예상대로 내려올 때는 올라오는 사람과 비켜 가야 할 일이 잦아졌다. 쉼터는 올라오는 사람이 다 올라올 때까지 기다려주는 공간이 되었다. 내가 내려가는 시간보다 기다리는 시간이 더 많이 걸린 듯하다.

"왜 이 종탑만 조토라고 설계자의 이름을 넣어 부르니? 다른 데서는 그런 경우를 못 보았는데. 그냥 '무슨 무슨 성당 종탑' 이러는 거 아니니?"

드디어 지상에 다 내려왔을 때 또 하나 남아 있는 의문을 딸에게 물었다. 딸은 외면했다. 왜 그리 중요하지 않고 대답하기 어려운 것만 질문하느냐는 표정이 역력하다. 그런데 그 의문은 끝내 풀지 못했다. 많은 책과 인터넷을 뒤졌으나 그 의미를 찾지 못했다. 종탑은 밖에서 볼 때는 높고 아름다웠는데 막상 올랐다가 내려오니 궁금증만 많아졌다.

산 조반니 세례당의 아쉬움

목이 마르다. 입안이 바짝바짝 말라가고 있다. 우선 물을 마셔야겠다. 종탑을 나온 우리는 사방을 둘러보았다.

"저기 편의점이 있다."

딸이 반가운 듯 소리쳤다. 두오모 광장 한편에 작은 편의점이 눈에 들어와 서둘러 그 안으로 들어갔다. 이온 음료 한 병과 환타 한 병을 집어 들었다. 합해서 4유로가 나왔다. 다리 쉼도 필요하다. 편의점 앞 골목길에 작은 탁자와 간이 의자가 놓여 있어 그것을 이용해도 되느냐고 물었다. 순식간에 2유로가 추가되었다. 피렌체의 자릿세는 철저하다. 여기저기 계단이 있으면 많은 사람이 걸터앉아 있는 까닭을 이해하겠다.

몸을 추스른 우리는 다시 일어섰다. 이번 순서는 산 조반니 세례당을 보는 것이다. 종탑에 오르려는 줄은 동쪽으로 길게 늘어서 있고 두오모로 들어가려는 줄은 서쪽으로 더 길게 이어져 있다. 다행히 세례당 주변에는 줄이 없다. 기다릴 필요가 없어 좋은데 들어가는 입구는 찾아야겠다.

우리는 우선 남문으로 향했다. 여행안내 자료에서 남문을 출입구로 사용하고 있다는 걸 보았기 때문이다. 그러나 남문은 출구로만 사용하고 있었다. 입장은 북문에서 한다는 표지판이 세워져 있다. 우리는 세례당 건물을 돌아 북문으로 향했다.

북문을 향해 가는데 10여 명의 사람이 동문 앞에 모여 소곤대고 있다. 동문은 세례당의 세 문 중 가장 유명한 문이다. 미켈란젤로가 '진정 천국으로 들어가는 문'이라고 극찬해, 이후 '천국의 문'으로 불리고 있는 문이다. 19세기 들어 로댕(Auguste Rodin)이 이 문에서 영감을 받아 그의 대표작 '지옥의 문'을 제작했다고 전해진다. 동문은 출입문으로 사용하지 않아 그 온전한 모습을 볼 수 있는 까닭에 문의 내력을 아는 사람들이 모여드는 모양이다.

북문의 느낌은 남문과 비슷하다. 비슷한 형태와 밝기를 가졌다. 문의 겉면을 장식한 부조의 형상 하나하나를 살피기에는 접근의 한계가 있는 점도 비슷하다. 예약증을 보이고 안으로 들어섰다. 역시 간단하나마 보안 검사가 뒤따랐다.

이윽고 세례당 안 실내다. 그런데 이게 뭔가? 실내는 공사 중이다. 아

　　　　　　　　　　　　　열흘간의 이탈리아 여행

〈산 조반니 세례당〉

마 천장 보수 작업을 하나 보다. 세례당의 한가운데에 비계가 천장까지 높게 올라가 있고, 비계 주위를 울타리처럼 패널로 둘러쳐 놓았다. 천장의 모자이크화를 감상하는 건 단념해야겠다. 어차피 세례당의 바닥에 서서 천장의 그림을 감상하는 건 어지간한 시력으로는 어림도 없다. 그냥 느낌만 받을 수 있을 뿐이다. 더욱이 공사를 위한 구조물의 방해를 받는 상황에서는 더더욱 어렵다.

제단의 모습이 예쁘다. 화려한 그림이나 조각품 없이 자그맣고 단순한 구조다. 세례수를 보관해 두는 석제 세례반의 모습도 단아하다. 30여 명이 앉을 수 있는 신자들의 자리도 아담하고 소박하다. 팔각형의 세례당이 그리 큰 규모는 아닌데, 세례 의식이 거행될 공간은 더 작고 엄숙한 분위기다. 공사용 도구들이 모두 철거된 후에는 어떤 느낌으로 다가올지 궁금하다.

아쉽지만 산 조반니 세례당의 관람은 이것으로 끝냈다. 다행히 주요 예술 작품은 두오모 오페라 박물관으로 이전하여 전시하고 있고, 여기에서 자리를 지키고 있는 건 복제품이라 하니 그걸로 위로 삼아야겠다. 아쉬움을 뒤로 하고 관람 동선을 따랐다. 곧 남문이 나타났다.

아름다운 두오모 오페라 박물관

두오모 오페라 박물관은 두오모의 거대한 돔 지붕 아래에 있다. 두오모와 조토의 종탑, 산 조반니 세례당에 있는 미술품을 보호·보전하기 위해 별도의 건물에 박물관을 마련했다고 한다. 박물관의 외관은 단순하고 소박하다. 평범한 3층 빌딩에 황토색 칠을 했다. 너무나 단순한 겉모습에 그것이 박물관이라는 걸 알아차리지 못할 뻔했다.

그러나 박물관 안으로 들어서면 그 이미지는 크게 달라진다. 뭐라고 해야 할까? 우선 숙연해진다. 입구를 통과하고 기다란 복도를 마주하면서부터 우리는 말을 잊는다. 그저 조용히 그리고 천천히 발길을 옮길 뿐이다. 나 혼자만 그러는 게 아니다. 관람객 모두가 여기서는 대화가 없다. 작품 앞에서 아는 체하는 사람이 없고, 논쟁을 벌이지도 않으며 감상평을 주고받지도 않는다. 그저 각자의 방식대로 조용히 눈길을 주고 있을 뿐이다.

여기는 진품 박물관이다. 두오모와 세례당, 그리고 종탑에 있는 미술품들은 모두 복제품이다. 제 자리는 복제품이 지키고, 진품은 모두 이

　　　　　　　　　　　　　열흘간의 이탈리아 여행

박물관으로 옮겨와 관람객의 눈 호강을 시켜주고 있다. 비바람에 노출된 상태로 세월의 풍상을 겪는 것으로부터 보호하자는 목적이라지만, 그 덕분에 관람객은 제대로 볼 수 없는 예술품을 가까이에서 제대로 감상할 기회를 얻는다. 생각해 보라. 땅 위에 서서 3~40m 높이에 있는 동상이나 부조 작품들을 제대로 볼 수 있겠는가? 비록 제 자리는 아니라 해도 우리는 우리의 눈높이에서 온전한 작품을 감상할 수 있게 되었다. 진품이 원래 있던 곳은 복제품이 자리하고 있으니 작품과 어우러진 전체적인 분위기를 느끼는 데에는 부족함 또한 없다.

박물관에 전시된 작품 수는 그리 많다고 볼 수는 없다. 바티칸 박물관이나 우피치 미술관, 피티 궁전에 비교하면 턱없이 적은 수라고 할 수도 있겠다. 그러나 상대적으로 적은 수이기에 무엇을 보았는지 뚜렷이 기억할 수 있어 좋다. 너무 많은 전시물로 인해 볼 때는 좋았는데 지나고 나면 기억에서 사라지는 과포화 상태를 갖지 않아 좋다.

입구를 통과하고 전시실로 들어가는 복도는 꽤 길다. 긴 복도의 한쪽 벽에는 회색빛 대리석에 많은 사람의 이름이 새겨져 있다. 마치 이름들의 파노라마를 보는 것 같다. 로렌초 기베르티, 필리포 브루넬레스키, 도나텔로, 미켈로초, 미켈란젤로 부오나로티 등 모두가 피렌체를 빛낸 예술가들이라고 한다. 피렌체는, 특히 두오모는 여기 예술가들을 길이 기억하며 존경할 것이라는 걸 나타내는가 보다.

'파라다이스 룸'은 압권이다. 오페라 박물관에서 가장 크고 긴 방으로 보인다. 긴 한쪽 벽에는 두오모의 파사드를 그대로 재현해 놓았다. 화려한 건축물과 함께 요소요소에 세워진 동상들은 왜 피렌체의 두오모가 세계적인 명성을 얻고 있는지를 실감하게 한다. 피렌체의 두오모는 브루넬레스키의 돔만이 기념비적인 게 아니다.

〈파라다이스 룸〉

파라다이스 룸의 다른 한쪽 벽에는 세례당의 진품 청동문 셋이 나란히 진열되어 있다. 청동문은 세례당에 설치되어있는 것보다 훨씬 커 보인다. 가까이에서 보는 데다 더 큰 건물 속의 한 부분으로 있지 않고 홀로 서 있기 때문인 것 같다. 조명을 받은 청동문은 훨씬 빛이 난다. 문에 새겨진 부조 하나하나를 살피는 데 어려움이 없다.

'막달레나의 룸'은 그윽하다. 서울 국립 중앙 박물관의 '사유의 방'을 떠오르게 한다. '사유의 방'은 창 하나 없이 텅 빈 전시실이다. 넓은 전시실 한곳에 은은한 조명이 비치고, 그 빛 아래 두 분 부처가 깊은 명상에 잠겨 있다. 그런 부처의 모습은 거기를 찾는 사람도 함께 고요 속에 빠져들게 한다. 조용히 그 방을 물러나서도 그 잔상은 오래 남는다.

   열흘간의 이탈리아 여행

〈천국의 문〉

'막달레나의 룸'에는 도나텔로(Donatello)가 조각한 〈참회하는 마리아 막
달레나〉[7]가 홀로 서 있다. '사유의 방' 부처가 있는 곳에 마리아 막달레
나가 서 있는 것 같다.

　그윽한 분위기의 방이 또 하나 있다. 여기는 '미켈란젤로의 방'이다.
어두운 분위기 속 방 한편에 하얀 조명을 받으며 피에타 조각상이 자
리하고 있다. 피에타 하면 우리에게는 바티칸의 성 베드로 대성당에 있
는 피에타가 우선 떠오른다. 성모 마리아가 예수 그리스도의 시신을 안
고 있는 조각상이다. 성 베드로 대성당의 피에타와 구분하기 위해 여
기 두오모 오페라 박물관에 있는 피에타는 〈반디니 피에타〉라고 부른
다. 반디니 가문이 소장했다가 메디치가를 거쳐 두오모로 옮겨졌기 때
문이다.

　반디니 피에타는 성 베드로 대성당의 피에타와 다르게 네 사람이 조
각되어 있다. 예수의 시신이 십자가에서 막 내려지는 모습이고, 좌우에
서 성모 마리아와 마리아 막달레나가, 그리고 뒤에서는 니고데모가 예
수의 시신을 부축하고 있다. 미켈란젤로는 이 작품을 조각하면서 니고
데모의 얼굴에 자신의 모습을 담았다고 한다. 그는 나이 72세에 작업에
들어가면서 완성 후 자신의 무덤에 이 작품을 설치하려 했단다. 그래서
니고데모의 얼굴에 자신의 모습을 담아 예수 그리스도를 향한 그의 깊
은 신앙심을 나타냈나 보다. 그러나 이 작품은 미켈란젤로의 무덤에는
가지 못했다. 미켈란젤로가 작업 도중 스스로 실망하여 작품을 깨뜨려
버렸기 때문이다.

---

7)　〈참회하는 마리아 막달레나〉 사진 p172 참조.

　오늘날 우리가 보고 있는 이 작품은 미켈란젤로 사후 제자들이 재조립한 것이란다. 중도에 포기한 작품이기에 미완인 상태의 작품이지만 그것만으로도 보는 사람에게 깊은 사유의 시간을 주고 있다. 그가 말년에 쓴 소네트를 떠오르게 한다.

> 내 기나긴 인생의 여정은 폭풍 치는 바다를 지나,
>
> 금방 부서질 것 같은 배에 의지해,
>
> 지난날의 모든 행적을 기록한 장부를 건네야 하는,
>
> 모든 사람이 거쳐가는 항구에 도달했다네.
>
> 예술을 우상으로 섬기고 나의 왕으로 모신
>
> 저 모호하고 거대하며, 열렬했던 환상은
>
> 착각에 지나지 않았네.
>
> 나를 유혹하고 괴롭혔던 욕망도 헛것이었네.
>
> 옛날에는 그토록 달콤했던 사랑의 꿈들,
>
> 지금은 어떻게 변했나, 두 개의 죽음이 내게 다가오네.
>
> 하나의 죽음은 확실하고, 또 다른 죽음이 나를 놀라게 하네.
>
> 어떤 그림이나 조각도 나를 만족시키지 못한다네.
>
> 이제 나의 영혼은, 십자가 위에서 우리를 껴안기 위해
>
> 팔을 벌린 성스러운 사랑을 향해 간다네.

(최영미 역)

〈반디니의 피에타〉

'벨 타워 갤러리'는 꽤 큰 방이다. 여기에는 이름 그대로 조토의 종탑에 설치한 조각품들이 전시되어 있다. 종탑 맨 아래에 있었던 6각형 부조, 그 위층을 장식했던 마름모꼴 부조, 그리고 맨 위에 자리 잡고 있던 동상들이 수십 점 전시되어 있다.

6각형 부조에 유독 눈길이 간다. 여기에는 구약성서 속 이야기와 사람들이 영위하는 여러 직업이 담겨 있다. 하나의 작품 앞에서 성경 속 이야기가 떠오르고, 다른 작품 앞에서는 무슨 직업을 나타낸 걸까 생각하며 미소 짓는다. 이 작품들이 종탑의 제 자리, 높은 곳에 있으면 우

　　　　　　　　　　　　　　　열흘간의 이탈리아 여행

리는 저기에 뭔가 조각품이 있다는 것만 인식할 뿐 작품의 내용을 파악할 수는 없을 것이다. 두오모 오페라 박물관의 의미를 다시 생각하게 한다.

〈아담을 창조하시는 하느님 - 6각형 부조〉

'돔 갤러리'는 두오모 쿠폴라의 방이다. 돔을 건설한 건축가의 이름을 따 브루넬레스키의 방으로도 불린다. 여기에는 두오모의 쿠폴라 모형과 함께 돔의 건설 과정을 소개하고 있다. 건설 당시 사용한 기중기와 건설에 사용한 여러 모양의 벽돌도 보여준다. 두오모의 거대한 돔은 철근이나 콘크리트를 전혀 사용하지 않고, 각 부분 부분에 맞는 벽돌을

〈이브를 창조하시는 하느님 - 6각형 부조〉

만들어, 그 벽돌만으로 건설하였다는 것을 자랑스럽게 전시하고 있다.

드디어 옥상이다. 옥상은 지붕이 없는 탁 트인 공간이다. 아무것도 없는 옥상에는 '브루넬레스키의 테라스'라는 이름이 붙어 있다. 그러고 보니 여기는 두오모의 돔이 바로 머리 위에 있다. 여기에서 보는 두오모의 돔은 무지막지하게 크다. 압사당할 것 같은 두려움이 일 정도다. 참기가 막히게 이름을 붙였다. 브루넬레스키의 테라스라니……

두어 시간 박물관을 둘러보는 동안 딸과 나는 한 마디 대화도 없었다. 조용히 보는 것만으로 충분했다. 여기는 관람하기에 매우 적당한 규모다. 각 전시물의 특성을 살려 보는 사람에게 끊임없는 사유를 불러

                                    열흘간의 이탈리아 여행

오게 하는 박물관이다. 나는 이런 박물관을 사랑한다. 피렌체에 또 오게 된다면 여기는 꼭 다시 들를 것이다.

숙연해지는 산타 마리아 델 피오레 성당

피렌체 두오모의 원래 이름은 '산타 마리아 델 피오레 성당'이다. 피오레가 꽃이라는 뜻이니 '꽃의 성모 마리아 성당'이 되겠다. 두오모는 이탈리아에서 한 도시를 대표하는 성당을 가리키는 보통명사다. 그래서 이탈리아의 여느 도시에나 두오모는 존재하기 마련이다. 그런데 산타 마리아 델 피오레 성당은 본연의 이름보다 피렌체의 두오모로 워낙 유명해져, 세간에서 보통 두오모 하면 피렌체의 두오모를 나타내고 있는 듯하다.

피렌체의 두오모는 피렌체의 상징이다. 두오모는 거대한 크기에서 오는 웅장함과 함께, 하얀색을 바탕으로 자주색과 녹색이 어우러진 아름다운 외관으로 가톨릭 성당을 대표하는 성당중의 하나가 되었다. 더욱이 15세기 건축 기술로 많은 난관을 극복하며 만든 세계 최대 규모의 조적식 돔은 피렌체의 자랑거리가 되어 있다.

피렌체의 두오모는 시가지의 중심에 있다. 성당 둘레에는 넓은 광장도 있다. 여행자는 피렌체에 발을 딛는 순간 높이 솟은 두오모를 보게 되고, 걷다 보면 자연스럽게 두오모를 지날 수밖에 없다. 부지런히 걷는 여행자는 하루에도 몇 번 지나치게 될 것이다.

〈산타 마리아 델 피오레 대성당 전경〉

성당 안은 어떨까? 성당 입장은 무료다. 유명세에 무료이다 보니 입장을 위해 대기하는 줄은 무척 길다. 우리가 입장하려 할 때는 광장 밖까지 줄이 이어졌다. 성당 관계자인 듯한 사람 몇이 나와 직선으로 길어진 줄을 지그재그로 유도해 광장 안으로 들어오도록 정리했다. 우리는 성당 문이 까마득히 보이는 곳에서 줄을 섰다. 그래도 위로가 되었다. 얼마 지나지 않아 우리 뒤에도 줄은 길게 이어졌기 때문이다.

성당 안은 장엄하다. 거대한 공간에 흑백의 영상처럼 수수한 모습은 몸속 깊이 엄숙함이 스미게 한다. 실내 공간은 밖에서 보는 외관보다 더 크게 느껴진다. 입구 문에서 제대까지는 까마득하고, 고개를 들면 천장은 높고 또 높다. 그 큰 공간에 나의 존재가 한갓 미물로 여겨진다. 대리석 석조 기둥은 거대하다. 그것의 역할이 기둥이니까 기둥이라 하지 건물 하나가 통째로 서 있는 것 같다. 기둥은 회색빛이다. 거대한 회색 기둥은 단순하다. 그 단순함이 오히려 경외감을 불러일으킨다.

제대가 있는 곳까지 나아가는 걸음걸이가 무척 조심스럽다. 발소리를 내서는 안 되겠다는 생각이 절로 일어난다. 그러고 보니 이렇게 많은 사람이 들어와 있는데 와글대는 모습이 전혀 없다. 모두가 조용히 그리고 천천히 가다 서다 반복할 뿐이다. 벽에는 프레스코화가 있고, 그 앞에 동상과 조각품이 진열되어 있지만 커다란 회색이 뒤덮은 분위기에 묻혀 눈길이 가지 않는다. 참으로 묘한 분위기다. 신성함이라는 게 이런 걸까?

제대에 이르면 통제구역임을 알리는 줄을 쳐 놓았다. 여기에서는 자연스레 머리를 제쳐 위를 바라보게 된다. 거대한 돔이 위에 있다. 역시 밖에서 돔의 외관을 볼 때보다 안에서 올려다보는 게 더욱 웅장하다. 한 마디로 거대하다.

천장화는 조르조 바사리와 페데리코 주카리가 8년에 걸쳐 완성했다는 〈최후의 심판〉이다. 시스티나 소성당에 미켈란젤로가 그린 같은 제목의 벽화가 있더니 여기에서는 천장화다. 같은 주제의 두 그림이 어떻게 다른지 비교하고 싶은데 그럴 수는 없다. 너무 높다. 그림의 형태를 식별할 수 없을 정도로 높다. 그저 노란색이 많은 천장화가 있다는 걸 인식할 뿐이다.

성당 안은 대체로 어둡다. 스테인드글라스를 통과한 햇빛이 제대를 비추고 있으나 인공 빛을 최소화한 실내는 어두운 분위기다. 그것이 성당의 분위기를 더 신성하게 하는 건지도 모르겠다. 그러나 벽에 그려진 프레스코화나 높은 곳에 설치된 동상들을 제대로 볼 수 없는 단점이 있다.

어두운 실내에서 유독 주변을 환히 밝힌 곳이 있다. 나무 모형 위에 수십 개의 촛대가 달려 있고, 그 위에 작고 예쁜 초가 귀엽게 타오르

고 있다. 여러 사람이 조용히 초를 들어 불을 붙이고 촛대 위에 올리
고 있다.

"50센트 동전 있어요?" 딸이 다가와 귀에 대고 속삭였다. 조용히 고
개를 끄덕이며 동전을 꺼내 주었다. 딸은 헌금함에 동전을 넣고 유리
상자에서 초 하나를 꺼내 불을 붙여 빈 촛대 위에 올렸다. 그리고 두
손을 모으고 고개를 숙였다. 딸은 성당에 다닌 적이 없다. 내 앞에서
저런 모습을 보인 적도 없다. 무엇을 기도했을까? 궁금했지만 물어보지
는 않았다.

〈두오모 성당의 돔 아래에서 올려다본 천장화, 최후의 심판〉

　　　　　　　　　열흘간의 이탈리아 여행

한쪽 기둥과 기둥 사이에 지하로 내려가는 계단이 있다. 본 성당을 들어올 때는 무료였는데 지하에 내려가는 건 유료다. 지하에 무엇이 있길래 저곳만 돈을 받을까?

지하는 산타 레파라타 교회의 유적지다. 산타 레파라타 성당은 5세기 초에 지어져 중세 시대 내내 피렌체의 두오모 역할을 해 왔다. 그러나 14세기에 접어들자 노후화는 심해지고 규모는 협소해졌다. 경쟁 관계에 있던 피사나 시에나의 대성당에 비해 초라해졌다. 마침내 피렌체는 산타 레파라타 성당을 철거하고 그 자리에 새 성당을 짓는 걸 결정한다. 산타 마리아 델 피오레, 현재의 피렌체 두오모가 새롭게 탄생하는 순간이었다.

지하 공간에서 관심을 끄는 건 무덤이다. 여기에는 피렌체의 귀족들과 주교들의 무덤이 모셔져 있다. 석관들은 지하 바닥에 묻혀 있다. 관람객이 볼 수 있는 건 석관의 뚜껑뿐이다. 줄지어 있는 사각형 관 뚜껑을 보고 있으니 삶과 죽음이 구별되지 않는 듯한 묘한 기분이 인다.

가장 눈길을 끄는 묘는 두오모의 돔을 건축한 브루넬레스키의 묘다. 그의 무덤은 여느 무덤처럼 간단한 석판 뚜껑만 볼 수 있지만, 석판에 새겨진 글이 인상적이다.

'피렌체의 위대한 천재, 필리포 브루넬레스키 여기 잠들다'

이보다 더 큰 찬사가 어디 있겠는가? 그는 분명 르네상스 시대를 연 천재였다. 40년간 짓지 못하고 있던 두오모의 돔을 드디어 올렸다. 그는 로마 판테온의 건축 기법을 독학으로 탐구하여 단절되어 있던 고대 로마의 돔 건축술을 터득했다. 그 결과 피렌체 두오모의 돔을 올릴 수 있었고, 이후 유럽에서의 돔 건설은 모두 브루넬레스키의 공법을 따랐다. 그러나 나는 그의 천재성보다 그의 집념과 탐구 정신을 더 높게 평가한다. 그리고 무엇보다도 그의 자긍심을 존경한다.

산타 레파라타 성당의 유적은 1965년에서 1973년 사이에 발굴 작업을 진행했다고 한다. 우리가 관람할 수 있게 된 것이 그다지 오래되지 않았다는 얘기다. 성당 지하에 묻혀 있던 고대 교회의 모습을 부분적으로나마 느껴볼 수 있다는 데 의미가 있겠다.

〈브루넬레스키의 묘〉

피자로 점심 먹기

두오모 돔 바로 아래에 피자집이 있다. 이니셜로 'M 피자'인데 우리나라에도 널리 퍼져 있는 상호이다. 우리나라 피자 회사와 어떤 관계인지는 알 수 없고 관심거리도 아니다. 피렌체 여행 블로그에도 가끔 등장하곤 하는 피자집이다.

우리는 두오모와 부속 시설 모두를 관람한 후 점심 식사하기로 했다. 점심시간으로는 꽤 늦은 시간이다. 딸이 'M 피자' 소문을 들었는지 여기를 제안했다. 피자는 원래 이탈리아 음식, 거부할 이유가 없다. 피자의 본토 맛을 볼 기회 아닌가?

아직도 피자집에 손님이 많다. 이웃한 레스토랑들과 함께 광장 한편에 펼쳐놓은 야외 테이블에는 손님이 북적인다. 이탈리아의 점심이나 저녁 식사 시간은 우리보다 한두 시간 늦다는 걸 또 한 번 느낀다. 식당으로 들어서자 젊은 남자 직원이 우리를 맞이하며 실내는 바로 들어갈 수 있으나, 야외 테이블은 기다려야 한다고 설명했다. 바로 실내를 선택했다.

곧 메뉴판이 전달되었다. 호! 피자집답게 메뉴는 온통 피자다. 다른 메뉴는 보이지 않는다. 피자 메뉴에는 괄호 속에 1인용임을 표시하고 있다. 1인용 피자라, 이건 조금 낯설다. 젊은이들은 어떨지 모르지만 내가 생각하는 피자는 커다란 한 판 피자로 여럿이 나누어 먹는 음식이다. 서울의 피자집 메뉴도 제대로 이해 못 하는데 하물며 이탈리아어로 되어 있는 메뉴를 제대로 이해하는 건 불가능하다. 나는 눈치껏 순한 맛 정도일 것 같은 피자를 선택했고, 딸은 기이한 맛 정도로 해석될만

한 것을 선택했다. 피자집이라 반찬이 없을 것 같아 제로 콜라도 주문했다.

와우! 나오는 피자가 기대 이상으로 크다. 1인용 피자라는 게 서울에서 식구들과 함께 먹을 요량으로 주문하는 피자에 버금간다. 두께는 오히려 더 두껍다. 서울의 피자는 도우를 얇게 하고 토핑에 더 관심을 기울인다면, 여기의 피자는 도우에 더 집중하는 것 같다. 도우는 두꺼웠으나 식감은 매우 부드러웠다. 토핑도 심하게 노출되지 않아 흘릴 일이 없었다. 무엇보다도 양이 많다. 1인분이라 하기에는 너무 많다. 1.5인분은 족히 되겠다. 용을 썼으나 딸도 나도 절반 가까이 남겼다. 늦은 점심이라 꽤 허기져 있었는데도 남길 수밖에 없었다.

"커피 마실래?"

더 먹을 수 없는 상태라는 걸 확인하고 딸에게 물었다.

"커피는 시뇨리아 광장에서 마셔요. 그쪽에 유명한 집 많던데."

우리는 일어섰다. 피자 1인분 한 판이 9유로였다. 이탈리아를 대표하는 대중 음식이어서인지 비싼 가격은 아닌 듯하다.

재미있는 조각 전시장 시뇨리아 광장

시뇨리아(Signoria)는 지배, 통치라는 의미이다. 이는 시뇨리아 광장이 통치의 광장, 곧 정치의 중심지임을 나타낸다. 실제 오랜 기간 시뇨리아 광장은 피렌체의 정치 중심지였고, 광장 한편에 요새처럼 서 있는 베키오 궁전은 지금도 시청사로 사용하고 있으니, 여기가 피렌체 정치의 중심지 역할을 하는 건 현재 진행형이라고 할 수 있겠다.

그에 더해 시뇨리아 광장은 피렌체 여행의 중심지이다. 베키오 궁전과 우피치 미술관이 광장을 둘러싸고 있고, 여행자가 쉬어갈 수 있는 레스토랑과 카페들이 광장 한편에 줄지어 있다. 이것만이 아니다. 광장에는 많은 조각상이 전시장을 방불케 할 정도로 전시되어 있다. 피렌체를 찾은 여행자들이 들르지 않을 수 없는 곳이다.

그래서 시뇨리아 광장을 서성거리는 건 재미있다. 재미에 더해 여행지로 피렌체를 선택한 데 대한 만족감을 느끼게 한다. 광장 초입부터 베키오 궁전 앞을 지나고, 우피치 미술관의 나란한 두 건물 사이를 걷다 보면 많은 조각상을 만난다. 베키오 궁전 앞에는 성경 속 이야기, 그리스 신화, 로마 건국 신화를 담은 커다란 조각상이 줄지어 있고, 우피치 미술관 네모진 기둥에는 르네상스 시대를 빛냈던 천재들이 자신의 개성을 드러내며 방 한 칸씩을 차지하고 있다.

베키오 궁전 주변에 서 있는 동상들은 피렌체의 역사적 사건과 관련이 깊다고 한다. 그 유명한 다비드상은 메디치 가문의 패권주의에 경고하는 피렌체 공화국의 시민 정신을 담았고, 역으로 다비드상 곁에 있는 헤라클레스상은 정권을 장악한 메디치가가 공포정치를 펼치며, 도전하면 응징한다는 뜻을 담았다고 한다.

그러나 이역만리에서 온 여행자에게 한 도시국가의 정치사가 그다지 큰 관심거리는 아니다. 그보다 관심이 가는 건 조각상에 담긴 본연의 이야기다. 광장에 세워진 작품 대부분은 진품이 아닌 복제품이라지만 조각상이 안고 있는 이야기를 상상하는 데에는 부족함이 없다. 어차피 진품과 복제품을 식별할 안목을 갖추고 있지 못한데 복제품이면 어떤가?

광장에 들어서면 가장 먼저 눈에 들어오는 건 청동 기마상이다. 사람 키보다 훨씬 높은 단 위에 위풍당당한 기마상이 서 있다. 말을 타고 갑옷 차림에 칼까지 차고 있는 주인공은 코시모 1세란다. 그는 메디치가의 후손으로 토스카나 대공국을 세우며 대공의 지위에 오른 인물이다.

가만히 기마상을 둘러보노라니 다른 청동 기마상 하나가 떠오른다. 로마 캄피돌리오 광장에 서 있던 마르쿠스 아우렐리우스의 기마상이다. 말을 타고 광장을 아우르고 있는 당당한 기품은 비슷하다. 그런데 동상이 주는 느낌은 사뭇 다르다. 마르쿠스 아우렐리우스는 평상복 차림으로 군중을 향해 오른팔을 내밀어 환호에 답하는 자세다. 그는 인자하다. 우리 서로 도우며 잘살자고 위무하는 듯하다. 반면 코시모 1세는 파워를 느끼게 한다. 갑옷 차림에 칼을 차고, 눈은 멀리 있는 목표를 바라보며 '나에게 굴복하라.', '나의 지시를 따르라.' 외치고 있다. 힘은 느끼지만 친근해질 수 없는 기마상이다.

코시모 1세 청동 기마상 옆에는 〈넵튠 분수〉가 있다. 코시모 1세가 토스카나 해군의 사기 진작을 위해 세웠다고 한다. 단단한 근육질의 넵튠은 네 마리의 말이 끄는 전차를 타고 있다.

로마의 트레비 분수가 머릿속을 스친다. 두 분수 모두 바다의 신 넵튠을 태운 마차가 바다를 헤쳐가는 모습을 형상화했다. 그러나 소재는 같아도 트레비 분수가 훨씬 역동적이다. 트레비 분수의 말은 거친 대양

〈시뇨리아 광장의 코시모 1세 청동상〉

을 몸부림치며 헤쳐가고, 여기 넵튠 분수의 말은 조용한 호수를 헤엄치는 듯하다. 말의 움직임이 거친 만큼 트레비 분수의 넵튠은 동적인 데 반해 넵튠 분수의 넵튠은 편안하게 선 채 경치를 구경하는 듯한 모습이다. 역동성과 차분함의 대비는 분수의 뒷배경과 내뿜는 물의 양, 흐르는 물소리의 차이에서 오는 느낌인지도 모르겠다.

베키오궁으로 들어가는 입구 좌우에는 〈다비드상〉과 〈헤라클레스상〉이 서 있다. 다비드상은 미켈란젤로의 작품인데, 진품은 아카데미아 미술관으로 옮기고 원래 서 있던 이 자리에는 복제품을 세웠단다. 비록 복제품이라 할지라도 진품이 서 있던 그 자리에 그 모습 그대로 전시한 것이니 당시의 모습을 느끼는 데에는 부족함이 없겠다. 다비드상의 첫 느낌은 매우 크다는 것이다. 설치된 받침대도 매우 높다. 우리가 책을 통해 본 다비드상은 멀리서 찍은 사진이었던 모양이다.

〈시뇨리아 광장의 넵튠 분수〉

다비드, 우리에게 익숙한 이름 다윗은 왼쪽 어깨에 돌망태를 지고 오른손에는 던질 돌을 쥐고 있다. 거인 장수 골리앗을 상대로 일 대 일 결전을 벌이는 장면이다. 그런데 이상한 점이 있다. 생사를 가릴 전투를 치르는 상황치고는 다윗의 표정이 너무 평온하다. 노려보는 눈만 매서울 뿐이다. 오른손에는 곧 던질 짱돌 하나를 들었다기보다 모래 한 줌을 쥐고 있는 것 같다. 전투의 긴박감이 느껴지지 않는다. 미켈란젤로

　　　　　　　　　　　　　　　　　열흘간의 이탈리아 여행

는 다윗의 이야기를 소재로 이상적인 남성의 외모를 연출한 게 아닌지 모르겠다. 밀로의 비너스가 세상에 없는 여성의 이상적인 외모라면, 다비드는 역시 흔치 않을 남성의 이상적인 외모를 조각한 것 같다. 다비드상은 전투 중인 장수가 아니라 젊고 튼튼한 미남자이다.

다비드 옆에 있는 헤라클레스는 다비드보다 덩치가 더 우람한 건 물론 대단히 근육질이다. 헤라클레스에 비교하면 다비드는 소년티가 난다. 헤라클레스는 자신의 소를 훔친 카쿠스의 머리채를 왼손으로 붙잡고 오른손에는 그의 전용 무기 몽둥이를 들고 있다. 카쿠스는 대결에서 완전히 패해 이제 죽음만을 앞두고 있다. 다비드가 이제 막 전투를 시작하는 장면이라면 헤라클레스는 상대를 완전히 제압한 상태다. 헤라클레스의 기개가 얼마나 하늘을 찌르고 있겠는가?

우스운 이야기가 있다. 피렌체의 어머니들은 딸이 성장해 결혼을 앞두게 되면 딸을 데리고 여기 시뇨리아 광장을 찾았다고 한다. 시집가기 전 다비드와 헤라클레스, 넵튠 등 남자들의 나체를 보여주며 일종의 성교육을 시킨 것이다. 엄마의 설명을 들은 딸들이 세 남자 중 누구를 가장 마음에 들어 했을지 궁금해진다. 혹시 자신이 맞이한 신랑을 광장의 조각상과 비교해 오히려 실망하지는 않았는지 모르겠다.

베키오궁 옆에 '로자 데이 란치(Loggia dei Lanzi)'라는 개방형 조각 갤러리가 있다. 비교적 작은 공간에 15개의 조각상이 전시되어 있어 여행자의 발길을 이끈다. 전시된 작품의 중심 소재는 역시 그리스 신화와 고대 로마 이야기이다.

먼저 눈길을 끄는 작품은 〈샤비니 여인의 강탈〉이다. 건장한 남자가 몸부림치며 저항하는 여인을 붙잡아 가고 있고, 다른 한 남자가 술에

〈베키오 궁전 앞 다비드상〉

취한 채 밑에 깔려 당황스럽게 이를 바라보는 모습이다.

신화인지 역사인지는 불명확한 로마 건국 초기의 이야기를 이렇게 형상화한 게 재미있다. 팔라티노 언덕에 나라를 세운 로물루스는 인구의 증가가 필요하다는 걸 깨닫는다. 그래서 우선 정처 없이 떠도는 부랑아, 이웃 나라에서 뛰쳐나온 도망자 등을 모두 포용했다. 그러자 로마는 남자들만 득실거리는 심각한 성비 불균형을 초래했다. 사회는 거칠어지고 후대를 이어갈 희망도 보이지 않았다. 이에 로물루스가 계략을 꾸몄다. 성대한 축제를 열어 이웃한 샤비니 족을 초청하고, 샤비니 남

열흘간의 이탈리아 여행

〈베키오 궁전 앞 헤라클레스와 카쿠스〉

자들을 잔뜩 술에 취하게 한 후, 로마의 남자들에게 샤비니 여인들을 강탈토록 한 것이다. 간신히 몸만 탈출한 샤비니 족 남자들이 다시 전열을 가다듬어 복수를 위한 전쟁을 일으켰을 때는 여인들은 이미 로마인들의 아내가 되어 그들의 혈통을 이어주고 있었다. 이 전쟁은 마침내 샤비니 여인들의 중재로 일단락되어 두 부족은 통합의 길을 걷는다.

도덕적 측면에서 보면 자랑할 만한 게 못 되는 건국 과정의 이야기인데, 이를 떡하니 작품으로 만들어 많은 사람이 오가는 공간에 전시하고 있는 게 재미있다.

〈샤비니 여인의 강탈〉

약방의 감초처럼 나타나는 트로이 전쟁을 소재로 한 작품도 두 점 있다. 나에게 트로이 전쟁 이야기는 언제 어디서나 재미있다. 이들 작품 앞에서는 내 기억 속에 있는 이야기와 작품에서 묘사한 것을 비교하며, 작가의 다른 시각을 찾아볼 수 있어 좋다.

〈폴릭세네의 강탈〉은 아킬레우스를 유혹해 죽게 한 트로이의 공주 폴릭세네의 이야기다. 폴릭세네는 전쟁이 일어나자 그리스군 최고의 맹장 아킬레우스를 유혹해 그의 약점이 발뒤꿈치에 있음을 알아낸다. 그리고 그녀의 오빠 파리스 왕자가 쏜 화살이 정확히 아킬레우스의 발뒤

꿈치를 꿰뚫으면서 아킬레우스는 전사한다. 트로이 함락 후, 그리스군은 폴릭세네를 아킬레우스 영전에 바칠 희생 제물로 결정한다.

〈폴릭세네의 강탈〉

〈폴릭세네의 강탈〉은 그녀가 희생 제물로 끌려가는 장면을 묘사했다. 그리스군 장수가 폴릭세네를 끌어가고 그녀의 어머니 헤카베 왕비가 온 힘을 다해 매달리고 있다. 그리스 장수는 칼로 헤카베를 내리쳐 뿌리치려는 순간이다.

그런데 잡혀가는 폴릭세네가 너무 작다. 그리스 장수가 인형이나 어린 소녀를 잡아가는 것 같다. 그리고 신화 속에서 폴릭세네는 끝까지 공주로서 품위를 잃지 않았다. 그녀는 끌려가지 않으려 몸부림치지 않았고, 스스로 걸어가 담대하게 죽음을 맞았다. 비록 나라는 패망했지만 '나는 트로이의 공주다.'를 행동으로 보여주었다는 게 내가 기억하는 그리스 신화다. 아마 작가는 트로이 전쟁에서 그리스의 승리에 더 비중을 실었나 보다.

두 번째 트로이 전쟁 이야기는 〈파트로클로스의 시체를 찾아오는 메넬라오스〉이다. 파트로클로스는 아킬레우스의 절친한 친구로 트로이 전쟁에 그리스군으로 참전했다. 그는 아킬레우스가 그리스군 총사령관 아가멤논과의 갈등으로 전투에 나서지 않자, 아킬레우스의 갑옷과 투구를 쓰고 전투에 나선다. 아킬레우스의 참전으로 오인한 트로이군이 혼란에 빠지자 파트로클로스는 추격에 나서고, 마침내 트로이 최고의 용사 헥토르와 대적하지만 전사하고 만다. 파트로클로스의 시체를 둘러싼 전투가 치열해지는 동안 메넬라오스가 시체를 확보해 돌아온다. 메넬라오스가 누구인가? 바로 트로이 전쟁의 발발 원인이 되었던 헬레나의 남편이다. 그는 파트로클로스의 시체를 찾아옴으로써 그리스군의 영웅이 된다.

로자에 있는 조각상은 무장한 메넬라오스가 벌거벗겨진 채 축 늘어진 파트로클로스의 시신을 끌어안고 데려오는 장면이다. 역시 트로이 전쟁에서 그리스 장수를 미화하는 작품으로 여겨졌다.

"그렇게 재미있었어요? 아빠는 항상 감상 시간이 너무 길어요."

노천카페에서 케이크 한 조각과 커피를 주문해 휴식을 취할 때 딸이

불평 섞인 말을 건넸다. 베키오 궁전과 로자 데이 란치가 한눈에 들어
오는 카페는 꽤 혼잡했다. 길게 줄을 선 건 아니지만, 빈 테이블이 나올
때까지 입구에서 잠시 기다렸다 들어온 집이었다.

〈파트로클로스의 시체를 찾아오는 메넬라오스〉

"재미있지 않았니? 너도 그리스 신화는 전문가잖아?"

딸이 그리스 신화를 소재로 판타지 소설을 연재한 걸 상기하며 변명
했다.

“한번 훑어보면 되지 그걸 분석까지 할 필요는 없지 않아요? 이야기를 새로 만드는 것도 아닌데……”

“이야기를 새로 만드는 건 네가 하는 일이고, 나는 작품을 보면서 그 배경이 된 이야기를 떠올려 보는 거지. 그러다 막히면 검색해 보고.”

“검색은 나중에 호텔에서 하거나 집에 돌아가서 해도 되는데……”

“즉시 하지 않으면 막힌 대목이 어디였는지 기억이 나니? 너도 나이 먹어 봐라.”

잠시 대화가 멈춘 사이 주위를 둘러보니 시뇨리아 광장은 여전히 사람이 많다. 특히 다비드와 헤라클레스 조각상 앞에는 가이드를 동반한 단체팀으로 북적거린다. 가이드들은 대체로 넵튠 분수에서 시작해 헤라클레스 조각상 앞에서 설명을 마친 뒤 일행에게 자유 시간을 주는 것 같았다.

“뭐 딱히 인상에 남는 작품이 있었니?”

딸의 평가가 궁금해 이번에는 내가 먼저 물어보았다.

“뭐 별로……. 브래드 피트가 나왔던 ‘트로이’ 영화는 너무 각색을 많이 했다는 생각이 스치는 정도……. 아빠는요?”

“메넬라오스 때문이니? 그 생각은 나도 했다. 영화에서 메넬라오스는 전쟁 초반에 죽지? 여기에는 영웅으로 묘사되어 있는데. 그런데 그보다 여기 시뇨리아 광장에 오니 비로소 코시모 1세의 위상을 느낄 수 있겠어. 여기에는 그의 영향력이 미치지 않은 게 없는 것 같다.”

       열흘간의 이탈리아 여행

"그의 기마상 때문에요?"

"그것만이 아니지. 피렌체는 온통 그의 이야기야. 베키오궁, 우피치, 바사리 회랑, 피티 궁전, 시뇨리아 광장에 얽힌 얘기 등."

"그 사람 독재자 아니에요?"

"독재자라는 데에는 나도 한 표. 그런데 피렌체 사람들은 그를 어떻게 생각하는지 궁금하다. 어쨌든 경쟁 관계에 있던 피사, 시에나를 굴복시키고, 피렌체를 토스카나의 중심도시로 만든 건 분명하니까. 그건 지금까지 이어지고 있고."

"헐, 영웅으로 여기려나?"

가이드가 없으면 이럴 때 불편하다. 궁금한 사항을 물어볼 데가 없다. 앞으로 우리 여행 일정에는 계속 가이드가 없는데…….

"이제 일어나요. 베키오 궁전 하나만 보면 오늘 일정이 끝이에요."

우리는 일어섰다. 다시 시뇨리아 광장을 가로질렀다. 베키오 궁전 입구를 찾았다. 다비드상과 헤라클레스상 사이로 들어가면 베키오궁 입구다.

군신유의(君臣有義)를 느끼는 베키오 궁전 박물관

베키오 궁전 일부는 지금도 시청사로 쓰이고 있다. 그리고 다른 일부는 박물관이다. 박물관은 르네상스 시대의 프레스코화를 수없이 보여

준다. 옛 궁전이니 중정이 있고, 대회의실과 많은 집무실, 그리고 군주
와 그의 가족들이 생활했던 거주 공간이 있다.

대체로 1층(이탈리아식 0층)은 다중이 모이는 공간, 2층은 사무 공간, 3
층은 거주 공간이다. 각 방은 여느 궁전처럼 이름이 있다. 각 방은 쓰임
새에 맞게 꾸몄고, 그 꾸밈새에 맞추어 이름을 정한 듯하다.

각 방을 꾸미는 데 가장 집중한 곳은 천장 같다. 맨살을 드러내고 있
는 천장은 없다. 모든 방의 천장에는 그 방의 용도와 특징을 나타낸 프
레스코화가 그려져 있어, 그 방의 이름이 곧 천장화의 제목이라 해도
과언이 아니겠다. 가히 베키오 궁전은 프레스코화의 집합소라 할 수 있
겠다.

베키오 궁전을 꾸민 사람은 조르조 바사리다. 그는 코시모 1세의 부
름을 받아 이 궁전의 모습을 새롭게 재구성했다. 대부분의 프레스코화
를 직접 그렸고, 다른 예술가에게 맡긴 작업을 감독했다. 그러니까 우
리는 지금 조르조 바사리가 감독 겸 배우로 연출한 궁전의 모습을 보
고 있다.

코시모 1세와 조르조 바사리는 매우 돈독한 관계였던 것 같다. 삼강
오륜에 나오는 군신유의(君臣有義)의 전형적인 사례로 보인다. 코시모 1
세는 건축과 미술에 관한 일이면 모두 바사리에게 맡겼다. 코시모 1세
보다 여덟 살 많았던 바사리는 평생 코시모 1세의 뜻을 받들며 회화와
건축 부문에서 커다란 업적을 남겼다. 베키오 궁전의 리모델링은 물론
우피치를 신축했고. 베키오 궁전과 피티 궁전을 잇는 비밀의 공중 통
로, 바사리 회랑을 건설했다. 그는 코시모 1세와 평생을 같이 하다 주
군이 죽은 지 두 달 후에 숨을 거두어 생의 마감까지도 함께 했다. 가

히 두 사람은 수어지교(水魚之交)를 나눈 것 같다.

　베키오궁에서 조르조 바사리가 연출 겸 주연 역할을 한 대표적인 공간이 친퀘첸토 홀(Salone dei Cinquecento), 우리에게 500인실로 알려진 공간이다. 여기는 대형 강당이다. 피렌체 공화정 시절 500인의 대표가 모여 국정을 논한 데서 그 이름이 유래한 이곳은 피렌체 공화정의 상징과도 같은 곳이었다. 오늘날의 의회 본회의장 같은 기능을 하였을 것이다. 그러나 코시모 1세가 대공이 되며 세습 군주제로 전환되자 이곳의 성격은 크게 바뀌어, 대공이 대중과 만나는 장소, 메디치가를 숭배하는 장소가 된다. 이 목적에 맞추어 조르조 바사리는 강당의 재창조 작업을 이루어냈다.

　당시 500인실은 어수선한 분위기였던 것 같다. 긴 벽면의 한쪽은 레오나르도 다 빈치의 그림이 미완인 채로, 다른 한쪽은 미켈란젤로의 그림이 그리다 그만둔 상태로 남겨져 있었다. 두 거장이 맞대결을 벌였던 두 그림은 미완인 채 오랜 기간 방치되어 있었고, 아무도 그림에 손을 대지 못했다.

　마침내 코시모 1세가 재단장 지시를 내렸다. 그 책임자는 당연히 조르조 바사리였다. 바사리는 양쪽 벽면을 마르시아노 전투를 그린 프레스코화로 채웠다. 마르시아노 전투는 코시모 1세가 시에나를 굴복시키고 토스카나 대공국을 건국하는 전투였다. 바사리는 더 나아가 천장도 새롭게 꾸몄다. 천장을 3칸씩 13줄로 나눈 39개의 격자형 칸으로 나누고, 코시모 1세와 메디치가를 찬양하는 그림으로 채웠다.

　계단을 통해 2층으로 오르면 500인실의 전경을 한눈에 볼 수 있다.

장엄하다. 정면 단 중앙에는 메디치가가 배출한 교황 레오 10세의 동상이 놓여 있다. 강당의 양쪽 벽면 아랫부분에는 헤라클레스의 과업 등 조각품이 줄지어 전시되어 있고, 벽의 윗부분은 바사리의 대형 프레스코화로 채워져 있다. 격자형 천장 역시 그림으로 가득 차 있다. 천장의 그림 하나하나를 살펴볼 수 있는 시력이 되지 않는 게 아쉽다.

이 장엄함에 매료되는 건 나만이 아닌 듯하다. 많은 관람객이 2층 복도에서 500인실을 바라보며 서 있다. 여기의 공식적인 용도는 회의장이나 강당으로 여러 의전 행사가 이루어졌겠지만, 엄숙한 분위기는 성당이라 해도 손색이 없겠다. 벽면의 프레스코화에 전쟁을 그려놓았다는 게 어울리지 않을 뿐이다.

〈베키오 궁전 500인실〉

열흘간의 이탈리아 여행

"베키오 궁전 어땠니?"

호텔을 향해 이제는 낯설지 않은 골목길을 걸으며 딸에게 물었다. 내 나름으로는 머릿속이 잘 정리되지 않은 것도 있었기에 진지한 물음이었다.

"글쎄요. 500인실밖에 생각 안 나요."

성의 없는 말투였는데 한편으로는 반가운 대답이었다.

"그렇지? 나도 앞으로 500인실밖에 기억나지 않을 것 같다. 500인실의 엄숙함이랄까, 장엄함이랄까, 그 인상이 너무 강해 다른 방들은 묻혀. 그 방은 또 코시모 1세와 조르조 바사리의 관계가 가장 잘 나타나고 있는 것 같아. 한없이 믿어주는 군주와 끝까지 충성하는 신하였어. 둘은,"

대단한 일을 겪은 것처럼 우리의 대화가 진지해졌다. 골목길이 어두워지고 가로등이 켜지고 있었다.

피렌체의 마라탕

"아빠, 오늘 저녁은 마라탕 먹으러 가요."

내가 샤워를 마치고 나오자 기다렸다는 듯 딸이 제안했다.

"여기에도 마라탕집이 있니?"

뜻밖의 제안에 놀라 물었다.

"있어요. 어제 가이드가 추천한 집인데, 아주 가까이 있어요. 중식당
인데 마라탕도 있어요."
"호오, 그래? 언제 가이드와 그런 얘기를 했니? 가자."

중국 도시 이름을 딴 'Ch' 중식당은 우리가 묵고 있는 호텔과 가까웠
다. 어제 그제 들른 한식당과 비슷한 거리다. 골목이 다소 어두워 불안
감이 스쳤으나 다른 중식당도 이웃해 있고, 한자로 된 간판이 보여 친
근감이 절로 들었다. 문자란 묘한 거여서 한문 간판만 보아도 이국땅에
있다는 느낌이 확 줄고 자신감이 생겼다. 어두운 환경에도 불구하고 치
안도 전혀 문제가 없을 것처럼 느껴졌다.
　식당 안 분위기는 검소하다. 그리고 완전한 중국이다. 당나라인지 청
나라인지 옛날 귀족 여성 초상화 사진이 걸려 있고, 중국 영화 포스터
도 붙어 있다. 젊은 남자 직원도 중국인이고, 식당 안은 중국말만 오갔
다. 직원은 우리에게 주문을 받는 것마저 중국어를 썼다. 우리는 중국
어를 전혀 모르는데 이상스러울 정도로 의사소통이 잘 되었다.
　서울에서 마라탕집에 갈 때면 우리가 주문하는 메뉴는 대체로 정해
져 있다. 나는 일편단심 우육면이고, 딸은 양고기 토핑이 들어간 마라
탕이다. 'Ch' 식당 메뉴판에는 이런 메뉴는 없고 대신 마라 우육면이 있

다. 그것도 이곳 대표 음식인 듯 메뉴판 맨 위에 있다. 마라탕과 우육면을 짬뽕한 것인가? 우육면을 맵게 한 것인가? 우리는 둘 다 마라 우육면을 먹기로 했다. 다른 요리를 하나 더 주문할까 망설였지만 일단 우육면을 받은 후 결정하자고 의견을 모았다.

직원이 주문을 받으며 매운맛과 보통맛을 물었다. 우리는 보통 맛을 선택하고 녹차도 함께 주문했다. 직원이 큰소리를 지르며 메뉴판을 들고 돌아섰다. 중국어이니 무슨 소리인지 모르겠으나 알았다는 뜻이거나 고맙다는 뜻일 것이다.

음식이 나왔다. 와우! 양이 많다. 이탈리아 레스토랑은 한결같이 음식의 양이 많더니, 중식당까지 그 영향을 받은 모양이다. 양파와 땅콩을 섞어서 절인 반찬도 나왔다. 메뉴 추가는 필요 없겠다.

"이상하리만치 서울에서 먹는 우육면과 맛이 똑같다."

젓가락을 내려놓으며 만족감을 표시했다.

"그러네요. 그런데 낮에도 밀가루 음식 먹고……. 속 괜찮겠어요?"

딸이 활기가 돌아온 얼굴로 제법 어른스러운 물음을 했다.

"처음에는 내심 걱정했는데, 매콤한 국물 먹으니까 느끼했던 속이 확 풀렸다."

직원에게 계산서를 요청했다. 밥값이 한식당의 절반이다. 머리를 갸우뚱하게 한 건 또 있다. 여기에서는 자릿세를 부과하지 않았다. 음식 값에 포함된 걸까? 자릿세는 레스토랑이나 카페의 자율사항인가? 궁금하나 물을 데가 없다.

"내일 또 오자."

기분이 좋아 외쳤다.

"내일 로마로 돌아가요. 아빠."
"참 그렇지?"

식당을 나서는 우리의 입가에 웃음이 번졌다.

열흘간의
이탈리아 여행

07.
우피치 미술관

아침 9시 우피치 미술관에 들어가 오후 2시까지 재미있는 시간을 보냈다. 점심 식사는 미술관 구내에 있는 카페테리아에서 간단하게 해결했다. 호텔에 보관한 가방을 찾아 이딸로(Italo) 기차로 로마에 돌아왔다. 예약해 둔 테르미니역 근처 'G' 호텔에 체크인하고, 인근 한식당 'S'에서 저녁 식사를 하는 것으로 하루 일정을 마무리했다.

진정한 영웅 안나 마리아 루이사

아침 9시가 채 되기 전 우리는 우피치 미술관에 도착했다. 사전 예매한 입장 시간은 9시부터 9시 15분까지다. 입구를 찾기 위해 애쓸 필요는 없었다. 회랑에는 이미 긴 줄이 입구를 향해 서 있었다. 우리도 자연스레 다가가 줄의 길이를 늘였다. 조금씩 입구를 향해 나아가면서 네모진 기둥의 벽감 속에 서 있는 피렌체 천재들의 모습을 되새겼다.

보안 검사를 받는다. X-ray기를 통과한 가방을 다시 둘러매며 일행과 들뜬 기분을 나누는 사람들로 실내는 꽤 소란스럽다. 방의 한쪽 벽에 초상화가 걸려 있다. 아무런 전시물이 없는 방에 휑하니 그림 한 점만이 걸려 있다. 그림의 주인공은 귀족 여성임이 분명하다. 그런데 그 여인은 사람들의 관심을 별로 얻지 못하고 있다. 세계적인 명성을 얻고 있는 미술관에 입장했다는 기분에 사로잡힌 관람객들은 그림이 걸려 있다는 사실조차 인지하지 못하고 있는 듯하다. 조용히 내 가방을 챙겨 그림으로 향했다.

아! 그림 속 귀족 부인은 안나 마리아 루이사(Anna Maria Luisa de' Medici)다. 메디치 가문의 마지막 직계 후손이자 우피치 미술관의 산파 역을 한 사람이다. 그녀는 토스카나 대공 코시모 3세의 딸로 태어났다. 위로 오빠가 하나, 그리고 남동생이 하나 있었다.

안나는 독일 뒤셀도르프에 수도를 둔 선제후국 팔츠의 요한 빌헬름 선제후와 결혼했다. 둘 사이의 관계는 원만했으나 자녀를 두지는 못했다. 그녀는 여덟 살 위였던 남편이 사망하자 친정인 피렌체로 돌아오는 길을 선택한다. 이때 토스카나 대공국은 아버지 코시모 3세의 압제가 절정에 달해 빈국으로 전락하고 있었고, 오빠는 후사 없이 사망한 후였다.

안나가 돌아오고 오래지 않아 아버지 코시모 3세도 사망한다. 대공의 자리는 그녀의 남동생 잔 가스토네(Gian Gastone de' Medici)에게 승계되었지만, 그는 군주로서 부적격자였다. 그는 공공연한 동성애자로서 아내를 멀리했고, 도박과 술에 빠지는 방탕한 생활에서 벗어나지 못했다. 마침내 그마저 후사 없이 세상을 떠나니 메디치 가문의 직계는 안나가 유일하게 남았다. 그나마 그녀 이후에는 대를 이을 누구도 없어 메디치 가문의 대가 끊기는 상황이 명확해졌다.

이제 토스카나 대공국의 통치 권력은 합스부르크가로 넘어갔다. 다행히 메디치가의 재산 상속은 안나에게 이루어졌다. 수백 년 동안 가문에서 수집한 예술품도 그녀의 소유로 되었다. 안나의 나이 70세를 넘어서고 있는 때였다. 이때 안나 마리아 루이사는 큰 결단을 내린다. 자신이 소유하게 된 가문의 예술품을 모두 피렌체시에 기증하기로 한 것이다. 어떤 경우에도 기증품을 피렌체 밖으로 내보내지 않고 피렌체 시민의 공익을 위해서만 사용한다는 단 하나의 조건을 달았다.

이후 이 약속은 지켜졌다. 통일 이탈리아 정부는 안나의 선조인 코시모 1세가 건설한 '우피치' 건물을 국립 박물관으로 만들고, 그녀가 기증한 미술품을 전시하기로 한다. 우피치 미술관은 이렇게 태어났다. 이렇게 탄생한 미술관은 세계에서 가장 훌륭한 르네상스 회화 전시장으로 평가받고 있다.

오늘날 우피치 미술관은 피렌체에서 가장 인기 있는 관광지 중 한 곳이다. 이탈리아에서 방문객 수가 가장 많은 미술관이라는 통계가 이를 말해주고 있다. 피렌체의 주 산업이 관광업이라는 건 반나절만 여기에 머물러도 금방 알아챌 수 있다. 호텔 투숙객에게는 관광세가 부과되고, 레스토랑, 카페만이 아니라 작은 편의점마저도 자릿세를 받는다. 몰려드는 관광객으로 골목길에 내놓은 작은 탁자 하나가 피렌체 시민들에게 황금알을 낳는 거위가 되고 있다. 우피치 미술관은 오버투어리즘으로 몸살을 앓을 정도로 관광객을 불러 모으는 중요한 자원으로 자리매김했다.

지금의 우피치 미술관을 생각해 보면, 안나 마리아 루이사는 진정한 영웅이다. 인류의 소중한 문화유산을 지켜 고스란히 후대에 넘겨주었다. 그녀는 피렌체 시민의 은인이다. 오늘날까지 피렌체 시민들에게 경제적 기반은 물론이고 자긍심까지 주고 있다.

미술관에 들어서면서 가장 먼저 마주하는 그녀의 초상화가 새롭다. 저 초상화는 우피치 미술관에서, 그리고 피렌체 시민들이 그녀가 베푼

　　　　　　　　　　　　　　열흘간의 이탈리아 여행

은혜에 감사하는 마음의 표시일 것이다.

우피치 미술관 관람 시작

　우피치 미술관은 'ㄷ'자형의 3층 건물이다. 동쪽과 서쪽 건물이 길게 평행을 이루고, 두 건물을 남쪽에서 연결한 구조다. 북쪽 열린 공간은 시뇨리아 광장과 맞닿아 있다. 관광 안내 자료에서는 한결같이 3층(이탈리아식 2층)에서 시작하여 한 층씩 내려오면서 관람하는 것을 권하고 있다. 이 미술관이 3층에서부터 시대순으로 작품을 전시하고 있어 시대에 따른 미술 사조의 변화와 흐름을 쉽게 이해할 수 있기 때문이다.

　우리는 여행 출발 전 구매한 오디오 가이드 앱을 켜고 이어폰을 꽂았다. 어차피 전시한 작품 모두를 정독할 수는 없을 터이니, 오디오 가이드의 안내와 설명을 중심으로 감상할 계획이다. 오디오 가이드의 안내도 3층에서부터 시작된다. 그런데 우피치를 방문하는 사람들은 3층에서부터 관람을 시작해야 한다는 걸 미리 알고 오는 모양이다. 입구를 통과한 사람들이 모두 당연하다는 듯 3층을 향해 계단을 오르고 있다.

　3층에 도착했다. 와! 눈이 휘둥그레지며 가벼운 전율이 흘러갔다. 우리가 처음 마주한 곳은 넓고 긴 복도다. 1층의 회랑이 위층에서는 복도가 되어 있는 듯하다. 복도의 천장은 높고 우아하며 그 길이는 매우 길다. 밖에서 외관을 볼 때보다 더 길게 보여 아득함마저 느끼게 한다. 복도의 양쪽에는 조각품이 줄지어 놓여 있다. 관람객의 눈높이에 맞춰 흉상과 입상이 교차하며 눈길이 닿는 곳까지 일정한 간격으로 진열되어 있다. 내가 조각의 세계에 들어온 거 같아 걸음이 멈칫했다. 나중에 안

〈우피치 미술관 3층 복도〉

거지만 이런 조각의 세계는 건너편 건물 끝까지 3층 복도 전체에 펼쳐져 있었다.

우선 가까이 있는 조각상의 아랫부분을 살폈다. 조각가와 조각상의 주인공이 누구인지 읽어보려 했다. 그때 경고가 날아왔다.

"아빠, 하나하나 다 보려 하면 하루 종일 있어도 다 못 보아요. 그냥 오디오 가이드 따라가세요."

"으응. 알았다. 그럴게."

하긴 오디오 가이드가 안내하는 작품 수도 백 개나 된다.

"각자 자유 관람하고 12시에 미술관 내 카페에서 만나기로 해요. 카페는 건너편 건물 3층에 있어요. 거기에서 점심 먹어요. 사람이 많을 테니 시간 지키셔야 해요."

"알았다. 시간 지킬게."

그리고 우리는 헤어졌다. 각자의 감상 시간을 가졌다. 딸의 감시에서 벗어난 듯한 묘한 해방감이 일었다.

보티첼리의 방

우피치 미술관은 13세기부터 17세기까지의 작품을 시대순으로 전시했다. 미술 사조로 보면 르네상스의 태동기 미술부터 매너리즘을 거쳐 바로크 미술까지가 주축을 이루고 있다. 한 작가의 작품이 많은 경우에는 방 하나가 거의 그 작가의 작품으로 채워져 있다.

보티첼리(Sandro Botticelli)의 방이다. 전시실이 여느 방의 두세 배에 달할 만큼 크다. 그림 수도 많고 크기가 큰 대작도 많다. 그래서일까? 이 방은 관람객으로 가득하다. 몇몇 그림 앞에서는 어깨너머로 보아야 할 정도로 붐비고 있다.

사람이 가장 많이 몰려 있는 곳은 〈비너스의 탄생〉 앞이다. 그림은 가로 길이가 3m에 달하는 대형 그림인데, 그림 속 비너스는 완전히 나체다. 오른손으로 가슴을 살짝 가리고 왼손으로는 금발의 긴 머리를 끌어와 치부를 가린 게 전부다. 어찌 보면 이 정도의 가림은 보는 사람의 애간장만 태울 뿐 가렸다고 할 수도 없는 노릇이지만, 아무것도 가리지 않은 모습보다 정숙하게 보이는 건 분명한 거 같다.

바다 거품에서 태어난 비너스는 커다란 조개껍질을 타고 키프로스 섬에 상륙하고 있다. 서풍의 신 제피로스와 미풍의 여신 아우라가 크고 작은 바람을 일으켜 비너스가 탄 조개껍질 배가 섬에 닿도록 돕는다. 키프로스 섬 해안에서는 계절의 여신 호라이가 비너스에게 입힐 꽃무늬 옷을 들고 맞이하고 있다.

비너스는 아름답다. 금발의 긴 머릿결, 청순한 얼굴, 아직 소녀티가 남아 있는 양쪽 볼에는 옅은 홍조까지 담겼다. 투명한 피부와 군살 없는 몸매는 균형 잡힌 황홀감을 선사한다. 루브르 박물관에 있는 밀로의 비너스가 8등신 미모를 자랑한다지만 여기의 비너스처럼 포근한 정감을 주지는 않는다. 밀로의 비너스는 산술적 아름다움을 줄 뿐이다. 내가 보기에는 인간의 감성으로 보는 미의 여신, 사랑의 여신 비너스는 바로 여기에 있는 비너스인 것 같다. 미술사에서도 이렇게 인간의 시각에서 보는 아름다움을 표현한 것을 높게 평가해 새 시대를 열었다고 하는가 보다.

〈비너스의 탄생 - 산드로 보티첼리〉

    열흘간의 이탈리아 여행

〈비너스의 탄생〉 맞은편에 있는 그림 앞에도 사람들이 몰려 있다. 여기에는 〈프리마베라〉, 우리말로 번역하면 〈봄〉 그림이 있다. 이 그림의 크기는 〈비너스의 탄생〉보다 더 크다. 그림은 그리스 신들을 대거 등장시켜 봄의 정취를 형상화하고 있다.

밝은 햇살, 따스한 바람, 피어나는 많은 꽃과 함께 무르익는 사랑의 계절, 봄을 그리스 신들로 의인화한 작가의 기지가 놀랍다. 봄은 정녕 비너스와 에로스가 주인공인가 보다.

〈비너스의 탄생〉과 〈프리마베라〉를 번갈아 보노라니 닮은 모습이 많이 보인다. 두 그림의 주인공인 비너스가 닮았다. 옷을 입고 안 입고의 차이일 뿐 금발의 머리, 갸름한 얼굴, 긴 목을 드러내며 얼굴을 기울인 각도, 이목구비의 모양까지 닮았다. 가히 보티첼리 표 비너스라 할 만하겠다.

제피로스의 얼굴도 닮았다. 주위 배경에 따라 몸의 색깔은 변했어도 같은 대상을 그린 게 틀림없다. 조연을 맡은 〈비너스의 탄생〉의 호라이와 〈프리마베라〉의 플로라는 입고 있는 옷이 닮았다. 둘은 서로 다른 신이지만 똑같이 꽃무늬가 잔뜩 들어간 긴 드레스를 입었다. 옷을 입은 맵시가 같은 신을 보고 있는 듯하다.

〈프리마베라 - 산드로 보티첼리〉

닭은꼴 옷맵시를 보여주는 여신이 또 하나 있다. 〈프리마베라〉 옆에 있는 〈팔라스와 켄타우로스〉 그림 속 팔라스(그리스 신화 아테나) 여신이다. 팔라스 여신은 전쟁의 신답게 왼손에 커다란 미늘창을 곧추세우고, 오른손으로는 켄타우로스의 머리채를 움켜쥐고 있다. 물리적으로나 심리적으로 완전히 켄타우로스를 제압한 모습이다. 반면 상반신은 인간, 하반신은 말의 형상인 켄타우로스는 본연의 야성을 잃고 완전히 겁먹은 얼굴로 멋쩍어하고 있다.

이 그림 속 팔라스는 '위대한 자'로 불리는 로렌초 데 메디치(Lorenzo de' Medici)를, 켄타우로스는 교황 식스투스 4세를 상징한다고 한다. 교황 식스투스 4세는 메디치가를 궤멸시키기 위해 암살과 전쟁을 획책하는데, 로렌초가 이를 모두 잠재우고 마침내 교황과도 화해를 이룬다. 보티첼리는 이 일련의 사태를 하나의 그림으로 압축해 그렸다.

그러나 이 그림에서 내 흥미를 끄는 건 팔라스의 외적 이미지였다. 팔라스의 외모는 앞서 본 두 그림의 호라이, 그리고 플로라와 많이 닮았다. 입고 있는 옷의 무늬가 미세하게 다를 뿐 그 이미지는 매우 비슷하다. 두 다리 사이로 얇은 드레스가 끼어 들어간 모습마저 닮았다. 한 작가의 여러 그림을 한 곳에서 감상하는 재미가 이런 데 있나 보다.

〈팔라스와 켄타우로스 - 산드로 보티첼리〉

우피치는 르네상스 회화를 전시하는 대표적인 미술관이고, 그중에도 우피치를 대표하는 전시실은 보티첼리의 방이라고 한다. 보티첼리의 방에는 앞서 본 〈비너스의 탄생〉, 〈프리마베라〉, 〈팔라스와 켄타우로스〉 외에도 한 번쯤 보았을 만한 그림이 많이 전시되어 있었다. 메디치 가문을 한껏 치켜세운 〈동방박사의 경배〉, 〈메달을 든 남자〉가 있고, 성모 마리아를 너무 아름답게 그린 〈찬가의 성모〉, 천사 가브리엘이 동정녀 마리아에게 나타나 예수 그리스도의 잉태를 예고하는 〈수태고지〉가 있다. 그뿐만이 아니다. 유디트가 홀로페르네스의 목을 벤 후 광주리에 담아 시종의 머리에 이게 하고 당당하게 돌아오는 〈유디트의 귀환〉도 전시되어 있다. 이를 보면 우피치를 대표하는 미술가는 보티첼리라고 하는 데에 이견이 없겠다.

보티첼리의 방에서 꽤 많은 시간을 보냈다. 보낸 시간이 많은 만큼 재미도 있었다. 언제 어디서나 보티첼리의 그림은 알아볼 수 있겠다는 자신감이 일었다. 무엇보다도 정형화된 틀을 벗어나 인간의 감성으로 이해하고 표현한다는 것이 무슨 뜻인지 어렴풋이나마 깨닫는 계기가 되었다. 보티첼리의 미술적 재능보다 그의 인문학적 소양이 더 존경스러워졌다.

미술관 속의 미술관 '트리부나'

보티첼리의 방을 나서 전시실 몇 개를 지났다. 동선을 따라 복도에 나와 보니 이제 동관의 딱 절반을 지나온 거 같다. 조금 서둘러야겠다

     열흘간의 이탈리아 여행

고 생각하는데 눈앞에 긴 줄이 있다. 줄은 50미터는 족히 되어 보인다. '뭐지?' 의아해하면서 뒤로 돌아가 줄에 합류했다. 비싼 입장료를 내고 들어와 다시 줄을 선다는 건 무언가 중요한 관람 거리가 있다는 뜻일 것이다.

그곳은 '트리부나(Tribuna)'로 이름 붙여진 방이었다. 토스카나 대공국을 세운 코시모 1세의 장남으로 2대 대공이 된 프란체스코 1세가 만든 사적 박물관이다. 프란체스코 1세는 아버지가 세운 우피치의 건물 일부를 리모델링하여 조상 대대로 수집한 예술품을 보관, 전시하는 공간으로 만들었다. 일반에게 공개하지 않는 가족 박물관을 만든 셈이다.

트리부나는 8각형으로 되어 있다. 기독교 문화권에서는 8이 새로운 시작, 부활, 천국에 다가가는 숫자로 인식하여 세례당이나 바실리카 등 중요한 건물을 지을 때 8각형을 적용하곤 한다고 한다. 하느님의 천지 창조가 7일 만에 끝나 7이 완전함과 마무리를 뜻한다면, 그다음인 8은 새로운 창조의 시작으로 여긴다는 것이다.

트리부나의 천장은 돔으로 되어 있다. 8각형의 벽체가 위로 솟구치는 지붕 형태를 만들었다. 돔 천장에는 수천 개의 진주를 달아 돔 중앙에서 들어오는 햇빛을 반사하며 반짝거린다. 빛을 반사하는 천장은 시원스레 한결 높아 보인다. 그러고 보니 이 방의 형태는 어제 본 산 조반니 세례당을 축소해 놓은 듯하다. 8각형 벽면과 돔 지붕 형태가 크기만 다를 뿐 똑같은 모양이다. 기독교 문화권에서의 8각형을 다시 생각하게 한다.

여기는 통제선 밖에서만 내부를 관람할 수 있다. 바닥 때문이라고 한다. 바닥은 여러 색상의 대리석으로 꽃무늬를 연출하고 있다. 저기에 사용한 대리석은 튀르키예, 이집트, 그리고 북아프리카에서 수입한 것이라 한다.

화사한 대리석 바닥 한가운데에는 화려한 8각형 탁자가 놓여 있다. 그 탁자는 온 우주의 중심을 차지한 듯하다. 탁자를 중심으로 벽면을 따라서 여러 조각품이 우아하게 진열되어 있는데, 모두 고대 로마 시대 작품이라고 한다. 조각상의 주인공이 누구인지 궁금하다. 레슬링 경기를 벌이는 두 남자가 있고, 원반던지기를 하는 사람, 쪼그려 앉아 숫돌에 칼을 갈며 먼 곳을 바라보는 사람, 어린아이들의 조각상 등이 모두 가운데 탁자를 향해 도열해 있다.

조각상 중 가장 눈길을 끄는 건 관람객 맞은편에 서 있는 비너스상이다. 비너스는 우아하다. 이 우아한 비너스를 〈메디치의 비너스〉라 부른다고 한다. 메디치가가 소장한 비너스라는 뜻이겠다. 메디치의 비너스는 나신으로 오른손으로는 가슴을, 왼손으로 치부를 가린 모습이다. 앞서 본 보티첼리의 비너스와 많이 닮았다. 보티첼리의 비너스가 아름답다면 메디치의 비너스는 우아하다. 내게는 메디치의 비너스가 더 친근하게 느껴진다. 보티첼리의 비너스가 외모의 아름다움이라면 메디치의 비너스는 지성이 담긴 고상한 아름다움이 느껴진다.

조각 작품 뒤 8각 벽면에는 크고 작은 그림들의 향연이다. 벽은 온통 붉은 벨벳으로 덮였고, 붉은 벨벳 위에 금색 테를 두른 그림 액자가 가지런히 걸려 있다. 가히 메디치 가문의 박물관이라 할 만하다. 너무 탐나는 공간이고, 내게 그만한 능력이 있다면 한번 만들어 보고 싶은 공간이다. 일부 사람들은 돈 자랑을 했다고 비난할지 모르겠다.

〈트리부나〉

동화 같은 그림
- 안드로메다를 구하는 페르세우스

신기한 그림이 앞에 있다. 가장 훌륭한 르네상스 회화 전시장이라는 우피치 미술관에 어울리지 않는 것 같은 그림이다. 어릴 적 보던 그림동화에 나올 법한 그림이다.

그림의 제목은 〈안드로메다를 구하는 페르세우스〉, 이 그림을 그린 화가는 피에로 디 코시모(Piero di Cosimo)이다. 코시모는 15~16세기 피렌체에서 활약한 르네상스 시대의 화가다.

〈안드로메다를 구하는 페르세우스〉는 그리스 신화 속 영웅 페르세우스 이야기를 소재로 했다. 페르세우스는 제우스 신과 인간 다나에 사이에 태어난 반신반인이다. 신이든 인간이든 예쁜 여성은 수단과 방법을 가리지 않고 취하는 제우스가 청동 탑에 감금된 다나에에게 빗물로 변신해서 다가가 동침한 결과로 태어났다. 그가 성장하여 과업을 받고 메두사의 목을 베는 건 어제 시뇨리아 광장의 로자 데이 란치에서 〈메두사의 목을 들고 있는 페르세우스〉 조각상을 바라보며 회상한 바 있다. 〈안드로메다를 구하는 페르세우스〉는 그 이후 페르세우스가 메두사의 머리를 자루에 넣고 돌아오는 길에 일어난 사건이다.

페르세우스는 하늘을 날아서 돌아오다가 아름다운 소녀가 바다 괴물의 먹이로 묶여 있는 걸 발견한다. 이 소녀는 이디오피아의 공주 안드로메다였다. 안드로메다는 어머니 카시오페이아가 범한 죄 때문에 희생 제물로 바쳐진 것이었다. 카시오페이아는 자신의 미모에 지나친 자부심을 가져, 자신의 미모가 바다의 신 네레우스의 딸들보다 낫다고 공공연하게 떠들고 다녔다. 격노한 바다의 신은 괴물을 보내 나라를 황폐화하게 만들었다. 이디오피아의 왕은 이 괴물을 달래는 방법을 찾기 위해 신전을 찾았고, 소녀를 제물로 바쳐야 한다는 신탁이 내려졌다. 아무런 잘못이 없는 안드로메다 공주가 제물이 되어 바닷가 벼랑에 묶였다. 그리고 괴물이 그녀에게 다가간다. 페르세우스가 이 순간을 목격했다. 그는 안드로메다에게 달려가 결혼을 약속받고 괴물을 처치해 그녀를 구한다.

화가는 이 순간을 그렸다. 그런데 이 그림은 언뜻 보면 그림동화 같고, 달리 보면 만화 같다. 눈에 익은 르네상스 시대 그림과 비교하면 낯선 장면이 하나둘이 아니다. 이 시대의 미술은 대체로 그리스 신화나 성경 속 이야기를 아름답게 표현했다는 선입견과는 사뭇 다르다.

　　　　　　　열흘간의 이탈리아 여행

그림의 주인공은 거친 숨을 내뿜으며 고통 속에 죽어가는 괴물 같다. 페르세우스가 휘두른 칼에 피를 흘리고 있는 괴물은 그림의 정중앙에서 그림의 반을 차지하고 있다. 괴물과 비교하면 주인공이라 할 페르세우스나 안드로메다는 너무 작아 군중 속에 묻힌 단역 배우 같다.

바다 괴물의 모습은 낯설다. 동양의 옛 그림에서는 거의 볼 수 없는 모양이다. 유럽에서는 이러한 괴물을 용이라고 한다는데 동양에서 생각하는 용의 형태와 매우 다르다. 하긴 동양에서의 용은 신성한 이미지가 강해 사람이 대적할 상대가 아닌데, 유럽에서는 괴물로 취급하여 영웅들의 사냥감이 되니 그 형태가 다름이 당연할지 모르겠다.

그림 속에서 페르세우스는 둘이다. 하나는 하늘을 날아 사건 현장으로 달려오고 있고, 다른 하나는 괴물의 등에서 칼을 휘두르고 있다. 지극히 만화 같은 설정이다. 페르세우스가 헤르메스에게 빌린 날개 달린 부츠를 신고 하늘을 날고 있었다는 내용과 괴물을 처치한다는 내용을 모두 담으려니 페르세우스를 두 번 그린 것으로 보인다.

하나의 그림에 두 개의 장면을 그린 건 또 있다. 그림을 바라보면 왼편에 있는 사람들은 슬픔과 비탄에 빠져 있다. 아마 이들은 희생되는 안드로메다를 향한 동정심이 발동했을 것이다. 그런데 오른편 사람들은 악기를 치며 환호하고 있다. 이들은 페르세우스가 괴물을 처치하고 안드로메다를 구하는 장면을 보고 있을 것이다. 그러니까 이 그림 속에는 안드로메다가 괴물에게 희생되려는 장면, 이를 보고 달려오는 페르세우스, 마침내 페르세우스가 괴물을 처치하는 장면이 모두 들어 있다. 이야기책 같지 않은가?

그보다 정말 흔치 않은 모습이 또 하나 있다. 그림에 등장하는 사람들은 페르세우스를 제외하고는 모두 흑인이다. 안드로메다 역시 흑인이다. 아마 화가는 그리스 신화에서 이 사건이 일어난 곳이 이디오피아라는 데 집중했나 보다. 책을 통해 이 장면을 그린 몇 개의 작품을 보았으나 유럽식 용을 그리거나 등장하는 인물들을 흑인으로 표현한 건 처음 본다.

피에로 디 코시모라는 화가는 우리에게 그리 익숙한 이름은 아니다. 아마 그는 매우 독창적이고 상상력이 뛰어났던 거 같다. 궁금해서 찾아본 그에 관한 자료에는 환상적 세계를 표현하는 데 능했다고 소개하고 있다. 그는 참 재미있는 그림을 남겼다. 온통 진지함으로 가득 차 있는 머릿속에 밝고 시원한 바람이 지나가는 듯하다. 세상은 넓고 재능 있는 사람도 많다는 걸 새삼 느끼게 한다.

〈안드로메다를 구하는 페르세우스 - 피에로 디 코시모〉

                                                 열흘간의 이탈리아 여행

레오나르도 다 빈치의 그림들

드디어 르네상스 3대 거장의 작품을 전시한 곳에 다가간다. 레오나르도 다 빈치, 미켈란젤로, 라파엘로가 르네상스를 대표하는 3대 거장이라는 건 학교에서 익히 배웠다. 정작 그들을 왜 거장이라고 하는지는 아직도 정확히 깨치지 못하고 있지만……. 하긴 그건 전문가의 영역이다. 아마추어인 나는 유명한 작품 앞에서 나름의 즐거움을 얻고, 작품 속에 담긴 의미를 깨우치면 될 일이다.

세 거장의 전시실 중 레오나르도 다 빈치의 방을 가장 먼저 만났다. 〈그리스도의 세례〉라는 작품이 먼저 눈길을 끈다. 이스라엘의 요단강에서 예수 그리스도가 세례자 요한으로부터 세례를 받는 성경 속 장면을 그렸다.

그런데 이 그림을 그린 화가가 두 사람으로 되어 있다. 이 작품은 안드레아 델 베로키오(Andrea del Verrocchio)와 레오나르도 다 빈치의 공동 작품이다.

베로키오는 다 빈치의 스승이다. 그러니까 이 그림은 다 빈치가 베로키오의 공방에서 견습생으로 공부하고 있을 때 그려졌다. 베로키오는 그림의 구성과 주된 부분을 그려놓고 작은 부분을 제자 다 빈치에게 맡겼다. 이런 식으로 그림 하나를 완성하는 건 당시의 미술 공방에서 일반적인 방식이었다고 한다.

스승이 그려놓은 그림에 다 빈치가 그린 부분이 바로 어린 두 천사라고 한다. 그러고 보니 내 눈에도 다 빈치가 그린 부분과 베로키오가 그린 부분이 차이가 있어 보인다. 다 빈치가 그린 부분이 더 부드럽게 느껴진다고 해야 할까?

〈그리스도의 세례 - 안드레아 델 베로키오와 레오나르도 다 빈치〉

베로키오는 나중에 다 빈치가 그린 부분을 보고 제자의 재능이 자신보다 뛰어남을 알아보았다고 한다. 그래서 베로키오는 다시는 붓을 들지 않았고 조각에만 전념했단다. 그런 까닭에 〈그리스도의 세례〉는 베로키오의 마지막 회화 작품이 되었다.

이러한 이 그림의 뒷이야기는 다 빈치의 이름값을 더 올려주는 거 같다. 하지만 그림 뒤의 이야기를 듣고 있는 내게는 베로키오의 스승다움이 더 멋지게 느껴진다. 다른 사람의 재능이 나보다 뛰어나다는 걸 스스로 인정하는 게 어디 쉬운 일인가? 이런 스승을 만난 다 빈치는 행운아였다.

    열흘간의 이탈리아 여행

미완성작인 〈동방박사의 경배〉를 지나 이 방에 있는 다 빈치의 세 작품 중 유일하게 혼자서 완성한 그림 앞에 섰다. 이 작품은 〈수태고지〉다. 천사 가브리엘이 동정녀 마리아에게 내려와 예수의 잉태를 예고하고, 마리아가 이를 받아들이는 장면을 그린 그림이다. 이 순간은 신의 아들 예수가 인간으로서 삶을 얻게 되는 첫 순간이자, 동정녀 마리아가 신의 어머니, 곧 성모가 되는 순간이다. 또 예수가 신성과 인성을 동시에 지닌 존재임을 나타내는 장면이기도 하다.

많은 〈수태고지〉 작품 중 다 빈치 작품의 특징은 이 사건이 일어나는 공간이 실외라는 데 있다고 한다. 천사 가브리엘은 잘 정돈된 정원을 배경으로 한쪽 무릎을 꿇고 있고, 마리아는 고급스러운 건물 회랑에 의자를 놓고 앉아 있다. 이 설명을 듣고 보니 지금까지 보아 온 〈수태고지〉 그림들의 배경은 모두 실내였다는 데 생각이 미쳤다.

다 빈치의 〈수태고지〉 그림 속 분위기는 매우 성스럽다. 배경이 되는 공간은 부유함이 묻어나고, 마리아는 귀족 부인 이미지를 물씬 풍긴다. 맹금류의 날개를 가진 가브리엘 천사는 튼튼한 건강과 함께 우아함을 풍긴다.

글쎄. 이 작품이 화가의 미술적 재능을 유감없이 발휘한 작품인지는 모르겠다. 다만 내게는 예수 그리스도의 잉태를 예고하는 상황치고는 너무 귀족적이라는 느낌이 들었다. 성모 마리아가 자란 집안 환경이나, 힘없고 가난한 자를 위해 가장 낮은 곳에 임하신 예수 그리스도의 행적을 생각하면 이 그림의 풍경은 지나칠 정도로 부유한 환경이다. 귀족의 딸 마리아에게 잉태하는 예수를 그린 것 같아 씁쓸한 기분이 들었다.

〈수태고지 - 레오나르도 다 빈치〉

라파엘로와 미켈란젤로의 방

다 빈치의 방을 지나서 라파엘로와 미켈란젤로의 방에 들어왔다. 두 예술가 모두 방 하나씩 차지해도 부족함이 없는 불세출의 거장들이지만, 우피치 미술관에는 이들의 작품 수가 적어 한 방에 함께 전시하는 것 같다. 그러나 비록 작품 수는 적어도 꽤 흥미로운 그림들이 전시되어 있었다.

먼저 눈에 들어오는 건 미켈란젤로의 그림이다. 이 방에 미켈란젤로의 작품이 단 한 점 전시된 것으로 보아 우피치 미술관에서 소장한 그의 작품은 이게 전부인 듯하다. 그의 그림은 〈톤도 도니(Tondo Doni)〉로 이름이 붙여져 있다. 성 가족을 그린 그림이다. '톤도'란 메달과 같이 둥근 모양을 가리키는 말로 원형으로 그려진 그림을 통칭하는 일반명사다. '도니'는 이 그림을 의뢰했던 피렌체의 상인 이름이다. 그러니까 〈톤도 도니〉는 도니가 소장했던 원형 그림의 뜻이 되겠다.

그림의 중심에는 성 가족이 있다. 마리아와 남편 요셉, 그리고 아기 예수가 함께 있는 단란한 가족의 모습이다. 요셉의 머리가 훌러덩 벗어져 지나치게 늙어 보이는 게 조금 눈에 거슬리지만, 아기 예수가 요셉의 무릎에 앉아 마리아의 머리를 매만지며 장난치는 모습이 귀엽다. 그런 아기 예수가 행여 뒤로 넘어질까, 마리아의 눈빛에는 염려가 잔뜩 실려 있다. 성 가족 뒤에는 나체의 젊은이들이 나지막한 담장을 따라 몰려 있다. 이들은 마치 그림의 배경이 되는 듯한데 요단강에서 세례를 받으려는 자들이란다. 그림 오른쪽 귀퉁이에 있는 아기 요한이 이를 상징적으로 나타내고 있단다.

미켈란젤로는 회화와 조각 중 조각의 우위를 주장한 것으로 유명하다. 회화의 우위를 주장하는 레오나르도 다 빈치와 이를 두고 격하게 대립했다고 알려져 있다. 그는 로마 시스티나 성당의 천장화 〈천지창조〉나 벽화 〈최후의 심판〉의 의뢰를 받았을 때도 자신은 조각가라며 거세게 저항했다 하지 않은가? 그래서인지 〈톤도 도니〉 앞에 서면 첫눈에 들어오는 인상이 꽤 낯설다. 마치 대리석 조각 작품에 색을 입힌 것 같다. 마리아의 팔뚝은 울퉁불퉁하여 건장한 남자의 팔뚝 같고, 아기 예수의 팔다리는 성인 못지않게 근육질이다. 조금 흐릿한 뒷배경 속 젊은이들도 하나 같이 보디빌더 신체를 가졌다. 부드러운 아름다움보다는 낯설고 거친 인상이 먼저 느껴진다.

미술사적으로 이 그림이 어떤 의미가 있는지 모르겠다. 혹시 미켈란젤로라는 거장의 이름 때문에 그림의 가치가 함께 올라간 건 아닌가? 성 가족을 그린 많은 그림 중에 왠지 이상한 그림으로 나는 기억할 것 같다.

〈톤도 도니 - 미켈란젤로 부오나로티〉

반면에 이번에는 정말 아름다운 그림이 있다. 그림 중앙에 앉아 있는 성모 마리아의 붉은 드레스와 그 위에 걸쳐 입은 푸른 겉옷이 선명한 대비를 이루며 눈길을 끄는 작품이다.

이 그림은 라파엘로의 〈검은 방울새의 성모〉다, 세상에 너무 많이 알려져 오늘 그 진품을 보기 훨씬 전부터 눈에 익은 그림이다. 성모는 너무 아름답다. 가지런히 정돈된 금발의 가는 머릿결, 넓은 이마, 오밀조밀 균형 잡힌 이목구비, 엷은 홍조가 스쳐 가는 양쪽 볼, 두 아이를 바라보는 자애로운 눈길, 이 이상 더 아름다운 여인이 어디 있을까? 거기

열흘간의 이탈리아 여행

에 더해 아이들을 돌보는 중에도 왼손에 책을 들고 글을 읽는 지성까지 갖추었다. 이 그림 속 성모는 외모뿐만 아니라 내적인 성숙함과 아름다움까지 은은하게 풍기고 있다.

성모 뒷배경도 아름답다. 은은한 자연 풍광이다. 흰 구름과 푸른 하늘이 조화롭고, 먼 산과 가까이 있는 평원, 작은 강, 성전이 있는 마을까지 어느 한 곳 뒤질 게 없는 아름다운 공간이다. 아름다운 공간이 아름다운 성모를 더욱 아름답게 한다. 좌우 가깝게 서 있는 나무들마저 성모의 자태를 돋보이게 한다.

두 아이의 자태가 묘하다. 왼편에서 검은 방울새를 살포시 쥐고 있는 어린 세례자 요한은 개구쟁이티가 묻어난다. 마치 파마한 것처럼 심한 곱슬머리가 그의 장난기를 더해 주는 것 같다. 반면 아기 예수에게서는 어른티가 풍긴다. 짧은 머리를 하고, 검은 방울새를 쓰다듬으며, 요한의 얼굴을 바라보는 눈길이 네 뜻을 충분히 알겠다는 듯한 표정이다. 왼손을 자신의 허리에 얹혀 당당함마저 내보이고 있다. 생일이 6개월 빠른 요한은 애 같고, 오히려 동생 인 아기 예수는 어른스럽다.

검은 방울새는 예수 그리스도의 수난을 상징한다고 한다. 검은 방울새는 십자가를 진 그리스도가 가시관을 쓰고 골고다 언덕을 오를 때 그리스도의 이마에 박힌 가시를 빼주었다고 한다. 어린 예수는 검은 방울새를 사랑스럽게 쓰다듬고 있다. 그러나 그의 눈빛에는 고뇌와 슬픔이 담겨 있다. 인류의 구원을 위해 자신이 감내해야 할 고난의 전조를 그렇게 맞이하고 있다. 십자가에 못 박히기 전날 예수 그리스도가 드린 기도 '주여, 피해 갈 수 있다면 이 잔을 저에게서 거두어 주소서. 그러나 제 뜻대로 마시고 당신 뜻대로 하소서.'의 의미가 고스란히 담겨 있는 듯하다. 아름다운 그림 속에 숭고한 의미가 담겼다.

라파엘로와 미켈란젤로의 방에 전시된 작품 수는 그리 많지 않다. 그러나 세상에 널리 알려진 거장들의 작품이 있는 곳이라 찬찬히 음미하는 관람객 수는 많았다. 그중 가장 많은 사람이 서 있는 곳은 〈톤도 도니〉와 〈검은 방울새의 성모〉 앞이었다. 내 발걸음이 가장 오래 머문 곳 역시 〈검은 방울새의 성모〉 앞이다. 우피치에서 본 회화 작품 중 가장 아름답고 뜻이 깊은 그림이었다. 그림 속에 등장하는 많은 성모 중에 가장 우아한 성모를 만났다.

〈검은 방울새의 성모 - 라파엘로 산치오〉

　　　　　　　　　　　　　　　　　　열흘간의 이탈리아 여행

니오베의 방 - '매사에 겸손하라'

우피치 미술관 3층은 긴 복도를 따라 많은 조각품이 진열되어 있다. 그런데 니오베의 방은 그와 별도로 또 조각품을 전시한 방이다. 복도에 있는 건 너무 많아 다 보지 못해도 이 방의 조각품은 꼭 보고 가라는 뜻으로 느껴졌다. 더욱이 방의 이름이 '니오베의 방'이다. 니오베는 그리스 신화에서 오만을 떨다 돌이 된 비극의 주인공이 아닌가? 자연스레 발길이 그 방으로 향했다.

니오베는 테베의 왕 암피온의 아내다. 곧 그녀는 왕비였다. 둘 사이에 7명의 아들과 7명의 딸이 있었다. 왕비 신분에 잘 자란 아들딸을 둔 니오베는 세상에 부러울 게 없었다. 그런데 그것이 그녀를 오만하게 만들었다. 오만함이 넘친 그녀는 자신이 레토 여신보다 더 훌륭하다 떠들고 다녔다. 레토 여신이 누구인가? 제우스와의 사이에서 아폴론과 아르테미스를 낳은, 여러 신 중에서도 어른인 신이다. 그런 레토를 상대로 니오베는 자신이 더 많은 아들과 딸을 가졌다며 자랑하고 다녔다. 분노한 레토는 아폴론에게 니오베의 일곱 아들을, 아르테미스에게 일곱 딸을 죽이라고 지시한다. 아폴론과 아르테미스는 전쟁의 신, 사냥의 신이 아니던가? 둘이 쏜 화살은 여지없이 니오베의 열네 명 자식들을 꿰뚫는다. 후회는 늦었다. 슬픔을 견디지 못한 니오베는 돌로 변하고 만다. 애초에 인간은 신과 경쟁하는 게 아니다.

이 이야기를 소재로 고대 로마에서 만든 조각상 13개가 16기에 로마에서 발굴되었다. 이것을 메디치가가 매집했고, 최종적으로 우피치에

자리 잡았다. 전시실의 첫인상은 트리부나를 닮은 거 같다. 고상하게
꾸며 놓은 천장, 벽에는 벽화, 벽 앞에는 니오베 가족들의 조각상이 다
양한 자세로 서 있다. 막내딸을 끌어안은 니오베의 모습이 안타깝기 그
지없다. '글쎄, 자랑스러운 건 마음속에 간직해야지.' 하는 마음이 절로
일어났다.

〈니오베의 방〉

                                    열흘간의 미탈리아 여행

우피치 미술관의 구내 카페

니오베를 바라보며 겸손을 생각하고 있을 때 딸의 메시지가 왔다.

"줄이 길어지고 있어요. 얼른 오세요."

벌써 점심시간이 된 모양이다.

"알았다. 곧 갈게."

답을 보내고 빠르게 발걸음을 옮겼다. 아직 들어가지 못한 세 개의 전시실은 건너뛰었다. 마지막 복도 끝에 있는 '라오콘 군상'을 곁눈질하며 카페 입구로 들어섰다.

호! 딸 앞에는 두 팀이 대기하고 있다. 내가 도착한 때에 맞춰 그들이 들어가고, 곧이어 우리도 안으로 들어섰다.

메뉴판이 간단하다. 음식값도 싸다. 음식값에 비교하면 커피값이 비싼 편이다. 커피는 6유로, 파니니는 8유로, 우리는 커피 두 잔과 파니니 둘을 주문했다. 채 10분이 지나기 전에 음식이 나왔다. 파니니는 언뜻 작은 샌드위치 내지는 햄버거 같은데 보기와 달리 양이 적지 않다. 한 끼가 될까 싶었는데 충분히 포만감이 들었다.

식사를 끝내고 혼잡한 입구를 피해 테라스로 통하는 문으로 나섰다. 바깥 공기가 시원하다. 스쳐 가는 바람결에 머릿속 깊은 곳까지 상큼해지는 기분이다. 고개를 들어 위를 바라보았다. 와우! 베키오 궁전의 종탑이 머리 위에 있다. 높게 높게 솟아 있는 종탑이 사뭇 위압적이면서도 한편으로는 장엄하다. 미켈란젤로 광장이나 시뇨리아 광장에서 바라보는 원경과는 확연하게 다르다. 여기 우피치 미술관의 테라스가 베키오 궁전의 위용을 가장 잘 느낄 수 있는 곳으로 느껴졌다.

"아빠, 두 시에는 여기에서 출발해야 해요. 또 떨어지면 두 시 오 분 전에 기념품 가게에서 만나요."

2층으로 내려가는 계단에서 딸이 새삼 주의를 환기했다.

"그래. 그러자. 가게에서 우피치 도록 하나는 사야 하지 않겠니?"
"여러 종류가 있을 텐데……. 그럼 여유 있게 오세요."
"좋아."

오후 일정이 시작되었다.

신이라는 이름의 누드

오후 일정은 바쁘다. 오전 내내 3층에만 있어 2층은 고스란히 남았다. 우리에게 남은 시간은 이제 한 시간 정도, 이제는 빠르게 훑을 수밖에 없다. 조바심이 날수록 발이 머무는 곳과 눈길이 닿는 곳이 따로 놀고 있다. 점심시간에 꼭 들러야 할 전시실을 정해 놓고 그 방에 집중할 걸 그랬나 보다. 후회해도 이미 늦었지만…….

그런데도 발길을 붙드는 전시실이 있다. 티치아노(Tiziano Vecellio)의

〈플로라 - 티치아노 베첼리오〉

방이다. 여기에는 아름다운 여인들의 누드화가 걸려 있다. 그리스 여신들의 그림이다. 초상화로 유명한 티치아노이지만 그리스 여신들을 직접 본 적은 없을 테니 그가 상상했던 여신일 것이다.

플로라 여신이 있다. 작품명도 〈플로라〉다. 그리스 신화에 나오는 꽃의 여신이다. 오전에 본 보티첼리의 작품 〈프리마베라〉에 등장하는 여신이다. 그런데 사뭇 분위기가 다르다. 보티첼리의 플로라는 꽃무늬 가득한 원피스를 입고 봄꽃을 뿌리는 화사한 여신이었다. 꽃이 피어나는 초원에 서 있는 까닭에 신발만 신지 않았을 뿐 예스럽다 할 정도로 긴 옷을 입었었다. 티치아노의 플로라는 아슬아슬하다. 상반신만 그려진 여신은 젊고 아름다운 얼굴이다. 겹겹이 주름 잡힌 하얀 옷은 미풍에도 나부낄 듯한데, 한쪽 어깨가 훤히 드러나도록 흘러내려 금방이라도 가슴이 드러날 듯 조마조마하다. 어린아이처럼 매끈한 피부에 통통하게 살이 올라 풍만해진 가슴은 헛된 상상을 불러일으킬 만하다. 그녀가 꽃의 여신 플로라라는 건 오른손에 들고 있는 한 움큼의 장미꽃이 유일하다. 티치아노는 여신의 이름으로 선정성 있는 여인을 그린 듯하다.

〈우르비노의 비너스〉는 머리띠와 팔찌, 귀걸이, 반지 등 여성들의 장신구를 제외하면 실오라기 하나 걸치지 않은 누드다. 그리고 침대에 비스듬히 누워 있다. 그녀의 왼손은 치부를 가렸다고 하지만 오히려 보는 사람의 시선을 끌어오려는 의도가 다분해 보인다. 거기에 더해 그녀의 시선은 당돌하게 관객을 바라보고 있다. 내가 그녀를 보는 건지 그녀가 나를 보고 있는 건지 모르겠다. 벌거벗은 몸으로 다리를 꼬고 침대에 누워 앞에 있는 나를 호기심 어린 눈으로 바라보고 있는 여인을 뭐라고 해야 할까? 가히 요부의 모습 아닌가?

그런데 그녀는 비너스 여신이다. 사랑의 여신 비너스다. 〈비너스의 탄생〉에서 비너스는 이제 막 태어났으니까 벌거벗었다는 변명을 할 수 있겠다. 그래도 그 벗은 모습에는 부끄러움이 담겨 있었다. 〈우르비노의 비너스〉의 비너스는 노골적으로 유혹하는 여인이다. 더욱이 그림의 크기가 119×165cm로 그림 속 비너스는 실제 사람의 크기와 거의 같다.

우르비노는 이탈리아 중부에 있는 도시다. 티치아노에게 비너스 그림을 의뢰한 사람은 귀도발도 2세(Guidobaldo Ⅱ)로 후에 우르비노의 공작이 되는 귀족이다. 이 그림의 작품명이 〈우르비노의 비너스〉가 되는 연유다. 귀도발도 2세는 정략결혼에 의해 아주 어린 나이의 신부를 맞이하게 되어, 이 그림을 자신의 신방에 걸어두기 위해 주문하였다고 한다.

　　　　　　　　　　　　　　　　　　열흘간의 이탈리아 여행

여신의 모습을 상상하고 감상하기 위함이 아니라 어린 신부에게 부부 간의 사랑을 가르쳐주기 위한 교육적인 목적이 짙었다는 얘기다.

이를 보면 르네상스 시대의 미술가들은 그리스 신이라는 이름으로 마음껏 사람의 누드를 그렸던 것 같다. 그 대상이 남자든 여자든, 미술의 장르가 회화이든 조각이든 이는 공통된 사항이다. 신이라는 이름의 누드, 피렌체에서 새삼 깨닫게 된 추론이다.

〈우르비노의 비너스 - 티치아노 베첼레오〉

다시 로마로

두 시에 우리는 우피치 미술관을 나섰다. 기념품 가게에서 도록 한 권을 고르려 했지만 2층 관람에 시간을 너무 많이 써 그럴 시간이 없었다. 서둘러 호텔로 돌아가 가방을 찾은 후 기차역을 향해 바삐 걸었다. 기차에 올라 가방을 선반에 얹고 자리에 앉자마자 곧바로 잠이 든 모양이다.

내가 잠에서 깨어난 건 기차가 로마 시내로 들어서고 있을 때였다. 의자 앞 선반 위에 철도 회사가 제공했을 주전부리가 뜯지 않은 상태로 그대로 놓여 있다.

"자고 있으니까 승무원이 그냥 놓고 간 모양이구나."

딸을 바라보며 말했다.

"내가 받아 놓았어요."
"토스카나 차창 밖 풍경을 한 번 더 보려 했는데 놓쳤네. 아쉽다."

딸은 대꾸도 하지 않고 피곤한 듯 하품만 했다.

로마에서 묵을 두 번째 숙소는 테르미니역 바로 옆 블록에 있다. 내일 일정과 모레 저녁 공항으로 이동할 것을 염두에 두고 일부러 역과 지근거리에 있는 호텔을 예약했었다.

호텔로 향하는 길목이 조심스럽다. 왠지 치안 상태가 불안해 보인다. 물건을 빽빽이 진열한 가게와 허름한 식당이 줄지어 있는데 영 정돈된 느낌이 들지 않는다. 1980~90년대 서울의 청량리역 주변 풍경을 보는 듯하다. 코너를 돌아 우리가 묵을 호텔에 다다랐을 때, 그 옆에는 많은

 열흘간의 이탈리아 여행

흑인이 길에서 떠들고 있었다. 이들은 중앙아프리카 출신인 듯 피부색이 유난히 검고 젊은 남자들 일색이었다. 아마 저기가 하루 일자리를 구하는 일자리 안내소인 것 같다는 짐작이 갔다. 연유야 어쨌든 어둑어둑해지는 때 허름한 복장의 젊은 흑인 무리는 두려움을 일으켰다. 아마 내게 아직 흑인에 대한 선입견이 있어 그럴 거다. 하긴 나는 환갑이 넘도록 흑인 남성과 말 한마디 나눠본 적이 없다.

"피곤하다. 한식당에서 간단히 저녁 먹고 쉬자. 근처에 한식당 많이 있던데."

호텔 방에 들어가 가방을 풀어 놓으며 지나가는 투로 말했다.

"'S' 식당이 있어요, 3백 미터 정도 되겠네요."

딸이 금방 답을 내놓았다.
'S' 식당은 지하에 있었다. 경영자는 연세가 꽤 있는 한국계가 분명한데 서빙하는 직원은 한국어가 서툴렀다. 갈비탕과 김치찌개, 그리고 계란찜을 주문했다. 일본 맥주와 이탈리아 맥주가 있어 이탈리아 맥주도 주문했다. 정신없이 먹어 치웠다. 맥주 한 잔에 몸의 노곤함이 몰려왔다. 밥값을 치르며 힐끗 영수증을 바라보았다. 역시 로마는 자릿세가 없다. 꼬박꼬박 자릿세를 물리는 피렌체는 확실히 도시 전체가 유네스코 문화유산이라는 걸 새삼 깨닫는다. 긴 하루를 보낸 느낌이다.

열흘간의
이탈리아 여행

08.
티볼리 둘러보기

호텔을 나서 곧장 테르미니역으로 향했다. 기차를 타고 50여 분 달려 티볼리역에 도착했다. 티볼리는 자그마한 도시여서 전부 도보로 이동했다. 빌라 데스테(Villa d'Este)를 먼저 둘러보고, 빌라 그레고리아나 정원의 후문으로 향했다. 공원 후문 곁에 있는 레스토랑에서 점심 식사를 마치고 베스타 신전을 둘러보았다. 티볼리의 골목길을 걷고, 그레고리아나 공원 정문 앞을 지나 티볼리역으로 돌아왔다. 하루 내내 오락가락 내리던 비가 티볼리역에 도착하니 서서히 그쳤다. 로마에 돌아와 미슐랭 1스타를 받은 레스토랑에서 만찬을 즐겼다.

테르미니역에서 겪은 일

우리가 탈 티볼리행 기차는 9시 3분 출발이다. 8시 반 무렵 테르미니역 대합실에 들어섰다. 역사는 역시 혼잡하다. 우리는 플랫폼으로 들어가는 입구에 서서 티볼리행 기차를 타는 플랫폼 번호가 뜨기를 기다렸다. 입구 위에 있는 커다란 전광판이 행선지별로 플랫폼 번호를 알려주고 있다. 사전에 예매한 승차권에는 입구를 통과할 수 있는 QR코드만 있을 뿐 플랫폼 번호는 나와 있지 않았다.

그때 한 할아버지가 딸에게 다가왔다. 모자를 써 머리를 가리고 깔끔한 복장에 액세서리도 달았지만, 구부정한 상체와 처진 얼굴은 그가 노

열흘간의 이탈리아 여행

인임을 말해주고 있다. 그는 딸이 손에 들고 있는 승차권을 잡으려 하며 '어디 가나? 도와줄까?' 하는 의사 표시를 하는 것 같았다. 딸이 재빠르게 손을 피하며 당황스러워했다. 한 발짝 뒤에 있던 내가 다가가며 제지했다. 전광판을 가리키며 플랫폼 번호가 뜨기를 기다리고 있으니 우리에게는 아무런 도움이 필요 없다고 말했다. 노인은 나를 흘낏하더니 무표정하게 가던 길을 걸어갔다. 그런데 4~5미터 걸어간 노인이 돌아서서 우리를 계속 바라보며 서 있다. 외국인에게 다가와 도와줄 것처럼 승차권을 가져간 후 돈을 요구한다는 것은 여행안내 책이나 현지 가이드들에게 익히 들어왔다. 서 있는 노인에게 계속 주의를 기울이지 않을 수 없었다.

노인이 왔던 방향에서 이번에는 중년 여성이 다가왔다. 머리에 스카프를 둘러쓰고, 빨간색 긴 원피스에 검은색 조끼를 받쳐 입었다. 피부에는 검은빛이 묻어나며 어쩐지 꾀죄죄한 몰골이다. 이리저리 살피던 여인은 우리 앞에 이르자 들고 있던 종이컵을 내밀었다. 입에서 뭐라고 작은 소리를 내는데 구걸하는 행위임이 분명하다.

"자리를 옮기자."

그 자리에 계속 서 있는 게 불편해 앞쪽으로 서너 걸음 옮겼다. 뒤를 돌아보니 여인은 가던 방향으로 계속 가고 있으나 노인은 그 자리에 그대로 서 있다. 우리를 계속 바라보고 있는 것 같아 신경에 거슬렸다.

"아빠, 1번 플랫폼."

마침 딸이 전광판을 가리키며 외쳤다. 1번 플랫폼에 들어서 보니 이미 많은 사람이 몰려와 있다. 전광판에 1번 플랫폼이 뜨자마자 들어온 건데 먼저 들어와 있는 사람이 이리 많다니 의아하다. 현장에서 사는 표에는 플랫폼 번호가 나타나 있는 건지 모르겠다.

플랫폼에 산만하게 흩어져 있던 사람들이 갑자기 한쪽으로 몰려갔다. 우리는 어리둥절했다. 사람들은 스피커에서 나오는 안내 방송을 듣고 이동하는 것 같다. 잠시 상황을 살피고 있는데 영어 안내가 흘러나왔다. 잠시 후 들어올 기차의 정차 위치를 안내하고 있다. 다시 살펴보니 여기 플랫폼은 대단히 길다. 그러나 들어온 기차는 4량으로 지극히 짧다. 긴 플랫폼에 짧은 기차이다 보니 타야 할 위치를 그때그때 안내하는가 보다. 음성 안내뿐만 아니라 플랫폼 전광판에서 문자 안내도 함께하면 더 좋을 텐데……. 우리도 사람들이 몰려간 곳으로 자리를 옮겼다. 이내 기차가 들어왔다.

티볼리의 첫인상

출발과 함께 비가 내리기 시작했다. 속도가 올라가는 것과 함께 빗방울도 굵어지고 있다. 기차는 동쪽으로 가고 있다. 출발한 지 10여 분이 지났을까? 기차는 로마 시가지를 벗어났다.

로마 시가지를 벗어나자 둥그런 구릉이 연속된다. 왼쪽도 구릉, 오른쪽도 구릉, 커다란 구릉을 지나면 또 하나의 구릉이 이어진다. 커다란 구릉의 능선은 지극히 부드럽다. 능선 위는 검푸른 숲으로 덮여 있고, 숲에 이르기까지의 사면은 초록빛이 가득한 초지다. 초지는 때맞춰 내리는 빗줄기에 더욱 푸르러 보인다. 낮게 나타났다 사라지는 구름의 흰 빛 때문에 더 짙게 보이는지도 모르겠다. 구름이 스치고 간 자리에 언뜻언뜻 소와 양이 보인다. 목축업이 발달한 지역인가 보다.

듬성듬성 도시가 나타났다 사라진다. 도시의 규모는 그리 크지 않다. 우리나라 읍 정도랄까? 면 소재지 정도랄까? 멀리서 바라보는 자그마한 도시에는 높은 건물은 없고, 키 큰 나무는 많다. 지극히 평화로운 전원 도시 풍경이다.

티볼리역에 도착했다. 스무 명 남짓한 사람들과 함께 플랫폼에 발을 내렸다. 오호! 시골 역이다. 그리고 역은 낡았다. 플랫폼 지붕도 낡았고, 철길 건너 역사도 매우 노후화된 모습이다. 1980년대 우리나라 지방 소도시의 기차역을 보는 듯하다. 플랫폼에서 역사로 가는 길은 지하 통로로 되어 있다. 지하 통로도 역시 낡은 모습이 역력하다. 역무원 한 명이 나와 한 사람 한 사람의 표를 받고 있다. 우리나라 언제 적 모습인가? 기차를 타고 와 표를 주는 사람이나 제복 차림으로 표를 받는 사람이나 말이 없고 무표정한 건 똑같다. 맨 뒤에 나온 우리가 예매한 프린트물을 내밀자 역무원은 보지도 않고 통과시켰다. 보지 않아도 왕복표라는 걸 알았을까? 하긴 누가 보아도 우리는 외국인 여행자이고 그는 직업인이다.

기차역 앞에는 어디나 광장이 있다. 세계 어느 도시이든 내가 가본 기차역은 모두 그러했다. 광장의 크기는 대개 그 도시의 규모와 비례했다.

티볼리역 앞에도 아스팔트로 포장된 광장이 있다. 광장은 자그맣고 주변에는 제멋대로 자란 풀이 무성하다. 올해에는 아직 풀베기가 없었던 듯하다. 그 덕분이라고 할까? 광장 주변은 커다란 나무와 키 큰 풀이 어우러져 푸르게 푸르게 치장했다. 목가적인 시골 역의 정취다.

광장은 한적하다. 자동차 한 대 보이지 않는다. 기차가 도착할 때면 으레 있을 법한 버스도 없고, 손님을 기다리는 빈 택시도 없다. 어느새 함께 내린 승객들마저 시야에서 사라졌다. 모두가 잠시 비가 그친 사이 목적지에 도착하기 위해 서두른 모양이다.

우리는 방향을 잡기 위해 광장 끝에 와 섰다. 우리가 서 있는 곳 아래에 강이 있다. 아니에네강이다. 강폭은 그리 넓지 않은데 강바닥까지는 까마득해 협곡이라고 하는 게 맞겠다. 수직에 가까운 절벽은 넝쿨 식물이 뒤덮고 있다.

강 건너편에 도시가 있다. 건너편은 함지박처럼 둥근 모양의 언덕인데, 언덕 위에 도시가 세워져 있다. 석조 건물로만 이루어진 전형적인 유럽의 역사 지구에 있는 도시 모습이다. 도시로 건너가는 두 개의 다리가 보인다. 강의 상류 방향에 하나가 있고, 하류 방향에 또 하나가 있다. 상류 쪽 다리는 차량이 다니는 큰길이고, 하류 쪽 다리는 보행자 전용인지 아담해 보인다. 우리와 함께 기차를 타고 온 사람들이 한결같이 하류 쪽으로 내려가 벌써 다리를 건너고 있다.

빌라 데스테(Villa d'Este) 가는 길

빌라 데스테를 향해 역 광장을 출발했다. 강 하류 쪽 다리를 건넜다. 다리에서 바라보는 협곡이 일품이다. 까마득히 절벽 밑으로 물이 흐르고 깎아지른 벼랑 위에 도시가 있다. 협곡은 깊고 위압적이다.

　　　　　　　　　　　　　　열흘간의 이탈리아 여행

다리를 건너면서부터는 오르막이다. 언덕 위에 세워진 도시의 길은 가파른 경사는 아니래도 오르는데 꽤 숨이 차오르게 한다. 길을 따라 유럽풍의 석조 건물이 줄지어 있다.

지도가 가리키는 목적지는 언덕 너머에 있다. 빌라 데스테에 가기 위해서는 이 언덕을 넘어야 한다. 언덕을 오르기가 쉽지 않은데 잠시 그쳤던 비가 다시 내리기 시작했다. 3월의 비라고 하기에는 제법 세찬 비다. 하긴 내 기억 속의 3월 비는 부슬부슬 내리는 우리나라 비이고, 여기는 지중해 한가운데이니 우리의 여름비 수준일지도 모른다. 한 손에 우산을 들었지만 신발이 젖었고, 바지가 아래로부터 점점 젖어왔다. 오르는 길이 더욱 힘들다.

오르막이 끝났다고 느낄 즈음 비가 그쳤다. 한결 걸음이 가벼워지며 기분도 상쾌해졌다. 얼추 다 왔나 싶어 두리번거리는데 눈에 띄는 건물이 하나 있다. 벽체가 두터워 둔탁해 보이며 적은 수의 창이 세로로 길게 나 있는 모습이 한눈에도 오래된 건물이다. 건물의 상부에는 장미창, 그 너머로 네모진 종탑이 보인다. 이건 분명 성당이다. 그것도 도시의 가장 높은 곳에 자리 잡은 전형적인 유럽풍 성당이다.

작은 도시에 있는 성당의 내부 모습은 어떨지 궁금하다. 그런데 하나밖에 없는 아치형 청동 문이 굳게 닫혀 있다. 출입문 옆 벽면에는 이 성당의 이름이 '산타 마리아 마조레 성당'이라고 안내하고 있다. 로마 시내에서 처음 방문했던 성당이 '산타 마리아 마조레 성당'이었는데 같은 이름을 쓰고 있다.

닫혀 있는 성당 정문에 손을 대는 것에 자신이 없어 다른 출입구가 없나 살폈다. 그러나 그럴 필요가 없었다. 안쪽으로부터 두터운 문이 활짝 열렸다. 신부님 한 분이 앞서고, 예복을 입은 네 명의 장정이 커다란 관을 어깨에 메고 뒤따라 나오고 있다. 언제 왔는지 성당 앞 광장에는 알록달록한 운구차도 와 있다. 그동안 성당 안에서는 장례 미사가 진행되고 있었던 모양이다.

성당을 나온 관은 곧바로 운구차에 올랐다. 한 여인이 운구차를 등지고 슬피 울고 있다. 다른 한 여성이 울고 있는 여인의 어깨를 감싸고 위로하고 있다. 언제 어디서나 영원한 이별은 눈물을 자아내게 한다. 여인의 눈물을 훔쳐보는 사이 운구차는 떠났다. 미사는 어떠했는지 모르겠으나 성당 밖에서는 절차랄 게 없이 지극히 간략하다. 어느새 운구차 주위에 있던 사람들도 어디로 갔는지 모르게 사라져 버렸다. 우리는 두 여인이 조심스레 광장을 벗어나는 뒷모습을 볼 뿐이었다.

열린 문을 통해 성당 안으로 들어갔다. 성당은 소박하고 검소하다. 아치형 천장 아래 나무로 만든 긴 의자만 줄지어 놓여 있다. 전면의 제단은 아담해 보인다. 가지런한 대리석 기둥은 화려함보다는 중후함이 느껴진다. 벽과 천장에는 칠이 벗겨진 듯한 모습도 군데군데 보인다. 여태껏 이탈리아에서 본 성당중 가장 검소하고 낡았다. 하긴 밖에 써놓은 안내문에 천년 넘게 이 자리를 지킨 성당이라고 되어 있었다. 아무리 닦고 기름 쳐도 살아온 세월은 어쩔 수 없을 것이다.

전등불은 모두 꺼져 있다. 작은 창에서 들어오는 희미한 빛이 성당 안을 밝히는 전부다. 그래서 더욱 어둡고 검소해 보이는지도 모르겠다. 더욱이 밖은 잔뜩 흐리지 않은가? 그러나 내게는 이런 소탈한 모습이 한층 뭉클하게 다가왔다. 모름지기 모든 기도처는 화려함보다는 이렇게 소박했으면 좋겠다.

빌라 데스테(Villa d'Este)

빌라 데스테는 유네스코 세계문화유산으로 지정된 아름다운 정원이다. 16세기 에스테 가문 출신의 이폴리토 데스테 2세(Ippolite d'Este Ⅱ) 추기경이 티볼리 지사로 임명되자 심혈을 기울여 건설했다. 그는 당시 이탈리아의 내로라하는 건축가와 예술가를 초빙하여 많은 분수와 동굴을 갖춘 최고의 정원을 만들게 했다. 거장들의 손을 거친 정원은 르네상스 문화의 전성기를 상징하는 걸작으로 태어났다. 이후 유럽 정원의 모델이 되어 정원 문화에 깊은 영향을 미쳤다고 한다.

빌라 데스테의 입구는 산타 마리아 마조레 성당 곁에 있다. 입구만 보면 성당의 부속 시설처럼 보인다. 출입문을 들어서자 곧바로 매표소가 우리를 맞았다. 비 내리는 평일이어서인지 한산한 분위기다. 들어서자마자 표를 사고 직원이 가리키는 방향으로 걸음을 옮겼다. 조금 이상한 느낌이 든다. 커다란 정원으로 알고 왔는데 박물관 같다. 건물 안에는 여러 개의 홀이 줄지어 있고, 각 홀에는 그리스 신과 성경 속 인물들의 이름을 붙여 놓았다. 비너스 홀, 헤라클레스 홀, 모세의 홀, 노아의 홀 등이다.

건물은 길다. 우리가 들어온 입구는 긴 건물의 한쪽 끝이다. 이동 동선은 한 층을 관람한 후 아래로 내려가게 되어 있다. 매표소에서 받은 안내도에는 이 건물이 3층으로 되어 있고, 각 층은 고유 이름이 있다. 맨 위층은 '추기경의 아파트(Cardinal's Apartment)', 중간층은 '귀족의 층(Noble Floor)', 그리고 맨 아래층은 '1층(Floor 0)'으로 명명하고 있다. 우리는 맨 위층, 추기경의 아파트로 들어왔고 아래층으로 내려가며 관람하게 된다. 빌라 건물이 언덕의 비탈에 기대어 자리 잡았음을 짐작하게 한다.

홀 하나하나를 찬찬히 살피며 나아갔다. 화려한 장식은 없다. 꽤 색이 바랜 프레스코화가 벽을 채우고 있을 뿐이다. 그림 속에는 성경 속 이야기가 있고 그리스 신화가 있다. 명화로 널리 알려진 그림들과 같은 소재를 조금 다르게 그려 놓은 것 같다.

맨 아래층은 밖으로 통한다. 아! 밖은 별세계다. 청초한 녹음이 정갈하게 다듬어져 있다. 키 큰 나무가 즐비하게 서 있고, 나뭇잎 사이로 정돈된 정원이 언뜻언뜻 보인다. 정원은 저 아래에 있다. 우리가 빌라 내부를 통해 두 층을 내려왔는데, 저 아래 정원까지는 그보다 더 언덕을 내려가야 한다. 언덕의 비탈면도 하나의 정원이다. 푸른 초목으로 잘 정돈된 비탈을 따라 지그재그로 운치 있게 나 있는 오솔길이 눈길을 끈다. 바쁜 사람을 위한 계단 길도 예술 작품처럼 보인다. 물소리도 들린다. 위에서 내려다보면 물길이나 분수는 보이지 않는데 물소리는 끊이지 않고 들려오고 있다. 큰 나무들 아래 어딘가에 있을 분수가 호기심을 불러일으킨다. 그래! 여기는 물의 정원, 분수의 정원으로 불리는 곳이다. 분수는 아직 모습을 드러내지 않고 소리로써 우리를 유혹하고 있다.

우리는 사선으로 나 있는 오솔길을 따라 천천히 아래로 내려갔다. 비를 맞은 언덕은 초록빛이 한층 깊어졌다. 아래 평지에 이르렀을 때는 직선 길이 우리를 맞았다. 긴 산책로와 나란히 수많은 분수가 물을 쏟아내고 있다. 3단으로 조성된 분수는 하나하나의 형상이 다르다. 여러 동물의 얼굴이 있고, 신화에서 따온 건지 다양한 사람 얼굴 모습도 있다. 분수 주위에는 스스로 자란 이끼가 동물이나 사람 얼굴의 반 정도를

가리고 있다. 여기 곧게 뻗은 산책로의 길이는 200미터, 3단으로 조성
된 분수는 백 개라고 한다.

〈빌라 데스테 백 개의 분수〉

딸이 산책로를 따라 걷고 대여섯 걸음 뒤떨어져 내가 걸었다. 간간이
자신의 휴대폰을 들어 사진을 찍을 뿐 둘 사이에 말은 없었다. 여기는
대화가 필요 없는 곳이다. 그저 조용히, 그리고 천천히 걸으면 되는 곳
이다. 정원에는 원형 분수, 넵튠(그리스 신화 포세이돈) 분수, 오르간 분수
등 걸작들이 있다. 아폴로(그리스 신화 아폴론) 상과 디아나(그리스 신화 아르
테미스) 상, 로물루스와 레무스의 늑대 상 등 대형 조각품이 설치되어 있
고, 수십 개의 동굴, 모자이크 기둥, 오벨리스크 등 많은 이야기를 담은
예술품이 정원을 장식하고 있다. 그런데 여기의 예술품들은 다른 곳에

설치된 것과 달리 잔잔한 느낌을 준다. 대화를 나누기보다 혼자 상상하게 한다. 눈은 초목의 조형과 조각들로 채워지고, 그침 없는 물소리에 귀가 절로 열린다. 인기척에 놀란 도마뱀이 풀숲 사이로 몸을 감추며 인기척을 낸 우리를 놀라게 한다. 정원은 한가롭지만 지루하지 않다.

"여기는 혼자서 산책하기 좋은 곳이구나. 그렇지 않니?"

로마 건국 신화를 묘사한 작품들을 지나서 다시 비탈진 산책로에 접어들었을 무렵, 오랜만에 딸에게 말을 던졌다.

"응? 글쎄……"

갑작스레 말을 걸자 딸이 놀란 모양이다.

"한 시간여 돌아보는 동안 우리 서로 말 한마디 안 했다."
"응? 그런가? 그런데 벌써 한 시간이나 지났어요?"
"너 여기에 단단히 취했구나. 시간 가는 줄도 모르고."
"……"

잠시 침묵이 흘렀다. 그리고 내가 다시 말을 이었다.

"정원의 설립자가 추기경이라는데 조금 이상하지 않니?"
"뭐가요?"
"조형물들이 기독교적인 내용은 보이지 않고, 그리스 신화나 로마 건

　　　　　　　　　　　　　　　　열흘간의 이탈리아 여행

국에 관한 이야기로 채워져 있어. 종교 지도자가 아닌 세속 귀족이 만든 것 같아."

"르네상스 시대에 건설했잖아요. 추기경도 이탈리아 사람이고."

〈빌라 데스테 동굴 분수〉

다시 건물 안으로 들어와 계단을 올랐다. 처음 들어왔던 입구 맞은편에 발코니가 있어 나가보았다. 감동의 파노라마가 눈앞에 다가왔다. 멀리 초원이 끝없이 펼쳐지고 발아래는 자그마한 도시가 전원 속에 포근

〈빌라 데스테 디아나 분수〉

히 자리 잡았다. 이 발코니는 세상을 내려다보는 곳이다. 속세에서 한 발짝 물러나 사람 사는 세상을 관조하는 곳이다. 북한산 일선사, 남해 보리암, 구례 사성암의 모습이 뇌리를 스치고 지나갔다.

이폴리토 2세는 이 발코니를 사랑했을 것 같다. 여기는 교황이 되려 했던 그의 꿈을 이루지 못하고 마지막 생을 보낸 곳이 아닌가? 그는 로 마를 향해 있는 이 발코니에서 로마의 하늘을 그려보기도 하고, 발아 래 펼쳐진 세상을 내려다보며 회상에 잠기기도 했을 것이다. 보통 사람 이라면 이만한 공간을 곁에 두고 있는 것만도 분에 넘치는 일이다.

열흘간의 이탈리아 여행

빌라 그레고리아나 공원 눈요기

빌라 데스테를 나섰다. 이제 우리는 빌라 그레고리아나 공원을 향한다. 빌라 그레고리아나 공원은 정문으로 들어가 가파른 비탈길과 계단을 걸으며 탐방하고, 베스타 신전이 있는 후문으로 나오는 것이 일반적인 루트로 되어 있다. 그러나 우리는 이 길을 피하기로 했다. 비가 내리는데 가파른 길을 오르내리는 건 안전의 문제가 따를 수 있기 때문이다. 대신에 곧바로 후문으로 가 베스타 신전에서 공원 전경을 조망하고, 다시 시내 길을 걸어 정문으로 향하기로 했다. 그렇게 하면 공원 구석구석의 아기자기함은 보지 못해도 높은 곳에서 내려다보는 원경과 낮은 곳에서 올려다보는 신전의 신비로움은 느낄 수 있을 것이다.

우리는 언덕에 터를 잡은 도시의 가장 높은 곳을 걷고 있다. 길은 넓지 않다. 우리의 개념으로 보면 골목길이다. 오랜 도시답게 3층 정도의 석조 건물이 길 좌우에 이어진다. 1층은 자그마한 가게들의 차지다. 옷 가게, 선물용품 가게, 편의점, 문방구점, 부동산 중개소에 레스토랑과 카페도 있다. 업종은 달라도 한결같이 요란스럽지 않고 전통을 고수하는 종갓집 며느리처럼 기품이 있다.

다시 비가 시작되고 있다. 이번에 내리는 비는 꽤 세차다. 우리의 6월에 내리는 장맛비 수준이다. 도로는 금방 물길이 되고 우리가 들고 있는 우산으로는 이 비를 막는데 턱없이 부족하다. 바지가 순식간에 젖었다. 우리는 옆으로 멘 가방이 비를 맞지 않도록 지키는 데 급급하다. 덕분에 이 길은 우리 차지가 되었다. 지나는 사람이 아무도 없다. 자동차 한 대도 지나지 않는다. 우리는 오롯이 이 길을 차지하고 잔뜩 웅크린 채 철벅철벅 걷고 있다.

빌라 그레고리아나 공원 후문 곁에 있는 레스토랑에 도착했다. 그리스 로마 신화 속 무녀의 이름을 딴 이 레스토랑은 베스타 신전을 창가에 둔 꽤 운치 있는 곳으로 알려져 일찌감치 점심 식사 장소로 점찍어 둔 곳이다. 그런데 문이 닫혀 있다. 비가 오고 있어 그러려니 여기고 문을 열고 들어섰다. 아무도 맞이하는 사람이 없다. 잠시 주춤하고 서 있는데 안쪽에서 한 젊은이가 황급히 달려왔다. 여기 개점 시간은 12시 반이란다. 손목에 차고 있는 시계를 얼른 보았더니 12시다. 직원의 얼굴에는 시간이 되면 오라는 표정이 역력하다. 하릴없이 다시 문을 열고 나왔다. 줄기차게 내리는 비속에 어디 갈 곳이 마땅찮다. 엉거주춤 문 앞에 서 있는데 안에서 문이 열렸다. 12시 반이 되면 서빙을 시작한다는 조건을 달아 안쪽으로 안내했다. 어휴! 그나마 참 다행이다.

정확히 12시 반이 되자 직원이 다가와 메뉴판을 주고 갔다.

"특별 배려도 받았는데 잘 먹자."

내 제안에 딸의 얼굴에 희색이 돌았다. 문어 요리, 라비올리 파스타, 오리구이, 그리고 애플파이를 주문했다. 음식은 깔끔했다. 우리의 입맛에도 잘 맞았다. 창밖의 베스타 신전에 눈길을 주며 우리는 조용히 식사를 즐겼다.

우리가 식사하고 있는 동안 꽤 많은 사람이 들어왔다. 모두가 네 명 이상의 단체 손님이고, 복장 예절을 갖춘 사람들이다. 여기가 신전 옆이어서인가? 새삼 둘러본 내부 장식이 엄숙하다. 순백 바탕의 식기에도 원색의 그림을 그려 넣어, 세심한 정성이 깃들어 있음을 느끼게 한다. 그래서일까? 찾아오는 손님도 엄숙해 보인다.

식사를 마치고 우리는 베스타 신전으로 나왔다. 이 레스토랑에는 샛문이 하나 있어 신전으로 바로 나갈 수 있었다. 육중한 대리석 기둥이 원형으로 둘러서 있다. 전형적인 고대 신전 모양이다. 비교적 규모가 작은 신전으로 알려져 있으나 바로 밑에서 올려다보는 신전은 육중하며 우람하다. 신비함을 풍기는 것보다 강한 힘을 발산한다. 그 위압감에 나 스스로 작아지는 것을 느낀다.

베스타 신전을 등지고 빌라 그레고리아나 공원을 바라보았다. 공원은 깊고 커다란 협곡이다. 우리는 수직 절벽 위에 서 있다. 물을 모아줄 왼편의 산은 부채 모양으로 계곡을 감싸고 있다. 산은 그리 높지 않고 산 사면은 완만하다. 포근한 느낌이 드는 산 사면이 여기에 이르러 이렇게 크고 깊은 협곡을 이루었다는 게 경이롭다.

경이로운 모습은 또 있다. 수직에 가까운 절벽 위에 바짝 다가선 건물들이다. 건물들은 축대를 쌓아 벼랑을 위로 연장하며 지어졌다. 그중 가장 높은 곳이 우리가 서 있는 베스타 신전이다. 신전에서 내려다보는 풍광은 한편으로 호쾌하고 다른 한편으로 아릿자릿하다.

"무서워. 나는 안 갈래."

딸은 벼랑 끝에 끝내 가지 못했다.

베스타 신전을 나서 다시 티볼리 골목길을 걸었다. 빌라 그레고리아나 공원 정문을 거쳐 기차역으로 갈 거다. 신전이 높은 곳에 있던 터라 길은 내리막길이 이어져 걷기에 무리는 없다. 돌로 된 나지막한 건물 벽이 단조롭다는 느낌이 드는데, 이를 보완하기 위함인지 주민들은 자기 집 벽에 화분들을 매달아 두었다. 연한 색상의 벽면은 단순하지만 좁고 긴 화분에 심어진 꽃의 색깔은 다양하다. 주민들의 오가는 사람에 대

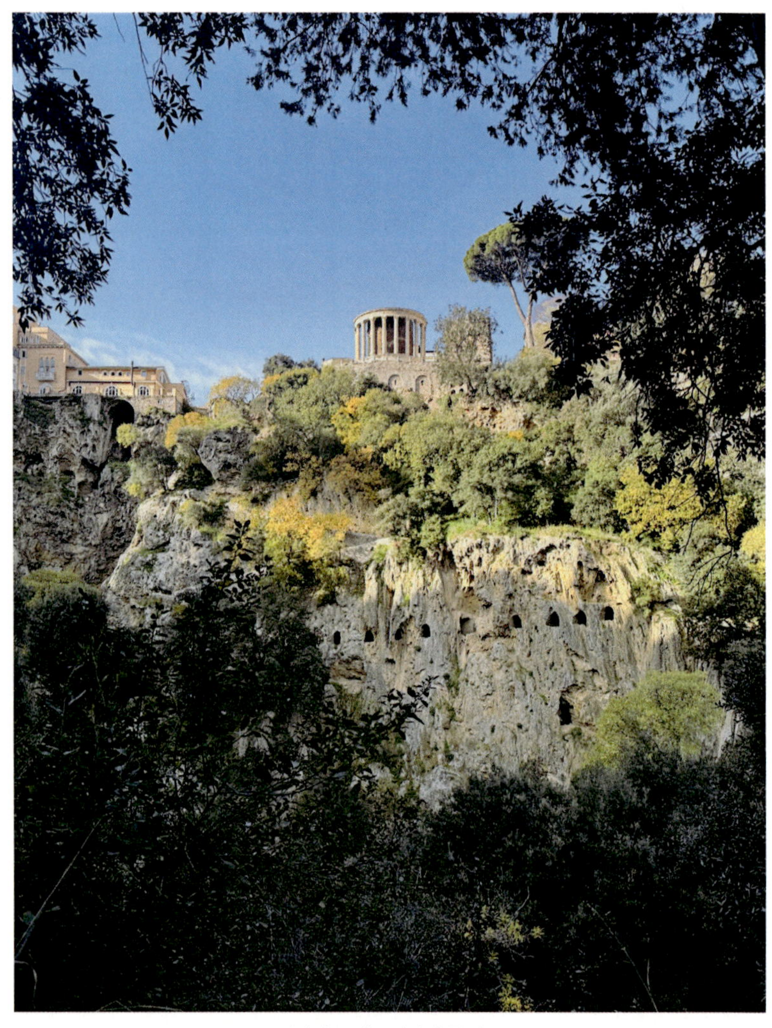

〈빌라 그레고리아나 공원〉

한 배려가 참으로 아름답다.

협곡을 건너는 다리에 이르렀다. 다리를 지나면 공원으로 들어가는 정문이다. 우리는 다리에 멈춰서 공원을 바라보았다. 벼랑 위의 베스타 신전이 압권이다. 높은 곳에 그리고 협곡으로 돌출된 바위 위에서 독보적인 존재감을 드러내고 있다. 무한한 권위를 넘어 신비스러움이 풍겨 나온다. 그래! 이 다리 위가 베스타 여신을 배알하는 곳이다. 기도하는 마음으로 한참을 올려다보고 있었다.

"밤에 조명이 비추면 신비롭겠어요,"

조용하던 딸이 모처럼 감상평을 했다. 말없이 고개를 끄덕여 주었다.

티볼리역이여!

티볼리역으로 돌아왔다. 비는 완전히 그치고 군데군데 파란 하늘이 모습을 드러내고 있다.

"40분 정도 기다리겠네."

딸이 기차표를 확인하며 말했다. 내게 기차 시간을 알려 주려는 의도 가 다분히 섞인 듯하다.
'40분?' 문득 불길한 생각이 스쳤다. 로마 테르미니역 도착은 1시간 반 정도가 지난 후라는 얘기다.

"여기 올 때 기차에 화장실 있었니?"
"몰라요. 관심 없었는데?"
"그건 나도 그랬지."

아무래도 불안하다. 딸에게 잠시 앉아 있으라고 말하고 화장실을 찾아 나섰다. 좁은 대합실 안에는 없다. 밖으로 나와 역사를 살폈다. 긴 건물 어디에도 화장실은 없다. 역사 한편으로 화물을 저장하는 듯한 시설들이 있어 살펴보았지만 역시 화장실은 눈에 띄지 않는다. 역 광장 맞은편에 허름한 레스토랑 겸 카페 건물이 있어, 거기라도 이용할까 하여 다가갔더니 실내 불은 꺼져 있고 문은 닫혀 있다. 건물 한편을 살폈으나 화장실을 나타내는 표지판도 없고 그럴만한 문도 없다.

'허! 이런…….'

처음에는 불안감 때문이었는데 이제는 정말 화장실에 가야 할 것 같다. 역무원을 위한 시설은 있겠지 하는 생각에 다시 대합실로 돌아왔다. 그러나 승객과 유일하게 소통할 수 있는 기차표 발매소는 불이 꺼져 있고 근무자도 보이지 않는다. 물을 만한 사람이 아무도 없다. 플랫폼으로 나가는 곳은 줄을 쳐 막아 놓았다. 하지만 급한 마음에 줄을 넘어 안으로 들어갔다. 안쪽에 화장실이 눈에 띌 수도 있고, 제지하는 역무원이 나타나면 물을 수도 있겠다. 그러나 기대했던 상황은 일어나지 않았다. 기차 시간이 남아서인지 사람 그림자도 찾을 수 없다.

이젠 상황이 급해졌다. 역의 시설을 알만한 사람을 찾아야 한다. 역 광장으로 다시 나왔다. 광장 한편에 두 평이 될까 말까 한 부스에서 음료와 과자 등을 팔고 있다. 부스 안에는 내 또래 정도의 아저씨가 무슨 까닭인지 잔뜩 찌푸린 얼굴로 앉아 있었다. 그 표정에 잠시 멈칫했으나 이제는 그걸 따질 형편이 아니어서 다가가 근처에 화장실이 없는지 물었다. 아저씨의 얼굴이 순식간에 일그러지며 외마디 소리를 질렀다. 느

　　　　　　　　　　　　　　　　열흘간의 이탈리아 여행

낌으로 "뭐?"라고 하는 것 같다. 재차 "레스트 룸, 토일렛 (Rest room, Toilet)"이라고 외쳤더니 왼편을 가리키며 "파르코(Parco)"하고는 몸을 돌려버렸다. 점원 아저씨는 빌라 그레고리아나 공원 정문 옆에 있는 공중화장실을 가리키는 듯하다. 그러나 거기는 너무 멀다. 400여 미터는 걸어야 한다. 다녀오려면 기차 시간도 불안하다.

'할 수 없지,'

주위를 살폈다. 오가는 사람은 아무도 없다. 오전에 길을 찾으려 서 있었던 광장 끝으로 다가갔다. 풀은 크게 자라 가슴까지 올라온다. 풀을 헤치며 서너 걸음 안으로 들어갔다.

"화장실 찾았어요?"

대합실에 들어서자 딸이 반색하며 물었다.

"너도 가야 하니?"

나는 가슴이 철렁하여 되물었다.

"아니 나는 괜찮아요."
"유럽의 시골 기차역을 몇 번 겪어보았으면서 또 이런 실수를 한다. 유럽은 필요할 때 화장실을 찾는 게 아니라 화장실이 보이면 이용하라 했는데."

"못 찾았어요?"

"여기에 화장실은 없어. 공원 입구까지 가야만 해."

"그럼 어떡해요? 로마까지 갈 수 있어요?"

"나야 해결은 했지."

"어떻게요?"

"풀숲이 있잖아."

"헐, 몽생미셸에서는 바다, 티볼리에서는 강가, 아주 기록을 남기시네요."

"내 탓이니? 애들 탓이지."

유럽의 한적한 곳을 다닐 때면 치안만 조심해야 하는 게 아니다. 적어도 마음의 한구석은 화장실을 항상 염두에 두어야 한다.

미슐랭 스타 레스토랑

딸과 함께하는 여행에는 고급 식당에서의 식사가 한 끼씩 끼어든다. 가성비를 생각하면 별로 내키지는 않으나 젊은이의 문화 체험으로 여기고 순응하곤 한다.

"오늘은 이탈리아에서 마지막 저녁 식사이니 파인 다이닝이에요. 미슐랭 1스타 맛집으로 예약해 두었어요."

딸의 목소리에 활기가 넘친다. 기대에 부푼 모습이다.

“꽤 비싸겠구나?”

여행 일정표를 보고 어떤 레스토랑인지 대략적인 파악을 하고 있었으나 시치미를 떼고 물었다.

“값이야 뭐……. 그래도 여기는 괜찮은 편이에요.”

딸이 예약한 레스토랑은 ‘나를 위하여(For Me)’라는 뜻을 지닌 ‘P’ 레스토랑이다. 예약 시간 저녁 7시에 맞춰 시내버스에 올랐다. 버스 안 중간에는 승차를 확인하는 기계가 있다. 여기에 일회용 티켓을 넣으면 승차 시간이 펀칭 되면서, 이 티켓은 더이상 사용할 수 없게 된다. 그런데 티켓을 넣으니 계속 오류가 났다. 대학생인 듯한 젊은이가 도와준다고 나섰으나 역시 오류가 났다. 만약 이 상태에서 간헐적으로 행해지는 검표원의 검사가 있고 무임승차로 간주 되면 55유로의 벌금을 물어야 한다고 되어 있다. 난감하기만 한데 딸이 SNS에서 배웠다며 티켓에 승차 시간을 적어 넣었다.

“이렇게 하면 무임승차라고 하지 않는대요.”

나도 티켓에 승차 시간과 승차 정류장을 적었다. 외국에 나와 괜한 시비에 휘말릴 요인은 없애는 게 현명하다. 그러는 사이 버스는 우리가 내려야 할 정류장에 도착했다.

레스토랑 앞에 이르니 6시 50분이다. 레스토랑의 문에는 아직 영업

시간 전임을 알리는 'close'가 걸려 있다. 덕분에 주변을 둘러볼 여유가 생겼다. 비교적 한적한 골목이다. 오래된 듯한 커다란 성당이 있는데 현재 폐쇄 중이라는 안내문이 있다. 운영이 중지된 성당은 커다란 창고처럼 보였다. 성당 곁에 아주 작은 공원이 있어 서성거리는 데는 안성맞춤인데, 어두운 거리 분위기에 두려움이 스며온다. 조용한 이 동네에는 고급 식당이 꽤 많은 것 같다. 요란한 간판을 달지 않고 번쩍대는 불빛이 없어 얼른 눈에 띄지 않을 뿐이다. 유럽의 도시가 동아시아 도시보다 어둡게 느껴지는 것은 여러 가게에서 나오는 불빛이 약한 탓도 있겠다.

저녁 7시, 레스토랑의 문이 열리고 우리 두 사람과 다른 젊은 남녀 한 쌍이 입장했다. 레스토랑의 홀은 좌우 두 군데가 있다. 우리는 모두 네 개의 테이블이 있는 오른쪽 방으로 안내되었다. 실내 분위기는 소박하다. 서울에서라면 오래되고 깨끗한 작은 맛집으로 분류될 듯하다. 매우 젊은 남자 직원이 단정한 복장으로 두 테이블의 서빙을 맡았다. 젊은 남녀는 소곤거리고 우리도 목소리를 잔뜩 낮춰 얘기를 나누니 홀 안은 서빙하는 직원의 목소리만 나는 것 같다.

"나는 메뉴판 보고 공부할 테니 주문은 네가 해라. 일임한다."

레스토랑의 메뉴는 크게 세 종류다. 그중 하나는 채식주의자(Vegetarian)를 위한 메뉴여서 우리가 선택할 메뉴는 두 종류다. 두 종류의 메뉴는 레스토랑에서 정한 고유의 이름이 있지만 5코스 요리와 10코스 요리로 부르는 게 쉽겠다. 여기에 와인 페어링(Wine Pairing)이 별도다. 5코스 요리에는 다섯 잔의 각각 다른 와인, 10코스 요리에는 일곱

　　　　　　　　　　　　열흘간의 이탈리아 여행

잔의 와인이 요리와 조합을 이룬다.

딸이 5코스 요리를 주문했다. 직원이 와인 페어링을 물었으나 딸은 샴페인 두 잔으로 대신했다. 그리고 물을 주문했다.

이윽고 음식이 나오기 시작했다. 예상대로다. 작고 예쁘게 만들어진 음식들이 맞춤형 접시 위에 앙증맞게 차려져 있다. 입에 넣기가 미안할 정도다. 한 차례 접시를 모두 비우면 다음 요리로 교체되었다. 바뀐 요리에 맞도록 포크와 나이프, 숟가락도 교체되었다. 접시마다 담긴 음식의 양은 적어 보인다. 그런데 식사 시간은 꽤 길게 이어지고, 식사가 끝날 때쯤이면 포만감을 느끼게 하는 건 유럽 고급 레스토랑의 공통된 특징이다.

서빙하는 직원은 하나의 음식을 가져올 때마다 길게 말을 이었다. 아마 요리에 대한 설명이리라. 그런데 그의 말은 단 한 마디도 알아들을 수 없었다.

"쟤 영어 하는 거 맞니? 혹시 이탈리아어 하는 거 아니니?"

답답함이 커져 딸에게 물었다.

"영어예요. 그런데 이탈리아 애들도 영어 잘 못한대요."
"둘은 같은 계통의 언어인데⋯⋯. 너는 좀 알아듣니?"
"잘 모르겠어요. 요리 설명하겠지요. 뭐."

레스토랑에 들어온 지 1시간 30여 분이 지났다. 함께 들어왔던 옆 테이블의 젊은 한 쌍이 자리에서 일어났다. 그들의 모습이 창밖을 지나는 걸 보고 우리도 일어섰다.

"식사 어땠어요?"

내심 야심작으로 여긴 듯 딸이 골목을 걸으며 나의 반응을 살폈다.

"문화 체험 아니었니? 꼭 말해야 한다면 맛보다 비주얼이랄까?"

"서울에서 저 값으로 한정식 먹으러 가면 어떨까요?"

"최고급은 아니어도 고급 한정식은 즐길 수 있겠지."

"아빠는 한정식이 더 낫지요?"

"그건 비교 대상이 아닐 듯한데. 구첩반상과 서양 코스 요리의 우열을 어떻게 가리니? 익숙한 것과 이색적인 것의 차이지. 너는 어땠니?"

"로마의 미슐랭 레스토랑을 경험한 거지요 뭐. 디너라 그런지 조금 비쌌어요."

"그래 경험이지. 이런 게 여행이고."

도란도란 얘기하는 중에 버스 정류장에 다다랐다. 오래지 않아 버스가 도착했다. 이번에는 버스 안의 펀치 기계가 정상적으로 작동했다. 차창 밖 도시 풍경은 역시 서울보다 어둡다. 로마에서의 마지막 밤이 깊어가고 있다.

열흘간의
이탈리아 여행

09.
다시 로마 탐방

오늘은 귀국하는 날이다. 오후 6시 전후에 공항에 도착할 예정이어서 로마 시내에서 하루를 즐길 수 있다. 호텔에 체크아웃 후 가방을 맡기고 테르미니역 앞 500인 광장에서 버스에 올랐다. 보르게세 공원에 들러 먼저 미술관을 관람한 후 공원을 산책했다. 핀초 언덕을 지나 포폴로 광장에 이르고, 코르소 거리와 콘도티 거리를 걸어 스페인 광장에 도착했다. 스페인 계단을 올라 트리니타 데이몬티 성당을 관람한 후 근처 레스토랑에서 점심 식사를 했다. 지하철로 공화국 광장으로 이동해 로마 국립 박물관을 관람했다. 호텔에 도보로 돌아가 가방을 찾은 후 호텔에서 불러준 택시를 타고 공항으로 이동했다.

보르게세 미술관에서 얻은 첫 수확

나는 넓은 보르게세 공원이 마음에 든다. 돌무더기 고대 유적과 예스러운 건물로 가득 찬 로마 시내에서 푸르른 숲과 잔디가 새로운 기분을 불러일으킨다. 공원 한편에 보르게세 미술관이 있다. 미술관은 하얀색의 우아한 건물이다. 돈과 권력을 거머쥔 보르게세 가문에서 자신들이 수집한 미술품을 보관하기 위해 지었다고 하니, 저 건물은 태생부터 미술관이었던 셈이다. 그래서일까? 건물의 크기, 우아한 단장, 주위와 조화를 이룬 색상 등 단순하면서도 품격 있는 멋을 풍긴다.

지금의 보르게세 미술관은 시립 미술관이다. 19세기 말 보르게세 가문은 파산했고, 그 여파로 귀중한 미술품의 운명은 예측할 수 없는 상황에 놓였었다. 다행히 로마시가 건물과 미술품을 사들여 시립 미술관으로 일반에 공개했다. 지금은 로마에서 바티칸 박물관 다음으로 소장품이 많은 미술관이 되어 로마를 여행하는 사람들에게 호사를 누릴 기회를 주고 있다.

우리는 인터넷을 통해 미술관 입장권을 구매했다. 메일로 전송된 입장권에는 예약자 번호와 함께 오전 10시부터 12시까지 관람 시간이 지정되어 있었다. 관람의 질을 높이기 위해 입장객 수를 시간대별로 180명 수준에서 제한한다고 한다. 10시 정각, 입장은 순조롭게 이루어졌다. 미술관 입구로 들어가 프린트한 메일을 내밀자 직원은 예약자 번호를 확인하고 예쁘게 제작한 입장 스티커를 옷소매에 붙여주며 대리석 계단을 가리켰다. 전시실이 한 층 위에 있었다.

첫 번째 방에 들어섰다. 숨이 턱 멎어왔다. 문 하나를 사이에 두고 여기는 별세계다. 온통 금박을 한 천장은 프레스코화로 가득 찼다. 벽면에는 격조 있게 벽감을 만들고, 각 벽감에는 하얀 대리석 조각상이 놓여 있다. 커다란 방은 비어 있다. 텅 빈 공간 한가운데에 단 하나, 사람 두 배 크기의 하얀 대리석 조각이 주위를 압도하고 있다. 가운데 조각품에 눈길이 한번 꽂히면 다른 데로 돌릴 수가 없다. 조각품을 천천히 몇 바퀴씩 돌며 바라볼 뿐이다.

로마시에서 운영하는 미술관이나 박물관은 첫 번째 방에서 강한 인상을 주는 공통점이 있다. 로마여행 첫째 날 들렀던 카피톨리니 박물관에서도 첫 번째 방에서 많은 시간을 보내지 않았는가? 거기에는 주세페 체사리가 그린 〈호라티우스 형제와 쿠리아티우스 형제의 전투〉 프레스코화가 발길을 붙잡았었다. 여기 보르게세 미술관의 첫 번째 방에서는 너무 실감 나는 조각품 하나가 시간을 붙잡는다.

　이 조각품은 〈페르세포네의 납치〉다. 그리스 신화 속 이야기를 소재로 했다. 제우스와 대지의 여신 데메테르 사이에서 태어난 딸 페르세포네는 빼어난 미모의 소유자다. 미인 주변에는 언제 어디서나 남자들이 들끓는 법, 지하 저승 세계의 신 하데스가 페르세포네에게 반했다. 지하 세계로 딸을 보내기 싫었던 데메테르는 불안한 마음에 딸을 몰래 시칠리섬에 감추었다. 그러나 하데스가 어디 보통 신인가? 제우스가 하늘을 차지하고 포세이돈이 대양의 주인이 될 때, 하데스는 지하 세계를 차지하며 세상을 삼등분한 신이 아닌가? 데메테르의 허락이 쉽지 않음을 깨달은 하데스는 페르세포네가 꽃밭에서 놀고 있는 틈을 타 납치를 감행한다.

　〈페르세포네의 납치〉는 하데스가 페르세포네를 납치하는 순간을 표현했다. 그 표현이 너무 사실적이다. 하데스의 근육과 페르세포네의 부드러운 살결, 하데스의 움켜쥔 손에 움푹 들어간 페르세포네의 허리와 허벅지, 페르세포네의 절규하는 표정과 그녀의 저항하는 손길에 찌그러진 하데스의 얼굴, 섬세한 머리칼의 흔들림 등 넋을 잃고 작품 주위를 돌고 또 돌게 한다. '저게 진정 돌을 깎아 만든 작품인가?', 이 생각을 떨칠 수가 없다.

　〈페르세포네의 납치〉는 조반니 로렌초 베르니니(Giovanni Lorenzo Bernini)의 작품이다. 미켈란젤로가 르네상스 시대를 대표한다면 베르니니는 바로크 시대를 대표하는 조각가란다. 베르니니를 가리켜 '금손'이

라 하고, '돌을 종이처럼 다룬 남자'라고 한다더니 그 말에 틀림이 없는
거 같다. 우리 범인들은 찰흙으로라도 저런 작품의 흉내를 낼 수 있을
까? 어림없는 소리다.

〈페르세포네의 납치 - 조반니 로렌초 베르니니〉

　　다음 방도 전시 방식이 비슷하다. 천장에는 천장화, 격조 높게 장식한
벽을 따라 조각품이나 회화 작품이 전시되고, 텅 빈 방의 한가운데에

〈(좌) 아폴론과 다프네, (우) 다비드 - 조반니 로렌초 베르니니〉

는 유명 조각품이 분위기를 압도한다.

한가운데 조각품 중에서는 역시 그리스 신화나 성경 속 이야기를 소재로 한 베르니니의 작품이 가장 눈길을 끈다. 미켈란젤로의 〈다비드〉의 명성에 다소 가려진 바가 있으나 베르니니의 〈다비드〉가 있고, 〈아폴론과 다프네〉가 있다.

가만히 살펴보니 베르니니의 조각 작품은 대단히 동적이다. 미켈란젤로의 〈다비드〉나 〈피에타〉가 정지된 상태인 데 반해 지금까지 본 베르니니의 작품들은 모두 어떤 동작을 취하고 있다. 같은 제목의 〈다비드〉도 미켈란젤로 작품은 돌을 들고 서서 노려보는 모습인데, 베르니니의 작품은 입술을 굳게 물고 돌을 줄에 걸어 막 던지려는 동작이다. 〈아폴론과 다프네〉도 다프네를 막 붙잡으려 하는 아폴론과 월계수 나무로 변해가는 다프네의 모습으로 역시 변화하는 순간을 표현했다. 몇 개의 작품을 보고 이렇게 말하는 게 맞는지 모르겠지만 내게는 이번 여행에서 얻은 귀중한 수확이다.

슬픈 자화상

베르니니의 조각품에 취해 다른 전시물을 건성건성 건너뛰고 있다. 그런데 다시 주의를 붙드는 작품이 있다. 이번에는 그림이다. 아직 소년 티가 나는 한 젊은이가 한쪽 어깨를 드러낸 채 옆으로 앉아 전면을 바라보고 있다. 젊은이는 앞에 있는 탁자에 오른손 팔꿈치를 괴고 청포도 한 송이를 들고 있다. 헝클어진 머리에는 월계관을 쓰고 있으나 얼굴에 병색이 완연하다. 푸르스름한 얼굴, 피부는 까칠하고 입술은 더욱 푸르며 핏기가 없다. 그림은 〈병든 바쿠스〉다.

바쿠스가 누구인가? 로마 신화에 등장하는 포도주의 신이 아닌가? 그런데 신이 병이 들었다? 술에는 장사가 없다더니 여기에서는 술은 신도 병들게 한다는 걸 나타낸 것인가?

엊그제 방문했던 피렌체의 우피치 미술관에는 대조적인 그림이 있었다. 역시 소년티 나는 젊은이가 한쪽 어깨를 드러낸 채 월계관을 쓰고 앉아 있는 모습은 여기의 〈병든 바쿠스〉와 똑같은 얼굴에 똑같은 자세다. 그러나 우피치 미술관의 젊은이는 왼손에 포도주잔을 들고, 매우 건강하며 복스럽게 통통하다. 얼굴빛은 발그레하고 입술은 더욱 붉어 선홍빛이다. 눈썹도 짙게 까맣다. 그 그림의 제목 또한 〈바쿠스〉다.

두 그림은 모두 카라바조(Michelanzelo da Caravaggio)가 그렸다. 바로크 시대 '조각에 베르니니가 있다면 회화에는 카라바조가 있다.'라고 미술계에서 평가한다는 화가다. 카라바조의 마음속에 있는 바쿠스 신의 모습은 건강한 몸에 복스러운 얼굴로 술을 즐기는 쾌락주의자였던 것 같다. 그런 바쿠스 신이 병이 들었다. 그러자 그의 몸은 완연한 병자의 얼굴로 바뀌었다.

〈병든 바쿠스〉는 카라바조 자신의 자화상이라고 한다. 베르니니가 조각가의 집안에서 태어나 충분한 교육과 지원을 받으며 엘리트 조각가로 성장한 데 반해 카라바조의 성장 과정은 순탄치 않았다. 여섯 살에 페스트로 아버지와 형제들을 잃고 밀라노에 있는 한 공방에서 견습생 생활을 하게 된다. 미술적 재능을 인정받아 로마로 이주하였으나 뒷골목에서 막장 생활에 빠져든다. 화가로서 명성은 얻었으나 사회의 문제아가 되었다. 괴팍한 술버릇으로 폭행 사건을 비롯한 물의를 빈번하게 일으켰고, 궁극에는 행려병자로 자선병원에 구금되는 신세가 된다. 천신만고 끝에 병원에서 풀려난 후 그린 그림이 바로 〈병든 바쿠스〉였다고 한다. 카라바조는 자신의 당시 모습을 병든 바쿠스에 투영한 모양이다. 그의 마음속 깊은 곳에서는 건강하고 복스러운 바쿠스를 꿈꾸고 있었을 텐데……

〈병든 바쿠스〉 옆에 카라바조의 모습이 투영되었다는 그림이 하나 더 있다. 이 그림은 〈골리앗의 머리를 들고 있는 다윗〉이다. 다윗은 오른손에 칼을 쥐고 왼손에는 피가 쏟아져 내리는 골리앗의 머리를 들고 있다. 이제 막 골리앗을 참수한 다윗의 모습을 그린 그림이다. 그런데 두 사람의 표정이 이상하다. 참수된 골리앗을 바라보는 다윗의 얼굴에

〈(좌) 바쿠스, (우) 병든 바쿠스 - 카라바조〉

연민이 가득하다. 적의 맹장을 목 벤 승리의 환호가 없다. 원수를 물리쳤다는 포효도 없이 그의 입은 굳게 다물어져 있다. 참수된 골리앗의 표정 또한 이상하다. 중장년의 얼굴인 그는 피로 얼룩지지도 않았고 고통스러운 기색도 없다. 멍하니 바보스럽게 자신을 반성하는 표정이 역력하다.

이것이 카라바조가 그린 마지막 작품이라고 한다. 로마의 뒷골목에서 거친 삶을 살던 그는 마침내 인근 깡패들과의 집단 패싸움에 휘말린 끝에 상대 두목을 살해하고 만다. 살인범이 된 그가 자수하지 않자 교황청은 '반다카피탈레(Banda Capitale)', 곧 '보는 즉시 죽여 목을 가져오라.'라는 영을 내린다. 궁지에 몰린 카라바조는 로마에서 탈출했다. 시칠리아, 나폴리를 전전하며 도피 행각을 벌였다.

4년여가 흐른 후 교황청에서 사람을 보내왔다. 스스로 반성하는 그림을 그려 죄를 빌면 사면에 반영하겠다는 통지였다. 〈골리앗의 머리를 들고 있는 다윗〉은 이렇게 하여 탄생했다. 다윗은 화가 자신이 젊었을

<골리앗의 머리를 들고 있는 다윗>

때의 초상이고, 골리앗의 머리는 지금 자신의 모습이다. 젊은 날의 꿈과 포부로 돌아가 지금의 생활을 단절하겠다는 의지를 참수된 골리앗의 머리에 투영함으로써 교황청을 향한 자신의 맹세를 나타낸 것이다. 골리앗을 바라보는 다윗의 눈길에 어찌 측은함이 스며들지 않을 수 있겠는가!

다윗이 들고 있는 칼에는 H-ASOS 라는 이니셜이 쓰여 있다. 라틴어로 '겸손은 오만을 이긴다.'라는 뜻이라고 한다. 이것이 카라바조 자신의 삶에 대한 진정한 반성 끝에 나온 건지 현실의 위기를 타개하기 위

 열흘간의 이탈리아 여행

해 잔꾀를 부린 건지 알 수는 없지만, 뛰어난 재능이 오만으로 흐르지 않도록 더욱 겸손해야 한다는 것을 깨우치는 교훈임은 분명한 것 같다. 이 그림을 들고 교황청을 향해 북상하던 카라바조는 이탈리아 서부 해안에서 말라리아로 객사하고 만다.

젊은 다윗, 병든 바쿠스, 참수된 골리앗은 모두 카라바조의 자화상이다. 그 속에는 자신이 부정하고 싶은 자신의 모습이 담겨 있다. 그는 미술사에 한 획을 그은 천재 화가였지만 밑바닥 삶을 살았다. 모름지기 삶의 바탕은 재능이 아니다. 건실한 삶의 바탕 위에 재능이 더해져야 그 재능은 제대로 빛을 발한다. 어떤 게 건실한 삶인가를 사유할 때 카라바조가 삶의 마지막에 남긴 한마디는 새겨둘 만하다. 겸손해야 한다. 오만을 떨어서는 안 된다. 재능이 뛰어난 사람일수록 더욱 그러해야 한다.

스페인 광장 가는 길

미술품을 보노라면 간간이 그 작품에 빠져들어 시간 가는 줄 모르는 경우가 있다. 그 미술품에 담긴 이야기나 관련된 에피소드를 공부해 둔 때에는 더욱 그렇다. 보르게세 미술관에는 평소 책이나 전자 매체에서 눈에 익은 작품들이 많아 앞으로 나아가는 데 더딜 수밖에 없었다. 더구나 시간을 관리하는 딸이 곁에 있어 내가 조급해할 필요도 없으니 진행 속도는 자꾸 늦어지고 있었다.

"아빠, 이제 2층 보러 가요."

다소 지루했는지 아니면 2층에 보고 싶은 작품이 있는지 딸이 다가와 속삭였다.

"어? 그래? 그러자."

처음 들어갔던 입구 옆 출구를 통해 밖으로 나왔다. 그리고 2층으로 오르는 계단으로 향했다. 어? 계단이 막혀있다. '이게 뭐지?' 어리둥절해 있는데 유리창을 통해 우리를 본 직원이 다가왔다. 전시물 재배치가 있어 오늘부터 2층 관람은 폐쇄되었단다. 이미 게시하고 연락했는데 못 보았냐며 오히려 그녀가 의아해했다. 하릴없이 돌아섰다.

"이게 뭐야. 티치아노의 '신성한 사랑과 세속적인 사랑'을 꼭 보려 했는데……."

딸이 속상해했다.

"할 수 없지 뭐. 한 번 더 오라는 게지."
"언제 또 와?"
딸이 투정을 부렸다.
"여행에는 항상 아쉬움이 남는 법이지. 그런데 2층 폐쇄 소식은 메일로 보냈나? 못 받았니?"
"받은 적 없는데……. 아! 내가 못 보았을 수도 있어요. 메일을 그때그

 열흘간의 이탈리아 여행

〈보르게세 미술관 앞 벤치 풍경〉

때 보지는 않으니까."

"우리가 이탈리아에 있는 동안에 메일이 왔을지도 모르겠다."

미술관 계단을 내려와 정원을 향했다.

"잠시 앉아서 쉴까?"

키 큰 나무가 줄지어 있는 곳에 벤치가 보였다. 그런데 다가가니 차마 앉을 수가 없다. 벤치는 하나의 예술 작품이 되어 있다. 미술관에 입장할 때 옷소매에 붙였던 스티커가 여기에 잔뜩 붙어 있다. 다양한 색상의 스티커를 한 곳에 모아 놓으니 새로운 미술이 창조되고 있다.

"앉을 수는 없겠고 우리도 일조하고 가자."

옷소매에 부착한 스티커를 떼어 빈 공간에 붙였다. 우리나라 산길을 걷다가 돌무더기가 있으면 돌 하나 주워 얹혀놓는 기분이 들었다.

우리는 핀초 언덕으로 방향을 잡고 보르게세 공원을 걸었다. 공원은 넓다. 약간의 높낮이만 있을 뿐 대체로 평탄한 길이다. 다양한 나무의 모양이 사람이 다듬은 듯, 자연 그대로인 듯 아리송하다. 멀리 보이는 소나무는 정성 들인 사람의 손길이 확연히 느껴진다. 잔디밭 위에는 돗자리를 깔고 누워 있는 사람이 있고, 그 곁에서 어린아이들이 공을 가지고 놀고 있다. 넓은 흙길에는 기마경찰이 순찰을 돌고, 자전거를 탄 젊은이들이 줄지어 달린다. 노인들은 우리나라 골프장에서나 쓰는 전동차를 타고 유람을 하고 있다. 운동장에서 축구하는 모습도 눈에 띤다. 자유와 여유가 느껴지는 멋진 공원이다.

"로마에서 한 달 살기를 한다면 이 근처에서 살아야겠다."
"왜요?"
"공원이 너무나 마음에 들지 않니? 한 달 살기는 분주히 돌아다니러 오는 건 아니니까 이런 공원 옆이 좋지 않겠니?"
"엄마랑 하세요."

딸의 반응이 신통찮다. 흥미가 없는 건가? 나는 공원이 마음에 드는데 딸의 생각을 모르겠다.
공원이 끝나는 느낌이 들더니 작은 가게와 카페가 보인다. 유아용으로나 쓰일 것 같은 회전목마와 관람차 등의 놀이기구도 몇 개 있다. 그리고 앞이 뚝 끊어졌다. 공원의 끝이다.

수십 미터 벼랑 아래 타원형 광장이 펼쳐져 있다. 차량은 광장 둘레를 따라 돌고, 넓은 광장은 그야말로 사람을 위한 공간이다. 광장 한가운데에 서 있는 오벨리스크를 중심으로 롤러블레이드를 즐기는 젊은이들이 보인다. 사람들이 몇 명 모여 있는 곳에서 비보이가 춤을 추고 있다.

광장 너머로 로마 시가지가 넓게 펼쳐져 있다. 똑같은 높이의 건물이 숲을 이룬다. 성당의 돔 지붕만이 둥글게 위로 솟아 있다. 그리 멀지 않은 곳에 성 베드로 대성당이 위용을 자랑하고 있다.

"여기가 핀초 언덕이구나. 저 아래가 포폴로 광장이고."
"여기는 로마 전망대네요. 멋져요. 그런데 포폴로 광장에서 여기로 오르려면 꽤 힘들 것 같아요."
"길이 구불구불하게 나 있어서……. 슬슬 내려가자."

포폴로 광장은 로마 시가지의 북쪽에 있다. 지금이야 공항이나 기차역이 관문이지만, 걸어서 오거나 마차를 이용했던 시절에는 이쪽이 로마의 관문 역할을 했다고 한다. 유럽 전역에서 출발한 여행자들은 포폴로 광장에 이르러 비로소 자신이 로마에 도착했음을 알았다고 한다.

그래서일까? 광장 주위에는 성당이 꽤 많다. 산타 마리아 델 포폴로 성당(Basilica di Santa Maria del Popolo)이 광장 북쪽에 우람하게 서 있고, 남쪽에는 산타 마리아 인 몬테산토(Santa Maria in Montesanto) 성당과 산타 마리아 데이 미라콜리(Santa Maria dei Miracoli)성당이 우아하게 서 있다.

"성당 셋 중 하나는 들어가 보아야 하지 않을까? 나는 포폴로 성당에 마음이 끌리는데. 성당 안에 카라바조가 그린 성화들이 있다더라."
"아빠, 여행에는 아쉬움이 남는다고 했죠? 그러다가는 비행기 못 타요. 그냥 외관 보는 것으로 만족하세요."

녀석! 보르게세 미술관 2층 폐쇄로 4~50분 벌어 둔 시간이 있는데……. 그래 가자. 계획한 일정대로 나아가자.
우리는 남쪽에 있는 두 성당 사이로 난 길을 따라 걸었다. 코르소 거리다. 이 길은 고대 로마 시대부터 있었던 길로 포폴로 광장과 포로 로마노를 직선으로 연결하는 도로다. 루비콘강을 건넌 카이사르가 지났을 길이고, 몽테뉴, 괴테 등 로마를 여행한 유럽의 명사들이 지났을 길이다. 지금의 코르소 거리는 젊은이들의 쇼핑 거리로 명성이 높단다. 캐주얼 브랜드와 보세 매장이 늘어서 있는 거리라고 한다. 그러나 딸과 나에게는 심심한 거리일 뿐이었다. 쇼핑에 흥미를 갖지 못하는 우리에게는 19세기 풍 건물이 줄지어 있는 거리에 작은 옷 가게들이 촘촘히 자리 잡은 풍경으로 보일 뿐이었다. 서울의 옷 가게와 다른 점은 점포의 규모가 작고, 밝지도 화려하지도 않으며 많은 옷이 걸려 있지도 않다는 것이다. 옛 건물이어서인지 모르겠다. 그래서 고전미가 넘치는 점은 있다.

"산타 체칠리아 음악원이다."

     열흘간의 이탈리아 여행

묵묵히 걷던 딸이 작은 표지판을 가리키며 소리쳤다.

"산타 뭐? 그게 뭔데?"

갑작스러운 외래어라 채 듣지 못하고 물었다.

"조수미가 유학한 학교요. 로마 음악 대학."
"그래? 그럼 한번 가 보자."

산타 체칠리아 국립음악원(Conservatorio Statale di Musica di Roma Santa Cecilia)이 작은 골목길 안에 있다. 다른 쪽에 정문이 있는지 모르겠으나 만약 여기가 정문이라면 우리들의 머릿속에 있는 대학 캠퍼스는 아니다. 여느 저택의 현관처럼 폐쇄형 건물에 대리석 문틀, 그리고 붉게 칠한 나무문이 있을 뿐이다. 문틀 좌우에 공연을 알리는 알림판과 문틀 위에 학교명이 적혀 있지 않다면 지나칠 수 있겠다. 운이 좋았는지 목조 문이 열려 있다. 긴 회랑이 보인다. 들어가 볼 수도 있을 것 같은데 돌아섰다. 우리의 대학과는 다른 모습이라는 걸 확인하는 것으로 만족하기로 했다.

코르소 거리를 조금 더 걸어 콘도티 거리 이정표가 서 있는 곳에서 왼쪽으로 돌았다. 콘도티 거리는 세계적인 명품 거리다. 루이비통, 불가리, 구찌, 디올, 티파니, 에르메스, 몽블랑, 프라자 등 유명 브랜드 매장이 꼬리에 꼬리를 물고 있다. 매장의 분위기도 코르소 거리와는 사뭇 다르다. 매장의 규모가 더 크고 오가는 인파도 훨씬 더 많다. 다만 우리의 관심 밖에 있을 뿐이다. 우리가 여기에 들어선 건 스페인 광장이 이

길 끝에 있기 때문이다.

또 하나의 피에타

스페인 광장은 가로로 긴 광장이다. 광장 한가운데에 베르니니의 아버지 피에트로 베르니니가 만든 조각배 분수가 있을 뿐 광장은 비어 있다. 오직 행인들이 모여 있을 뿐이다. 광장 뒤로 '스페인 계단'이라는 이름으로 유명한 대리석 계단이 있고, 계단 위에는 하얀 성당이 도시를 내려다보고 있다. 성당 앞에는 오벨리스크도 보인다.

성당 이름은 '트리니타 데이 몬티 성당(Chiesa della Trinita dei Monti)'이다. 낮은 평지인 광장에서 언덕 위에 세워진 성당으로 오르기 위해 계단이 만들어졌으나, 계단 옆에 스페인 대사관이 있어 스페인 계단이라는 이름이 붙었다고 한다. 그런데 '로마의 휴일'에서 오드리 헵번이 여기에서 젤라토를 먹는 바람에 성당 이름보다 계단 이름이 훨씬 더 유명해졌다.

스페인 계단에는 많은 사람이 운집해 있다. 계단에서는 앉거나 음식물 섭취가 금지된 것으로 듣고 있는데, 현실은 많은 사람이 계단에 앉아 있다. 이내 딸도 털썩 계단에 앉았다. 나도 다리 쉼을 하고 싶어 따라 앉았다. 앉고 보니 이 계단은 걸터앉기에 매우 적합한 구조로 되어 있다. 부드러운 대리석 감촉에 더해 계단의 폭이나 높이가 앉아 있기에 그리 편할 수가 없다.

바로 뒤에서 한국어 목소리가 커다랗게 들려왔다.

　　　　　　　　　　　　　　　　　　　

"여기가 스페인 계단이고, 요 앞 거리가 콘도티 거리예요. 명품 거리입니다. 우리가 들어본 명품매장이 모두 몰려 있어요. 지금부터 한 시간 드립니다. 평소 가고 싶었던 매장에서 마음대로 쇼핑하시고 한 시간 후에 여기에서 모입니다."

굳이 뒤돌아보지 않아도 한국인 단체 관광객이다. 한 무리의 여성들이 우르르 계단을 내려갔다. 그들의 들뜬 목소리에 경상도 억양이 강하다. 부산일까? 대구에서 왔을까?

"저 위 성당에 가 보지 않을래?"

계단에 앉자 연신 하품을 해대는 딸에게 물었다.

"나는 여기 앉아 있을래. 다녀오세요."
"그래? 그럼 빨리 보고 올게. 점심 먹을 식당 찾아 놔라."

계단을 올랐다. 피해 다녀야 할 정도로 오르내리는 사람이 많다. 오벨리스크 아래에서 바라보는 시가지 풍경이 일품이다. 잠시 숨을 고르고 성당을 향했다. 오벨리스크와 성당 사이 2차선 도로 위 건널목에 성당에서 배치한 듯한 경비원이 교통정리를 하고 있다. 길을 건너는 사람이 그만큼 많다.

성당 안은 정숙하다. 내가 머릿속에 그리고 있는 성당의 이미지 바로 그 모습이다. 엄숙한 기도처다운 모습이 여행 첫날 방문했던 산타 마리아 인 코스메딘 성당과 닮았다. 산타 마리아 인 코스메딘 성당이 그 입구에 걸어 놓은 진실의 입에 빛이 가려져 있는데, 여기 트리니타 데이 몬티 성당은 그 앞의 스페인 계단에 명성을 뺏긴 점도 비슷하다.

성당은 수녀원과 성심 학교, 순례자 수용을 위한 집과 정원 등 꽤 넓은 면적의 시설을 갖추고 있다는데, 여행자가 자유롭게 관람할 수 있는 곳은 성당뿐인 것 같다. 성당과 부속 시설 뒤에는 보르게세 공원이 펼쳐진다.

성당 안에는 본 예배당 외에 좌우 벽을 따라 여섯 개의 작은 예배당이 있다. 여섯 개의 예배당은 각각의 이름이 붙여져 있고, 그 이름을 상징하는 조각품을 설치하였거나 프레스코화를 그려 놓았다. '피에타 예배당'과 '십자가에서 내려온 예배당'에 유독 눈길이 갔다. 숨진 예수가 십자가에서 내려지는 장면을 하나는 조각으로 다른 하나는 회화로써 표현해 놓았다.

피에타 예배당은 〈피에타〉 조각상이 있어 그 이름이 붙었다. 피에타 상은 네 사람이 십자가에서 내려진 예수 그리스도의 시신을 안고 있는 모습이다. 네 사람 중 성모 마리아는 두 팔로 아들 예수의 머리를 안고 서로의 얼굴을 비비고 있다. 성모의 얼굴에 슬픔이 가득하다. 그러나 아들이 가는 길을 예견하고 있었던 듯 무너져 내리지는 않는다. 미켈란젤로의 피에타에서 보이는 모습처럼 젊지도 않다. 삶의 연륜이 쌓인 얼굴로 아들의 죽음을 마음 깊이 받아들이고 있는 모습이다. 예수는 발등과 발바닥에 못 박힌 자국이 있고, 오른쪽 가슴에는 창에 찔려 거기에서 흘러내린 선혈 자국이 선명하다. 그래도 감긴 눈과 표정에는 아무런 고통이 없는 듯 편안하게 잠이 든 모습이다. 성 베드로 대성당의 피에타보다 훨씬 사실적이다. 가슴이 한층 뭉클해진다.

 열흘간의 이탈리아 여행

<트리니타 데이 몬티 성당 본당 모습>

이 조각품은 독일의 조각가 테오도르 빌헬름 아흐터만(Theodor Wilhelm Achtermann)이 제작한 석고상이라고 한다.

십자가에서 내려온 예배당에는 <십자가에서 내려지는 그리스도> 프레스코화가 제단을 채우고 있다. 1541년 다니엘레 다 볼테라(Daniele da Volterra)의 작품이란다. 볼테라는 미켈란젤로의 제자였다. 스승이 그린 <최후의 심판>이 모두 누드로 그려져 논란이 일었을 때 교황의 명을 받아 누드에 최소한의 옷을 입힌 화가로 유명하다.

〈피에타 - 테오도르 빌헬름 아흐터만〉

〈십자가에서 내려지는 그리스도〉는 한 곳에 벌어지는 두 장면이다.
그림의 위쪽은 장정 대여섯 명이 예수의 시신을 십자가에서 조심스럽게
내리는 장면이고, 아래쪽은 아들 예수의 죽음을 본 성모 마리아가 기절
해 쓰러져 있는 장면이다. 마리아 주변에 세 여인이 슬픔과 놀라움으로
성모를 돌보고 있다.

　　　　　　　　　　　열흘간의 이탈리아 여행

꽤 오랫동안 그림 앞에 서 있었다. 혼절한 성모의 모습은 처음으로 마주했다. 성모 마리아의 신성성을 강조한 모습에만 익숙했는데, 아들의 죽음을 맞이한 어머니의 인간다운 모습이 새삼 가슴이 저린다. 나는 형 집행이 끝난 후 골고다 언덕에서 마리아의 모습이 저러했으리라고 상상해 왔다. 500여 년 전에도 이런 상상을 한 화가가 있었나 보다.

이탈리아 정식

"혼자 있을 만하니?"

딸 옆에 털썩 앉으며 돌아왔음을 알렸다.

"그냥 쉬었어요. 성당은 좋아요?"

휴대폰을 거두며 딸이 물었다.

"로마에 오래 체류할 기회가 생기면 정말 이 근처에 묵어야겠다. 보르게세 공원 가깝고, 마음에 쏙 드는 성당도 있고."
"좋았던 모양이네요?"
"지금은 관람객이 많지만 조용할 때 가면 정말 기도하고 싶겠더라."
"아빠 취향에 딱 맞았네요."

우리는 일어섰다. 오후 1시 반을 넘어서고 있다.

"식당은 찾아보았니?"

"근처에 이탈리아 정식집이 있어요. 메뉴에 코스 요리가 있는데 가격이 50유로예요."

"그거 괜찮다. 마지막 식사인데 이탈리아 정식 경험 한 번 해보자."

이탈리아 정식을 내건 레스토랑은 가까운 곳에 있었다. 레스토랑 이웃에는 비슷한 형태의 식당이 서너 곳 밀집해 있다. 우리는 쉽게 그 레스토랑을 찾았고, 점심시간을 넘긴 탓인지 바로 테이블을 차지할 수 있었다.

메뉴판에는 여러 단품 메뉴보다 코스 A와 코스 B 요리가 돋보이게 나와 있다. 코스 B를 선택하고 둘을 주문했다. 단정하게 차려입고 서빙을 맡은 중년의 남성은 음료와 파스타, 그리고 스테이크의 종류를 물었다. 스테이크는 소고기와 양고기가 있었다.

그런데 점잖게 주문을 받는 직원의 표정이 묘하다. 고개를 갸웃하며 뭔가 하고 싶은 말이 있는 듯하다. 그러나 그는 끝내 다른 말을 하지 않고 "Thank You." 하며 돌아섰다. 순간 내 뇌리를 빠르게 스치는 게 있었다. '음식의 양이 많은가 보다.' 잘 모르는 외국의 식당에 들렀을 때 주문받는 직원의 갸웃거림은 대개 사람 수에 비교해 음식의 양이 많을 때다. 이런 경우를 종종 겪었다.

"음식의 양이 많은 게 아닌지 모르겠다."

슬쩍 딸의 느낌을 물었다.

 열흘간의 이탈리아 여행

"정식 코스인데? 1인분(1 person)이라고 쓰여 있었어요."

"그렇기는 한데……. 코스 요리 하나에 단품 하나 추가, 이렇게 시키는 건 아닌지 모르겠다."

"아닐 거예요."

오래지 않아 물과 식전 빵이 나오고, 곧 샐러드와 음료도 나왔다. 잠시 후 파스타가 나왔다. 기우가 현실이 될 조짐이 역력하다. 파스타의 양이 단품으로 주문했을 때와 다름없이 무척 많다. 어쩌면 다음 나올 스테이크를 위해 파스타를 남기는 게 현명할지 모르겠다는 생각이 들었다. 나는 조심스레 조금씩 먹고 있는데 딸은 배가 고팠는지 의욕적으로 먹고 있다. 말릴 수도 없다. 마침 옆자리에 네 명의 여성이 식사하고 있다. 어머니와 세 딸인 듯하다. 모두 종류가 다른 파스타 한 그릇과 음료를 먹는 중이다. '저들도 파스타 후에 스테이크를 먹을까?' 지켜보는데 그들의 먹는 속도는 너무 느리다. 딸은 그릇을 비워가는데 나는 절반도 먹지 못했다.

서빙하는 직원이 오가며 우리 테이블을 살피고 있다. 다음 메뉴를 내올 때를 가늠하는 모양이다. 아직 파스타를 다 먹지 못했으나 스테이크를 달라고 요청했다. 스테이크 양도 적지 않다. 이건 완전히 두 사람이 1인분을 나눠 먹어야 할 양이다. 딸은 스테이크의 반도 먹지 못했다. 반대로 나는 파스타를 반절 이상 남겼다. 옆자리를 힐끗했더니 네 여성은 파스타 하나로 식사를 마치고 있다. 그녀들 앞에 아이스크림이 놓이고 있다.

우리도 식사를 마쳐야겠다. 너무 많이 남긴 거 같아 눈치가 보인다. 직원에게 디저트를 달라고 했더니 커피, 아이스크림, 티 중 하나를 고르

란다. 언제 이탈리아에 또 올지 모른다는 생각에 아이스크림을 주문했
다.

"너무 배가 불러 아이스크림도 다 못 먹겠어요."
"나도 그렇다. 이탈리아에서 코스 요리를 시키면 항상 남는구나. 피렌
체에서도 그러더니."

간신히 아이스크림을 다 먹었다. 젤라토의 맛을 제대로 느낄 수가 없
었다.

이탈리아 레스토랑들이여! 정식 코스 요리는 너무 양이 많아요. 양을
줄이고 가격을 낮추어 주는 게 어떨까요? 양을 반으로 줄이고 가격은
20 프로 낮추면 누이 좋고 매부 좋은 거 아닐까요?

마지막 여정

배를 잔뜩 채운 우리는 지하철을 타고 공화국 광장으로 이동했다. 공
화국 광장은 이탈리아 통일을 기념하기 위해 조성한 광장이라고 한다.
이탈리아는 로마 제국 멸망 후 한 번도 통일국가를 이룬 적이 없다가
19세기 들어서야 통일왕국을 이룰 수 있었다. 그것을 기념하여 만든 광
장이라니 로마 시내에 있는 유명 광장중 최근 작품이라 할 수 있겠다.
광장 한가운데에는 커다란 분수가 있다. 그리고 많은 차량이 분수를
돌아 사방으로 흩어진다. 광장 주위에는 우아한 근대식 건물들이 분수

〈산탄 마리아 델리 안젤리 성당〉

를 향하여 원형으로 둘러 서 있다.

그런데 광장 한편에 이상한 건물이 하나 있다. 건물이라기보다 고대의 성채와 같은 붉은 구조물이다. 우아한 근대식 건물과 어울리지 않게 폐허에 가까운 유적처럼 보인다. 그런데 건물의 입구 높은 벽에는 십자가가 커다랗게 음각되어 있고, 성당의 이름이 하얀 바탕에 검은 글씨로 새겨져 있다. 여기는 산타 마리아 델리 안젤리 성당이다. 외관으로 보면 전혀 성당 같지 않은 성당이다.

여기는 원래 고대 로마의 목욕탕 터라고 한다. 군인 황제 시대의 혼란을 수습했던 디오클레티아누스 황제가 만든 대욕장이 여기에 자리 잡았다. 한 번에 3천 명 이상을 수용할 수 있는 고대 로마 최대 목욕탕이었는데, 로마의 쇠락과 함께 황폐화의 길을 걸었다. 흉물스럽게 방치되었던 건축물은 16세기 들어 교황의 명을 받은 미켈란젤로에 의해 일부가 성당으로 리모델링 되어 순교자와 천사들에게 봉헌되었다. 성당 이름의 연원을 알 것 같다.

우리는 성당 입구로 다가갔다. 외부는 허물어진 유적지 모습을 하고 있지만, 거장 미켈란젤로가 디자인하여 천사들에게 봉헌된 내부 모습을 한껏 기대했다. 그런데 아뿔싸! 성당 문이 잠겨 있다. 그리고 미사 시간을 알리는 안내판이 세워져 있다.

"아빠, 여기는 성당 문이 닫혀 있네요. 왜 그러지?"

딸도 의아한지 나를 보며 물었다.

"글쎄, 나도 이건 처음이다. 개신 교회 문은 항상 닫혀 있지만. 무슨 연유가 있겠지."
"인제 뭐하지? 일찍 공항에 갈까요?"

성당 문이 닫혀 있자 딸은 내심 난감한 모양이다.

"저리 돌아가면 성당 뒤쪽에 로마 국립 박물관이 있어. 한 시간 정도 여유 있으니 거기를 보는 데까지 보고 가자."

 열흘간의 이탈리아 여행

우리는 성당 뒤편으로 돌아갔다. 꽤 넓은 정원을 지나 박물관 입구를 향했다. 아! 디오클레티아누스 대욕장의 유적지는 바로 여기다. 허물어지다 남은 투박하고 거대한 고대 로마의 건축물이 여기에 있다. 리모델링한 성당 건물은 지극히 일부일 뿐 대욕장의 대부분은 박물관으로 되어 있다.

우리는 우선 대욕장의 규모에 놀랄 수밖에 없었다. 디오클레티아누스 대욕장은 원래 테르미니역 주변까지 포함하였다고 한다. 현재의 시설로 보면 테르미니역에서 500인 광장을 거쳐 여기 국립 박물관까지이니 실로 어마어마한 하나의 타운이다. 미니 신도시급이라고 해야 하지 않을까?

거기에 세워진 건물 또한 높고 거대하다. 대역사라 하지 않을 수 없다. 지금은 폐허화 된 모습으로 보이지만 당시에는 거대한 궁전과 같은 광경이었으리라. 포로 로마노나 팔라티노 언덕의 다른 모습을 여기에서 본다.

로마 국립 박물관은 고대 로마의 고고학 박물관이다. 여태껏 로마와 피렌체에서 본 다른 박물관과는 사뭇 다르다. 다른 박물관이 세련되고 격조 높게 완성된 예술품을 보여 준다면, 여기는 투박하고 서민적인 고대 로마의 유물을 본연의 모습으로 전시하고 있다. 오롯이 원형을 유지하고 있는 유물은 많지 않다. 팔이나 다리가 떨어져 나갔거나 머리가 없어진 것, 부서지고 깨진 유물의 비율이 훨씬 높다. 부서지다 남은 고대 건물 속에 역시 부서지다 남은 유물들이 보금자리를 틀고 있는 셈이다. 하지만 여기가 고대 로마의 진정한 박물관 같다.

"우리는 박물관과 미술관이 구분되어 있지만, 서구에서는 그렇지 않지? 영어로는 둘 다 뮤지엄(museum)이고, 이탈리아어로는 무제오(museo)이지? 그런데 여기 와서 보니까 구분하는 게 맞는 것 같다. 지금까지 이탈리아에서 우리가 본 건 미술관이고, 여기는 박물관이야. 카피톨리니, 바티칸, 우피치, 보르게세는 미술관, 여기는 박물관."

박물관을 나오며 소감을 피력했다.

"왜 그렇게 생각하세요?"

주의 깊게 내 얘기를 듣던 딸이 진지하게 물었다.

"여기 국립 박물관은 보존이 주목적이야. 다른 데는 전시가 주목적이고. 그러니까 다른 데는 관람객의 감탄을 자아내게 하는데, 여기는 한 시대의 모습을 있는 그대로 보여주고 있어."
"그렇게 보면 그런 것 같기도 하네요. 그런데 〈원반 던지는 사람〉이 왜 없지요? 로마 국립 박물관에 있다던데."

로마 국립 박물관은 하나가 아니다. 마시모 궁전 국립 박물관, 알템프스 궁전 국립 박물관, 발비의 묘소 국립 박물관, 그리고 여기 디오클레티아누스 욕장 국립 박물관 넷으로 구분되어 있다. 우리는 그중 하나를 보았을 뿐이다.

"〈원반 던지는 사람〉은 마시모 궁전 박물관에 있단다. 그곳은 여기에서 가까운 데 있긴 한데 이제 갈 수 없겠지?"

   열흘간의 이탈리아 여행

　그러면 마시모 궁전 박물관으로 가지 그랬냐는 불평이 나올까 봐 조심스레 딸의 눈치를 살폈다.

"이제 할 수 없죠 뭐. 비행기를 포기하면 모를까……."
"그래, 여행에는 아쉬움을 남겨야 해."

　이번 여행을 끝냈다는 생각에 마음이 한결 가벼워졌다. 다소 음침해 보였던 테르미니역 주변도 덩달아 밝아 보인다. 호텔로 돌아와 가방을 찾고, 택시를 불러 달라고 요청했다. 가방을 끌고 호텔 문을 나서자 택시는 곧 도착했다.
　공항을 향하는 택시에서 바라보는 로마 시가지가 한결 친숙하게 느껴진다. 낯설었을 때와 한번 둘러본 이후의 느낌이 사뭇 다르다. 콜로세오의 모습도 팔라티노 언덕도 낯익게 다가온다. 콜로세오를 지나면서 도시의 분위기는 바뀐다. 현대화된 로마가 나타난다.

"아빠는 로마에 또 오고 싶어요?"

　나지막이 딸이 물었다.

"기회가 닿으면 당연히 오지. 그런데 트레비 분수에 동전을 던지지 않았다."

맺는 글

　열흘간 여행한 걸 글로 옮기는 데 꼬박 열세 달이 걸렸습니다. 역시 저는 아마추어입니다. 여행, 사진, 글쓰기, 책 편집 모두 아마추어입니다. 아마추어는 프로와 달리 취미 삼아 즐기는 사람이지요. 직업으로 삼을 만한 전문성은 안 되더라도 과정 과정에서 즐거움을 얻는 사람입니다.

　지난 열세 달은 이 책을 만들어보자며 몰입하는 시간이었습니다. 이탈리아반도의 역사를 새롭게 공부하고, 르네상스가 무엇인지를 깨달아가는 과정이었습니다. 눈 건강이 나빠지고, 좌골신경통 뭐 비슷한 통증이 수반되어 병원에서 겁나는 주사도 맞아보았습니다. 진척이 잘되지 않을 때는 포기하자는 유혹도 몇 차례 받았습니다.

　이러한 과정을 거치며 탄생하는 이 책은 사실상 2024년 3월부터 2025년 5월까지의 제 역사입니다. 이 기간에 제 의지대로 한 일은 이것밖에 없으니까요.

　그렇다고 꼭 힘들기만 한 건 아닙니다. 학창시절보다 더 열심히 탐구 활동을 한 시기이기도 합니다. 고대 로마의 역사, 서로마 제국 멸망 후 이탈리아반도의 변천 과정, 르네상스의 탄생과 전파, 이탈리아의 재통일 과정 등을 개략적으로나마 공부할 수 있었습니다. 유럽의 유물과 유적, 예술품을 어떻게 보고 감상해야 하는지 깨달아갔습니다. 다른 시각으로 보면 짧은 시간에 많은 학업 성취를 이루었다고 할 수 있겠지요.

　힘들었던 만큼 탈고를 하는 순간은 큰 희열을 느꼈습니다. 이 기간에

　　　　　　　　　　　열흘간의 이탈리아 여행

이 일을 하지 않았다면 저는 무엇을 하며 시간을 보냈을까요? 혹시 허송세월로 흘려보내지는 않았을까요? 그렇게 생각하면 스스로 대견하고 박수를 보내주고 싶습니다.

삶의 초반부는 부모의 보살핌을 받으며 학교에 다니고, 중반부는 직장의 일에 매진했습니다. 후반부는 자신의 삶을 살아야 할 시기이지요. 서툴지만 두 번째 책을 발행하는 지금 저의 미래에 대한 희망이 가득합니다. 그리고 윤동주의 시구가 머릿속을 맴돕니다.

어제도 가고 오늘도 갈

나의 길 새로운 길

(중략)

나의 길은 언제나 새로운 길

오늘도…… 내일도……

(후략)

저의 길은 제가 가지만 저 혼자만으로는 되지 않습니다. 제가 저의 길을 갈 수 있도록 배려와 후원을 해준 가족이 있어 가능한 것이었지요. 무엇보다도 여행을 기획하고 함께 여행한 저의 딸에게 고마워하지 않을 수 없습니다. 작가인 딸은 서툰 저의 글에 많은 빨간 줄을 그었습니다. 전문가인 체 행세하려는 제 글에 아마추어 정신을 불어넣기도 하였지요. 빛이 안 나는 집안일, 이런 뒷일을 도맡으며 저의 시간을 배려해준 아내에게도 고마움을 표합니다. 뒷일을 맡은 사람은 공에 비하면 항상 상이 적은 법이지요.

두 번째 책의 집필이 끝났으니 이제 세 번째 책에 도전해야겠습니다.
제가 존경하는 서애 유성용의 은퇴 후 삶을 따라가는 길입니다.

책 출간을 맡아 주신 ㈜북랩에 감사드립니다.

2025년 5월.